ENSEMBLE

Grammaire

ENSEMBLE

Grammaire

An integrated approach to French

THIRD EDITION

Raymond F. Comeau
Harvard University

Francine L. Bustin
Late of Milton Academy

Normand J. Lamoureux
College of the Holy Cross

HOLT, RINEHART and WINSTON
*New York   Chicago   San Francisco
Philadelphia   Montreal   Toronto   London
Sydney   Tokyo   Mexico City   Rio de Janeiro   Madrid*

Cover:

Sonia Delaunay. *Prismes électriques*. 1914. Musée National d'Art Moderne, Paris. Scala/Art Resource, New York.

Illustration credits:

1, Rogers/Monkmeyer. **15,** Beryl Goldberg. **47,** Monique Manceau/Photo Researchers Inc. **74***(both),* Beryl Goldberg. **101***(left),* Martine Franck/Magnum Photos. **101***(right),* Rogers/Monkmeyer, **128,** Beryl Goldberg. **156,** Sabuie Weiss/ Photo Researchers Inc. **176,** Helena Kolda. **205,** Mark Antman/The Image Works Inc. **228,** Mark Antman/ The Image Works, Inc. **256,** Y. Jeanmougin/Viva/Woodfin Camp and Assoc.

We wish to express our thanks to Harcourt Brace Jovanovich, Inc., for permission to reprint an excerpt from *Le Petit Prince* by Antoine de Saint-Exupéry.

Library of Congress Cataloging-in-Publication Data

Comeau, Raymond F.
  Ensemble, grammaire.

  Includes index.
    1. French language—Text-books for foreign speakers—
English. 2. French language—Grammar—1950–   .
I. Bustin, Francine L. II. Lamoureux, Normand J.
III. Title.
PC2129.E5C66 1986   448.2′421   85–17602

ISBN 0-03-003308-X

6 7 8 9 0 039 9 8 7 6 5 4 3 2

CBS COLLEGE PUBLISHING
Holt, Rinehart and Winston
The Dryden Press
Saunders College Publishing

Preface

Ensemble is an integrated approach to the study of French language, literature, and culture. It has been designed as a complete Intermediate French course, although it may profitably be used in more advanced courses as well. In concrete terms, *Ensemble* consists of three texts: a review grammar (with accompanying language laboratory program), a literary reader, and a cultural reader. Although the three texts have been thematically and linguistically coordinated with one another, each text may be used independently of the other two.

Ensemble: Grammaire has eleven chapters. Chapter 1 is devoted primarily to review, since intermediate students need a rapid yet comprehensive review of basic points of grammar at the very beginning of the course. This "mini-review" consists of two graded groups of exercises that stress key grammatical structures. It should be noted that no answers are given to these exercises. Instead, students are given specific page references indicating where particular points are treated in the text. In this way the mini-review provides a preliminary lesson in the use of the grammar text as a reference tool. The first chapter also contains a review of a literary past tense, the *passé simple*, and guidelines for writing compositions in French.

The remaining chapters (2 to 11) have the following format:

Chapter at a glance is a capsule preview composed of model exercises treating all the grammar points in the chapter. Answers are included at the end of the book. A preliminary self-diagnostic test for students, *Chapter at a glance* will indicate to both student and instructor the amount of time and effort necessary to spend on a given chapter. This section can also be used as a study guide for quizzes and examinations.

The *Vocabulaire du thème* lists the thematic vocabulary used in the grammar examples and exercises. Students should familiarize themselves with this vocabulary before proceeding to the grammar explanations so that they will be able to manipulate the exercises. This section will also be useful in preparing written and oral reports based on the theme of each chapter.

The *grammar presentations,* in English, have been deliberately made as concise as possible. Special attention has been given to grammar points that normally present the most difficulty to English-speaking students. Exercises follow each grammar explanation.

The *Exercices d'ensemble* are a series of varied exercises that constitute a final review and synthesis of all of the grammar points in the chapter.

The *Sujets de discussion ou de composition* contain stimulating discussion and composition topics relating to the theme of the chapter. They are intended to encourage students to use the thematic vocabulary in meaningful contexts.

The *language laboratory manual* is designed to accompany the grammar text. The first chapter contains a review of pronunciation; the other ten chapters are composed of pattern practice drills and *dictées* intended to reinforce important points of grammar, develop oral expression, and improve pronunciation.

NOTE TO THE SECOND EDITION   Although the basic grammar sequencing remains the same, this second edition of *Ensemble: Grammaire* offers a number of significant changes. First, a large number of oral exercises have been added to reinforce virtually every grammar point. Often playful in tone, these exercises—transformation drills, personalized questions, situational exercises, and other creative activities—are designed to encourage classroom communication. This edition also contains two new chapter themes: Chapter 7, which formerly dealt with politics, now treats the many images of France in the modern world *(Images de la France)*; and Chapter 9, limited to the theme of language in the first edition, has been expanded to include the various elements of the mass media *(La communication).* The thematic vocabulary for the other chapters has also been reviewed and, when desirable, enriched and updated. And, finally, considering the results of an extensive users' survey, we have clarified and simplified certain grammar explanations. We hope that these additions and modifications help to make *Ensemble: Grammaire* an even more useful, flexible, and attractive volume.

R.F.C.

NOTE TO THE THIRD EDITION   This third edition of *Ensemble: Grammaire* has been improved by the addition of a wide variety of new contextualized and personalized exercises—nearly 100 in number—designed to elicit meaningful student communication. In keeping with the spirit of *Ensemble: Grammaire,* most of these exercises are playful, creative, and amusing. In addition, Chapter 6 has been totally reworked to introduce two new themes, politics and the economy, which should prove interesting to students and instructors alike. We have also modified certain grammar explanations in response to the many good suggestions offered by reviewers and colleagues. It is our belief that this edition of *Ensemble: Grammaire* is the clearest and liveliest teaching tool we have yet produced, and we feel it will enhance the learning experience of all who use it.

R.F.C.

A word about *Ensemble: An Integrated Approach to French* The three books—the review grammar, the cultural reader, and the literary reader—which comprise the *Ensemble* series are each designed to stand alone; but, more importantly, they fit together to form an "ensemble." The review grammar and the laboratory manual that accompanies it integrate grammar and theme by incorporating thematic vocabulary in examples and exercises. The two readers, in turn, treat the same themes in the literary and cultural readings.

A single program composed of three separate yet integrated texts offers distinct advantages. First of all, it provides greater opportunity for reading and exercises, thereby allowing for a more comprehensive, mature, and articulate treatment of the subject. In addition, the recurrence of the same thematic vocabulary in all three different texts provides continuous vocabulary reinforcement. The unique comprehensive and integrated nature of *Ensemble* will encourage, we believe, more lively and meaningful student participation.

For most intermediate classes it is recommended that instruction begin with a chapter in the grammar and proceed to the same chapter in either of the readers. Instructors may wish to vary the reading selections within a given chapter by alternating between the literary and the cultural reader. An instructor teaching an advanced course may wish to assign the grammar as outside work and spend class time with readings and oral reports. Since the three texts are thematically coordinated, a lesson may even begin with the readings and end with a rapid grammar review.

Acknowledgments

We are grateful to the following reviewers, whose comments and suggestions helped shape this edition of *Ensemble: Grammaire*: Corry Arensbach, Illinois Wesleyan University; John T. Booker, University of Kansas; Tom Broden, University of Notre Dame; Martine Debaisieux, University of Wisconsin, Madison; Lucia di Benedetto, University of Southern Maine; Nancy C. Holden, Mount Holyoke College; Lorna Wilson, Arizona State University.

We wish to express our appreciation to the staff of Holt, Rinehart and Winston, particularly to Nedah Abbott, our publisher, for her ready availability and gentle prodding, and to Pamela Forcey, our project editor, for her careful attention to detail. We wish to acknowledge, too, the excellent suggestions and constant encouragement of our copy editor, Clifford Browder, who always returned a much better draft than he received. Our wives, Jean Comeau and Priscilla Lamoureux, deserve special praise for their unfailing moral support and in Priscilla's case for her excellent work in typing the manuscripts.

Finally, we dedicate this third edition to our beloved colleague Francine Bustin, who died as the project was nearing completion, and to her devoted husband Edouard, who took it upon himself to complete the work in her memory.

R.F.C.
N.J.L.

Contents

ENSEMBLE

Grammaire

Mini-review, passé simple, *composition*

Vocabulaire du thème: Les jeunes

Les distractions des jeunes

la jeunesse	*youth*
l' ami (m), l' amie (f)	*friend, boyfriend, girlfriend*
le copain, la copine (fam.)	*friend, chum*
le petit ami, la petite amie	*boyfriend, girlfriend*
avoir rendez-vous avec	*to have a date with*
sortir (seul, à deux, en groupe)	*to go out (alone, as a couple, in a group)*

aller au cinéma, au théâtre	*to go to the movies, to the theater*
aller à une soirée, à une partie	*to go to a party*
regarder la télévision	*to watch television*
écouter la radio, des disques	*to listen to the radio, to records*
bavarder	*to talk, to chat*
faire la grasse matinée	*to sleep late*

faire du sport	*to play sports*	le cancre	*bad student, dunce*
faire du ski	*to go skiing*	un cerveau	*brain*
jouer au tennis, au golf, aux cartes	*to play tennis, golf, cards*	passer un examen	*to take an exam*
		bûcher (fam.)	*to cram*
s' amuser bien à lire, à faire du ski, etc.	*to have a good time reading, skiing, etc.*	réussir à un examen	*to pass an exam*
		échouer à un examen	*to fail an exam*
s' intéresser aux sports, à la musique, etc.	*to be interested in sports, music, etc.*	rater un examen	*to flunk an exam*
		tricher	*to cheat*
gaspiller son temps	*to waste one's time*	la note	*grade*
prendre un verre	*to have a drink*	le, la camarade de chambre	*roommate*
travailler à mi-temps	*to work part-time*	l' interne (m, f)	*on-campus student*
		l' externe (m, f)	*off-campus student*
		la résidence	*dormitory*

Les jeunes à l'université

se spécialiser en	*to major in*		
suivre un cours	*to take a course*	mûr	*mature*
assister à un cours, à une conférence	*to attend a class, a lecture*	sage	*well-behaved*
		indépendant	*independent*
		responsable	*responsible*
manquer un cours	*to miss a class*	enthousiaste	*enthusiastic*
		gâté	*spoiled*
la salle de classe	*classroom*	égoïste	*selfish*
l' emploi du temps (m)	*schedule*	paresseux, paresseuse	*lazy*
le cours facultatif	*elective course*	irresponsable	*irresponsible*
le cours obligatoire	*required course*	ennuyeux, ennuyeuse	*boring*
les devoirs (m)	*homework*	insupportable	*unbearable*

Mini-review

Révision de grammaire

The following two groups of grammar exercises are intended as a rapid review of some essential points of grammar. The exercises in Group I are more basic than the ones in Group II. References in parentheses indicate where the grammar points are treated in the text. No answers are given.

A. Transformez les phrases selon le modèle (pp. 18–22, 77–78).

Modèle Je joue aux cartes. (nous)
   Nous jouons aux cartes.

  1. Je bavarde constamment. (nous, tu, mes copains, vous, mon camarade de chambre, on, je)
  2. Je réussis toujours. (vous, tu, les cerveaux, on, cet athlète, nous, je)
  3. Je réponds au téléphone. (vous, Bruno, tu, nous, mes parents, on, je)
  4. J'ai un cours facile! (tu, nous, ces joueurs de football, vous, on, Lulu la belle, je)
  5. Je vais au bal. (nous, vous, ma grand-mère, on, le professeur et les étudiants, tu, je)
  6. Je sais la réponse! (tu, cet étudiant paresseux, nous, vous, on, les étudiants mal préparés, je)
  7. Je me repose dans la classe. (nous, vous, on, tu, le professeur, je, les cancres)
  8. Je fais la grasse matinée. (nous, tu, Lola, vous, mes camarades de chambre, on, je)
  9. Je suis égoïste. (nous, vous, mon petit frère, tu, les enfants gâtés, on, je)
 10. Je veux prendre un verre. (nous, tu, Tina et Mina, vous, le vieux général, on, je)

B. Répondez par une phrase complète (pp. 18–22, 77–78).

  1. Allez-vous souvent au cinéma (au bar, chez le professeur, à la bibliothè-que)?
  2. Choisissez-vous vos parents (vos amis, vos professeurs)?
  3. Regardez-vous souvent la télé? Quels programmes aimez-vous?
  4. Voulez-vous prendre un verre (travailler à mi-temps, tricher)?
  5. Le français est-il un cours obligatoire ou un cours facultatif à votre univer-sité?
  6. Êtes-vous sage (égoïste, sincère, adorable)?
  7. Avez-vous beaucoup d'amis (beaucoup de cours ennuyeux, beaucoup de disques)?
  8. Faites-vous la grasse matinée tous les jours?
  9. Vous intéressez-vous aux sports (à l'amour, à la littérature)?

C. En employant l'impératif dites à un(e) autre étudiant(e)... (pp. 28–29, 80).

  1. de finir sa bière.
  2. de venir chez vous.
  3. de se laver immédiatement.
  4. de ne pas tricher.
  5. de ne pas gaspiller son temps.
  6. de ne pas sortir.

D. Répondez par une phrase complète en employant **le, la, les, lui** ou **leur** (pp. 32–33).

    1.   Aimez-vous les examens difficiles (les examens faciles)?

    2.   Souriez-vous à vos parents (aux étrangers, aux dentistes)?

    3.   Répondez-vous au professeur?

    4.   Détestez-vous le français?

    5.   Regardez-vous la télévision?

    6.   Faites-vous la grasse matinée? Si oui, quand?

    7.   Gaspillez-vous votre temps?

E. Remplacez les tirets *(dashes)* par **les** ou **des** (pp. 64–66).

    1.   _____ étudiants sont généralement responsables.

    2.   Avez-vous _____ frères?

    3.   On a trouvé _____ insectes dans le lait!

    4.   Notre professeur est bizarre. Il aime _____ mauvais étudiants et déteste _____ cerveaux.

F. En employant l'inversion demandez à un(e) autre étudiant(e)... (pp. 104–105).

    1.   s'il (si elle) fait du ski.

    2.   s'il (si elle) prend une douche ou un bain.

    3.   si sa vie est ennuyeuse (intéressante).

    4.   s'il (si elle) a mangé un oeuf ce matin.

    5.   s'il (si elle) gaspille son temps.

G. Répondez par une phrase complète en employant **ne... pas** (pp. 115–116).

    1.   Qu'est-ce que vous ne mangez pas?

    2.   Qu'est-ce que vous ne buvez pas?

    3.   Qu'est-ce que vous ne voulez pas faire ce soir?

    4.   Qu'est-ce que vous n'avez pas fait cette semaine?

    5.   Qu'est-ce que vous n'avez pas vu?

H. Mettez les **adjectifs** au féminin (p. 132).

    1.   paresseux

    2.   formidable

    3.   blasé

    4.   naïf

    5.   travailleur

I. Mettez les adjectifs à la position convenable *(appropriate)* en faisant l'accord *(agreement)* s'il y a lieu *(if necessary)* (p. 135).

Modèle   Quelle jeune fille! (vaniteux)
               Quelle jeune fille vaniteuse!

1. C'est une auto. (français)
2. Marie a une chatte. (blanc)
3. Georges vient d'acheter une bicyclette! (beau)
4. Marguerite est une amie. (bon)
5. Il a des camarades de chambre. (insupportable)

J. Composez une phrase comparative en employant **plus... que, moins... que** ou **aussi... que.** Faites l'accord de l'adjectif s'il y a lieu (pp. 148–149).

> **Modèle** l'Amérique; la France; grand
> **L'Amérique est plus grande que la France.**

1. un enfant; un adulte; indépendant
2. une université; un bar; intéressant
3. une glace; une orange; délicieux
4. le russe; l'espagnol; facile
5. les femmes; les hommes; raisonnable

K. Changez les adjectifs en adverbes en employant **-ment** s'il y a lieu (p. 141).

> **Modèle** généreux
> **généreusement**

1. curieux
2. général
3. probable
4. naïf
5. bon

L. Formulez une phrase en employant les pronoms relatifs **qui** ou **que** selon le modèle (pp. 180–181).

> **Modèle** Voici un cours. Il est formidable!
> **Voici un cours qui est formidable!**
> Voilà une jeune fille. Je l'adore!
> **Voilà une jeune fille que j'adore!**

1. Voici un étudiant. Il aime tricher!
2. Voilà le professeur. Je l'ai vu chez Louise.
3. Voilà l'examen. Je l'ai raté!
4. Voici mon amie. Elle aime jouer au basket-ball.
5. Voilà votre ami. Il se moque de tout le monde!

M. Remplacez **un**, **une** ou **des** par l'adjectif démonstratif **ce**, **cet**, **cette** ou **ces** (pp. 192–193).

1. des soirées
2. des jeunes
3. une note
4. un examen
5. un voyage

N. Transformez les phrases en employant le temps futur (p. 159).

1. Je travaillerai à mi-temps. (nous, vous, le président, tu, les, artistes, on, je)
2. Je dormirai en classe. (on, tu, les étudiants paresseux, le cancre, nous, vous, je)
3. Je prendrai un verre. (tu, nous, M. Bourbon, vous, mes copains, on, je)

O. Mettez les infinitifs suivants au futur (p. 160).

1. avoir de la chance (tu, nous)
2. être sage (je, mes frères)
3. aller à la Martinique (vous, Gigi)
4. faire la grasse matinée (Tina et Mina, on)

P. Traduisez en français les verbes entre parenthèses (pp. 161–162).

1. Nous _____ *(will go)* à la soirée chez Robert.
2. Je _____ *(will become)* médecin après avoir terminé mes études.
3. Après les examens semestriels, je _____ *(will sleep late)* pendant toute une semaine!
4. Quand je _____ *(am)* à l'université, je _____ *(will major)* en psychologie.
5. Nous _____ *(will live)* dans un appartement au lieu d'une résidence.

Q. Remplacez **un**, **une** ou **des** par l'adjectif possessif **mon**, **ma** ou **mes** (p. 232).

1. une composition
2. un disque
3. un avenir
4. une université
5. des copains

R. Les nombres *(Appendix—Useful Expressions)*

1. Comptez de 1 à 20.
2. Complétez: 10, 20,... 100.
3. Exprimez en français : 21, 35, 61, 80, 81, 99, 100, 120, 1,000,000.
4. Traduisez en français : *first, fifth, twentieth, forty-fifth, one hundredth.*
5. Traduisez en français en employant le suffixe **-aine** : *about twenty, about thirty, about fifty, about one hundred.*

S. Les dates et le temps *(Appendix—Useful Expressions)*

1. Quels sont les jours de la semaine?
2. Quels sont les mois de l'année?
3. Traduisez en français : *January 1, 1952; March 8, 1943; December 25, 1971.*

4. En quel mois (en quelle année) êtes-vous né(e)?
5. Quel temps fait-il en hiver? au printemps?
6. Quel temps fait-il en Floride?

T. Quelle heure est-il? *(Appendix—Useful Expressions)*

1.

4.

2.

5.

3.

6.

EXERCICES: II

A. Indiquez le genre (**masculin** ou **féminin**) sans consulter le dictionnaire (pp. 50–51).

1. télévision
2. tableau
3. classicisme
4. gentillesse
5. librairie
6. gouvernement
7. Californie
8. papier
9. cigarette

B. Remplacez les mots en italiques par **y** ou **en** (pp. 35–36).

Modèle   Je vais *à la résidence.*
        J' y vais.

1. Nous allons souvent *au cinéma.*
2. Malheureusement, j'ai échoué *à mon examen final.*
3. Nous allons avoir *des problèmes.*
4. Nous aimons étudier *à la bibliothèque.*
5. J'ai suivi six *cours.*

C.   Remplacez les tirets par le partitif (**du**, **de**, **la**, **de l'**, **des**) ou par **de (d')** tout seul (pp. 64–68).

1. Charlot fait beaucoup _____ fautes de grammaire!
2. Cet étudiant n'a pas _____ copains.
3. Ma copine a _____ chance
4. Cette étudiante va réussir parce qu'elle a _____ idées originales.

D.   Complétez au **passé composé** (pp. 84–88).

1. **bavarder** : j'ai bavardé, tu _____ , il (elle, on) _____ , nous _____ , vous _____ , ils (elles) _____ .
2. **grossir** : j'ai grossi, tu _____ , il (elle, on) _____ , nous _____ , vous _____ , ils (elles) _____ .
3. **vendre** : j'ai vendu, tu _____ , il (elle, on) _____ , nous _____ , vous _____ , ils (elles) _____ .
4. **avoir** : j'ai eu, tu _____ , il (elle, on) _____ , nous _____ , vous _____ , ils (elles) _____ .
5. **être** : j'ai été, tu _____ , il (elle, on) _____ , nous _____ , vous _____ , ils (elles) _____ .
6. **aller** : je suis allé(e), tu _____ , il (elle, on) _____ , nous _____ , vous _____ , ils (elles) _____ .
7. **s'amuser** : je me suis amusé(e), tu _____ , il (elle, on) _____ , nous _____ , vous _____ , ils (elles) _____ .

E.   Demandez à un(e) autre étudiant(e) ou au professeur... (pp. 104–105).

1. s'il (si elle) a jamais mangé des escargots *(snails)*.
2. s'il (si elle) a bu du lait (du café, du thé, du whisky) ce matin.
3. à quelle heure il (elle) s'est couché(e) hier soir.
4. à quelle heure il (elle) s'est réveillé(e) ce matin.
5. où il (elle) est né(e).
6. où il (elle) est allé(e) hier soir.

F.   Complétez à **l'imparfait** (pp. 89–90).

1. **parler** : je parlais, tu _____ , il (elle, on) _____ , nous _____ , vous _____ , ils (elles) _____ .
2. **finir** : je finissais, tu _____ , il (elle, on) _____ , nous _____ , vous _____ , ils (elles) _____ .
3. **perdre** : je perdais, tu _____ , il (elle, on) _____ , nous _____ , vous _____ , ils (elles) _____ .
4. **avoir** : j'avais, tu _____ , il (elle, on) _____ , nous _____ , vous _____ , ils (elles) _____ .
5. **être** : j'étais, tu _____ , il (elle, on) _____ , nous _____ , vous _____ , ils (elles) _____ .

G.   Mettez les verbes entre parenthèses à **l'imparfait** et traduisez les phrases en anglais (pp. 91–92).

1.   Comment! Il a manqué ce cours parce qu'il _____ (avoir) peur du professeur?
2.   Hier il _____ (faire) beau et les oiseaux _____ (chanter) dans les arbres.
3.   Je ne lui ai pas répondu parce que j' _____ (être) timide.
4.   Quand j' _____ (être) jeune, mon père et moi, nous _____ (faire) des promenades dans la neige.
5.   Quand le professeur m'a appelé, je _____ (dormir)!

H.   Formulez une question en employant les adverbes **comment**, **où**, **pourquoi** ou **quand** (p. 107).

Modèle   Je vais à Boston.
             Où allez-vous?

1.   Je vais à New York.
2.   François est travailleur et enthousiaste.
3.   Je travaille à mi-temps parce que je suis fauché *(broke)*.
4.   Francine est blasée et paresseuse.
5.   Je commence à bûcher demain!
6.   Je viens à l'université en auto.

I.   Transformez les phrases en employant **le conditionnel présent** (pp. 159–160).

1.   Je voudrais une pizza. (tu, vous, Luigi, nous, Maria et Isabella, on, je)
2.   Si j'étais riche, j'achèterais un avion supersonique (vous, on, Pierrot, nous, tu, ces étudiants, je)

J.   Traduisez en français les verbes entre parenthèses (pp. 165–166).

1.   S'il _____ *(were)* riche, il _____ *(would be)* insupportable!
2.   Isabelle a dit qu'elle _____ *(would sleep late)*.
3.   Elle _____ *(would like)* suivre votre cours.
4.   Si je _____ *(were)* à votre place, je _____ *(would study)!*

K.   Traduisez en français les verbes entre parenthèses en employant le verbe **devoir** (pp. 168–170).

1.   Je _____ *(have to)* bûcher pour cet examen difficile!
2.   Vous _____ *(shouldn't)* gaspiller votre temps.
3.   Nous _____ *(must)* assister à tous les cours.
4.   Michèle _____ *(had to)* trouver une autre camarade de chambre quand elle a changé d'appartement.
5.   Vous _____ *(should have)* passer votre temps libre à étudier, et non pas à vous amuser!

L. Remplacez les tirets par **c'est** ou **il est** (pp. 197–198).

1. J'aime beaucoup ce professeur parce que _____ sensationnel!
2. Un «D»? _____ une mauvaise note!
3. Quelle est la profession de votre père? — _____ avocat.
4. Où est ton camarade de chambre sympathique? — _____ est avec ton camarade de chambre désagréable!
5. _____ lui qui est sorti avec ta petite amie!

M. Complétez au **présent du subjonctif.** Mettez **il faut que** devant chaque forme du verbe: **il faut que je parle,** etc. (pp. 209–212).

1. **parler** : il faut que je parle, tu _____ , il (elle, on) _____ , nous _____ , vous _____ , ils (elles) _____ .
2. **finir** : il faut que je finisse, tu _____ , il (elle, on) _____ , nous _____ , vous _____ , ils (elles) _____ .
3. **perdre** : il faut que je perde, tu _____ , il (elle, on) _____ , nous _____ , vous _____ , ils (elles) _____ .
4. **avoir** : il faut que j'aie, tu _____ , il (elle, on) _____ , nous _____ , vous _____ , ils (elles) _____ .
5. **être** : il faut que je sois, tu _____ , il (elle, on) _____ , nous _____ , vous _____ , ils (elles) _____ .
6. **aller** : il faut que j'aille, tu _____ , il (elle, on) _____ , nous _____ , vous _____ , ils (elles) _____ .
7. **faire** : il faut que je fasse, tu _____ , il (elle, on) _____ , nous _____ , vous _____ , ils (elles) _____ .
8. **savoir** : il faut que je sache, tu _____ , il (elle, on) _____ , nous _____ , vous _____ , ils (elles) _____ .

N. Que voulez-vous que je fasse... ? Répondez en employant «**Je veux que vous...** » + **subjonctif** (pp. 214–215).

1. si j'ai soif?
2. si j'ai faim?
3. si je suis très fatigué(e)?
4. avant de me marier?
5. après avoir joué au tennis?

O. Remplacez les tirets par la préposition **à** ou **de**, si nécessaire (pp. 244–245).

1. J'ai enfin réussi _____ terminer l'examen!
2. Je n'ai jamais essayé _____ faire du ski.
3. Il faut _____ faire attention en classe.
4. Je vais commencer _____ parler très bien français cette année!
5. Marie veut _____ assister à la conférence de M. Barthes!

The passé simple

The **passé simple** or *past definite* is a literary past tense that is almost never used in conversation. Students should be able to recognize it, however, in the texts they read. The **passé simple** is generally translated in English in the same way as the **passé composé** or *compound past;* **j'ai parlé**, *I spoke;* **je parlai**, *I spoke.* The **passé simple** is formed by dropping the ending of the infinitive and adding the following endings for regular verbs:

-er verbs	-ir and -re verbs		avoir and être	
parler	**finir**	**perdre**	**avoir**	**être**
je parl**ai**	je fin**is**	je perd**is**	j'**eus**	je **fus**
tu parl**as**	tu fin**is**	tu perd**is**	tu **eus**	tu **fus**
il elle on } parl**a**	il elle on } fin**it**	il elle on } perd**it**	il elle on } **eut**	il elle on } **fut**
nous parl**âmes**	nous fin**îmes**	nous perd**îmes**	nous **eûmes**	nous **fûmes**
vous parl**âtes**	vous fin**îtes**	vous perd**îtes**	vous **eûtes**	vous **fûtes**
ils elles } parl**èrent**	ils elles } fin**irent**	ils elles } perd**irent**	ils elles } **eurent**	ils elles } **furent**

The **passé simple** forms of **avoir** and **être** are also shown in the table. These forms and the **passé simple** of other common irregular verbs may be found in the verb charts in the Appendix.

EXERCICE

Voici un extrait *(selection)* du *Petit Prince*, le roman célèbre d'Antoine de Saint-Exupéry. Venu d'un autre monde, le protagoniste explore l'univers en visitant une série de planètes.

Identifiez les verbes au **passé simple** et traduisez ces verbes en anglais.

   La planète suivante était habitée par un *buveur*. Cette visite fut très courte mais elle plongea le petit prince dans une grande mélancolie :
   —Que fais-tu là? dit-il au buveur, qu'il trouva installé en silence devant une collection de *bouteilles* vides et une collection de bouteilles pleines.
   —Je bois, répondit le buveur, *d'un air lugubre.*
   —Pourquoi bois-tu? lui demanda le petit prince.
   —Pour oublier, répondit le buveur.

—Pour oublier quoi? *s'enquit* le petit prince qui déjà le *plaignait.*
—Pour oublier que *j'ai honte, avoua* le buveur en *baissant* la tête.
—Honte de quoi? *s'informa* le petit prince qui désirait le *secourir.*
—Honte de boire! *acheva* le buveur qui *s'enferma* définitivement dans le silence.

vocabulaire

le **buveur**	*drinker*	**avouer**		*to confess*
la **bouteille**	*bottle*	**baisser**		*to lower*
d'un air lugubre =	tristement	s' **informa**	=	demanda
s' **enquit** =	demanda	**secourir**	=	aider
plaindre =	avoir pitié de	**acheva**	=	conclut
avoir honte	*to be ashamed*	s' **enfermer**		*to shut oneself up*

Composition

A well-organized composition has an *introduction, transitions,* and a *conclusion.* Study the following examples, which will be helpful in preparing compositions and oral reports.

1. Introductions

   Je vais discuter (décrire, examiner, traiter)...
   I am going to discuss (describe, examine, treat) . . .

   On dit souvent que...
   It is often said that . . .

   Je vais diviser mes remarques en deux parties : d'abord... et ensuite...
   I am going to divide my remarks into two parts: first . . . and then . . .

2. Transitions

   d'une part... d'autre part *on one hand . . . on the other hand*

   d'ailleurs *besides*
   de plus *furthermore, in addition, moreover*
   en plus de *in addition to*

   en ce qui concerne *concerning*
   quant à *as for*

par contre *on the contrary, on the other hand*
au contraire *on the contrary*
cependant, pourtant *however*

mais *but*
tandis que *whereas*

par exemple *for example*

3. Conclusions

en conclusion *in conclusion*
donc *therefore*
par conséquent *consequently*
à mon avis *in my opinion*
bref, en résumé *in short*

EXERCICE

Remplacez les tirets dans cette composition par **tandis que**, **par exemple**, **mais**, **donc**, **je vais examiner**, **par contre** ou **en conclusion**.

Dans cette composition _____ le fossé *(gap)* entre les générations. Je pense que les jeunes et les adultes doivent avoir des idées différentes parce qu'ils mènent des vies différentes.

Les jeunes passent beaucoup de temps à l'université où ils pensent à leurs études et aux rapports *(relations)* avec leurs copains. L'université est un monde fermé et protégé où les responsabilités sont réduites (_____ , les étudiants ne sont pas toujours obligés de faire la cuisine!). Je ne dis pas que les étudiants n'ont pas de responsabilités, _____ leurs responsabilités sont limitées. Puisqu'ils manquent d'expérience dans le monde réel, ils ont tendance à être idéalistes et impatients. Ils veulent réformer la société en un jour!

Les adultes, _____ , ont beaucoup d'expérience. Ils sont obligés de faire face aux réalités de la vie. Ce sont eux, _____ , qui doivent payer les frais d'admission *(tuition)* de leurs enfants! Quand ils étaient jeunes, eux aussi ont voulu réformer la société, _____ quand ils ont essayé de le faire, ils n'ont pas toujours réussi. Ils sont _____ devenus réalistes.

_____ , on peut dire que les adultes acceptent de vivre dans un monde qui n'est pas parfait, _____ les jeunes rêvent d'une meilleure vie à l'avenir.

Sujets de discussion ou de composition

Employez au besoin *(when useful)* les termes d'introduction, de transition et de conclusion qu'on vous a donnés ci-dessus *(above)*.

1. Décrivez un rendez-vous extraordinaire que vous avez eu. (Était-il bizarre, désastreux, formidable, amusant? Avec qui êtes-vous sorti? Où êtes-vous allé?, etc.)

2. Quelles distractions préférez-vous le plus et lesquelles préférez-vous le moins? Pourquoi?

3. Vous avez l'air d'un cancre mais ce n'est pas parce que vous êtes stupide. C'est plutôt parce que vous vous révoltez secrètement contre le système d'enseignement supérieur que vous trouvez injuste et inefficace *(inefficient)*. Expliquez précisément pourquoi.

4. Au début d'une année scolaire les étudiants doivent prendre beaucoup de décisions. Par exemple, il faut choisir des cours, des profs, une résidence ou un appartement, des clubs ou des organisations, etc. Racontez les décisions que vous avez prises en indiquant les raisons de vos choix.

5. Écrivez un dialogue entre les personnes suivantes et présentez-le avec un(e) autre étudiant(e) devant la classe.

   a. un professeur et un cancre
   b. un(e) étudiant(e) qui veut étudier à la bibliothèque et un(e) autre qui veut s'amuser
   c. un(e) étudiant(e) qui parle avec sa petite amie (son petit ami) au téléphone
   d. un(e) étudiant(e) qui veut tricher à un examen et un(e) étudiant(e) qui essaie de le (la) dissuader
   e. un(e) étudiant(e) qui se dispute avec son (sa) camarade de chambre

Present tense, imperative, personal pronouns

Chapter 2 at a glance

the present tense

I. Complétez **au présent**.

1. vous (flirter)
2. nous (finir)
3. vous (mentir)
4. ils (répondre)
5. je (boire)
6. ils (aller)
7. ils (craindre)
8. nous (mettre)
9. vous (apprendre)
10. nous (divorcer)
11. tu (acheter)
12. elles (employer)

II.   Quelle traduction n'est pas correcte?

    1.   Elle cherche une situation.
- **a.**   *She is looking for a job.*
- **b.**   *She had been looking for a job.*
- **c.**   *She does look for a job.*
- **d.**   *She looks for a job.*

    2.   Il est en train de terminer son travail.
- **a.**   *He is finishing his work on the train.*
- **b.**   *He is busy finishing his work.*
- **c.**   *He is in the act of finishing his work.*

    3.   Elle est mariée depuis seize ans.
- **a.**   *She has been married for sixteen years.*
- **b.**   *She got married at sixteen.*

III. Remplacez les mots entre parenthèses par **depuis quand** ou **depuis combien de temps**.

    1.   *(Since when)* Janine flirte-t-elle avec mon petit ami?
    2.   *(How long)* sortez-vous avec Robert?

IV.   Traduisez en français en employant l'expression **venir de**.

    1.   Brigitte has just found a house.
    2.   They just got married.

the imperative

V.   Traduisez en français.

    1.   Choose a career!
    2.   Answer now!
    3.   Let's do the dishes.
    4.   Let's go on a diet.

VI.   Mettez au négatif en employant **ne... pas**.

    1.   Allons au cinéma!
    2.   Faites le lit!

VII. Remplacez les tirets par **tiens** ou **voyons**.

    1.   _____ ! J'ai une bonne idée!
    2.   _____ ! Vous n'êtes pas vraiment sérieuse!

VIII. Remplacez les mots en italiques par un **pronom** et mettez le pronom à la place convenable.

    1. Louise déteste *le chauvinisme du mâle!*
    2. Elle ne parle jamais *de son mariage.*
    3. Elles veulent habiter *à Paris.*
    4. Ne parlez pas *à mon petit ami!*

IX. Remplacez les mots en italiques par deux **pronoms** et mettez les pronoms à la place convenable.

    1. Robert donne *des cadeaux à Babette.*
    2. Laure a annoncé *son mariage à ses amies.*

X. Traduisez en français en employant un **pronom disjoint** *(disjunctive).*

    1. Je suis sûr que Madeleine est amoureuse de _____ *(him)!*
    2. _____ *(You and I),* nous sommes toujours en retard.

XI. Complétez en employant le pronom **le (l')**.

    1. Votre sœur est-elle libérée? —Oui, _____ *(she is).*
    2. Hélène et Barbara sont-elles traditionalistes? —Non, _____ *(they aren't).*

Vocabulaire du thème: Les femmes

Le mariage

le mari	*husband*
la femme	*wife*
la femme au foyer	*housewife*
se marier avec, épouser	*to marry (someone)*
se marier	*to get married*
marié	*married*
la lune de miel	*honeymoon*
le couple	*couple*
être enceinte	*to be pregnant*
avoir, élever des enfants	*to have, to bring up children*
partager	*to share*
fidèle	*faithful*

tromper	*to cheat on, to deceive*
jaloux, jalouse	*jealous*
divorcer (avec quelqu'un)	*to divorce (someone)*

L'amour

flirter	*to flirt*
être (tomber) amoureux, amoureuse de	*to be (to fall) in love with*
embrasser	*to kiss*
coquet, coquette	*coquettish*
séduisant	*attractive, sexy*
doux, douce	*sweet*

la liberté sexuelle	*sexual freedom*	nerveux, ner-veuse	*nervous*
la limitation des naissances	*birth control*	frustré	*frustrated*
l' avortement (m)	*abortion*	satisfait	*satisfied*

Les travaux ménagers

les travaux ména-gers	*household chores*	chercher, trou-ver un poste, un emploi	*to look for, to find a po-sition, a job*
faire la cuisine	*to do the cooking, to cook*	poursuivre une carrière	*to pursue a career*
faire le lit	*to make the bed*	le chauvinisme du mâle	*male chauvinism*
faire la vaisselle	*to do the dishes*	la discrimination	*discrimination*
faire les courses	*to do the shopping*	le stéréotype fémi-nin	*feminine stereotype*
faire le ménage	*to do the housework*	le phallocrate (fam.)	*male chauvinist*

La libération des femmes

le, la féministe	*feminist*		
refuser les rôles féminins tra-ditionnels	*to refuse the traditional feminine roles*	**L'apparence**	
		grossir	*to get fat*
l' égalité (f)	*equality*	maigrir	*to lose weight, to slim down*
égal	*equal*	suivre un ré-gime	*to be on a diet*
indépendant	*independent*	faire des ma-nières	*to put on airs*
libéré	*liberated*		
la crèche	*day-care center*		

The present tense

Formation of the present

regular formations

Regular verbs can be classified in three major groups according to the end-ing of the infinitive.

1.   Group 1: infinitive ending in **-er**

---

aimer (stem, **aim-**)

j'	aime	nous	aim**ons**
tu[1]	aim**es**	vous	aim**ez**
il elle }[2] aime on		ils elles } aim**ent**	

---

2.   Group 2: infinitive ending in **-ir**
    a.   Verbs like **finir**.

---

finir (stem, **fin-**)

je	fin**is**	nous	fin**issons**
tu	fin**is**	vous	fin**issez**
il elle } fin**it** on		ils elles } fin**issent**	

---

    b.   Verbs like **mentir**.

---

mentir (stem, **ment-**)

je	men**s**	nous	ment**ons**
tu	men**s**	vous	ment**ez**
il elle } ment on		ils elles } ment**ent**	

Common verbs like **mentir** are **dormir**, **partir**, **sentir**, **servir**, and **sortir**. Note that there is no **-iss-** in the plural, and that the consonant before the

---

[1]Remember that **tu**, the familiar form, is used in addressing members of one's family, close friends, children, and animals; otherwise, the more formal **vous** is used. Young people today use **tu** freely among themselves.

[2]**On** is an indefinite pronoun, meaning "one" or, in the indefinite sense, "you" or "they" or "people." It always takes a singular verb.

-ir ending is dropped in the singular but retained in the plural: **je mens,** but **nous mentons.**

3.   Group 3: infinitive ending in **-re**

---

répondre (stem, **répond-**)

je	répond**s**	nous	répond**ons**
tu	répond**s**	vous	répond**ez**
il } elle } répond on }		ils } elles } répond**ent**	

The verbs **rompre** and **interrompre** add an unpronounced **t** in the third person singular: **il rompt, elle interrompt.**

EXERCICES

A.   Transformez les phrases selon le modèle.

> **Modèle**   Je déteste la discrimination! (les féministes)
> **Les féministes détestent la discrimination!**

1.   Je grossis trop! (nous, tu, la petite Sylvie, vous, on, Justin, je)
2.   Je flirte avec tout le monde. (vous, on, ces coquettes, nous, tu, ce phallocrate, je)
3.   Je sors tous les soirs. (tu, on, cette femme d'affaires, ces jeunes filles irresponsables, vous, nous, je)
4.   J'attends un autre enfant. (tu, nous, Mme Petit, vous, on, mes grands-parents, je)

B.   Demandez à un(e) autre étudiant(e) ou au professeur...

1.   s'il (si elle) grossit.
2.   s'il (si elle) fait la vaisselle.
3.   s'il (si elle) gaspille son temps.
4.   s'il (si elle) fait des manières.

C.   Formulez une phrase originale en employant un mot de la première colonne, un verbe de votre choix de la deuxième colonne et une expression de la troisième colonne.

1.	Mimi et Luc	aimer	dans une crèche
2.	Les féministes	travailler	un bébé
3.	Nous	sortir avec	souvent
4.	Ce couple charmant	détester	les stéréotypes féminins
5.	Les hommes libérés	étudier	les phallocrates
6.	Je	mentir	les femmes
7.	Cette jeune fille co-	attendre	flirter avec tout le
	quette	respecter	monde

D. Répondez par une phrase complète.

1. Admirez-vous les féministes (les phallocrates)?
2. Répondez-vous au professeur en français, en anglais ou en chinois?
3. Choisissez-vous vos parents?
4. Mentez-vous à votre petit(e) ami(e) (à vos parents, au professeur)?
5. Acceptez-vous la discrimination (la liberté sexuelle)?

irregular formations

1. Verbs with irregular present tenses must be learned individually (see Appendix). Verbs with similar formations may be organized into groups.

   a. Common verbs

aller	boire	dire	falloir[2]	plaire	rire
s'asseoir	courir	être	lire	prendre	savoir
avoir	devoir[1]	faire	mourir	recevoir	valoir

   b. Common verb groups

   battre, mettre
   connaître, paraître
   croire, voir
   écrire, vivre, suivre
   offrir, ouvrir, souffrir
   plaire, taire
   pouvoir, vouloir, pleuvoir
   tenir, venir
   verbs ending in **-indre**: craindre, joindre, peindre, etc.
   verbs ending in **-uire**: construire, détruire, séduire, etc.

   Note that compounds derived from these verbs are conjugated in the same way: **apprendre**, **comprendre**, and **surprendre** like **prendre**; **devenir**, **revenir**, and **se souvenir** like **venir**; etc.

---

[1]See Chapter 7, for the use of **devoir**.
[2]This verb is used only in the third person singular: **il faut**.

2. Some common **-er** verbs undergo spelling changes.
    a. Verbs in **-cer** and **-ger**: **c** changes to **ç** (**c cédille**) and **g** to **ge** before the ending **-ons**.

    commencer: **je commence** but **nous commençons**
    nager: **je nage** but **nous nageons**

    Other such verbs:

    avancer   lancer   divorcer
    changer   manger   partager

    b. Verbs in **-yer**: **y** changes to **i** before endings in mute **e**: **-e, -es, -ent**.

    nettoyer: **vous nettoyez** but **je nettoie, ils nettoient**

    Other such verbs:

    choyer   employer   essayer
    essuyer   payer   envoyer

    Verbs ending in **-ayer** may retain the **y**: **ils paient, ils payent**.

    c. Verbs in **e** + *consonant* + **er**: **e** changes to **è** (**e accent grave**) before endings in mute **e**.

    lever: **nous levons** but **tu lèves, ils lèvent**

    Other such verbs:

    mener   promener
    élever   peser

    Verbs in **-eler** or **-eter** are exceptions. They double the **l** and **t** before endings in mute **e**.

    appeler: **nous appelons** but **elle appelle, ils appellent**
    jeter: **nous jetons** but **elle jette, ils jettent**

    The verbs **acheter** and **geler**, however, change **e** to **è**: **j'achète, il gèle**.

    d. Verbs in **é** + *consonant* + **er**: **é** (**e accent aigu**) changes to **è** (**e accent grave**) before endings in mute **e**.

    suggérer: **nous suggérons** but **je suggère, ils suggèrent**

    Other such verbs:

    considérer espérer   posséder
    préférer   répéter   exagérer

EXERCICES

A. Transformez les phrases.

1. Je fais la vaisselle tous les soirs. (Cendrillon, tu, on, Jules et Jim, vous, nous, je)
2. Je veux suivre un régime. (nous, vous, cette vedette de cinéma, tu, on, Babette et Brigitte, je)
3. Je vais à la crèche. (vous, nous, la petite Gigi, tu, on, M. et Mme Enfantin, je)
4. Je suis contre le chauvinisme du mâle. (tu, nous, Zelda, les hommes libérés, vous, on, je)

B. Complétez au présent.

1. (craindre) je, nous
2. (savoir) il, vous
3. (aller) tu, elles
4. (découvrir) je, nous
5. (pleuvoir) il
6. (faire) tu, vous
7. (voir) je, vous
8. (venir) il, ils
9. (commettre) tu, vous
10. (devoir) je, nous
11. (séduire) elle, nous
12. (pouvoir) je, nous
13. (écrire) tu, ils
14. (être) je, ils
15. (boire) je, nous
16. (avoir) tu, ils
17. (falloir) il
18. (croire) je, vous
19. (recevoir) elle, elles
20. (vouloir) je, nous
21. (rire) tu, nous
22. (plaire) elle, elles
23. (valoir) je, vous

C. Répondez aux questions suivantes.

1. Imaginez que vous êtes enceinte. Voulez-vous avoir un garçon ou une fille?
2. Imaginez que vous êtes une femme coquette. Qu'est-ce que vous savez faire?
3. Imaginez que vous cherchez un mari (une femme). Où allez-vous le (la) chercher?
4. Imaginez que vous êtes pauvre. Qu'est-ce que vous devez faire?
5. Imaginez que vous êtes dans un café. Qu'est-ce que vous buvez? Qu'est-ce que vous ne buvez pas?
6. Imaginez que vous êtes un phallocrate. Qu'est-ce que vous ne voulez pas faire?
7. Imaginez que vous êtes très riche. Qu'est-ce que vous pouvez faire?

D. Transformez les phrases.

1. J'achète des fausses dents. (nous, on, tu, Mme Defarge, ces dentistes, je)
2. J'appelle toujours la police. (vous, ma voisine, nous, on, la femme de l'inspecteur Clouseau, je)

3. Je préfère les femmes coquettes. (tu, Aldo, nous, vous, les hommes frustrés, on, je)

E. Complétez au présent.

1. (divorcer) nous, je
2. (changer) ils, vous
3. (manger) nous, tu
4. (payer) elle, nous
5. (élever) tu, vous
6. (acheter) vous, elle
7. (appeler) nous, je
8. (préférer) je, nous
9. (posséder) vous, tu
10. (essayer) nous, ils
11. (envoyer) ils, vous
12. (espérer) tu, nous
13. (mener) nous, il
14. (partager) elles, vous
15. (considérer) je, nous

F. Demandez à un(e) autre étudiant(e)...

1. s'il (si elle) exaspère ses parents (ses amis, le professeur).
2. s'il (si elle) est timide (séduisant/e, antiféministe, jaloux/jalouse).
3. s'il (si elle) fait souvent la cuisine (la vaisselle, l'idiot/e).
4. quelle sorte de jeune fille (jeune homme) il (elle) préfère.
5. s'il (si elle) écrit beaucoup de lettres d'amour.
6. s'il (si elle) partage les travaux ménagers. Si oui, avec qui?
7. s'il (si elle) mène une vie tranquille.
8. s'il (si elle) tutoie le professeur (ses amis, ses parents).

Use of the present

The single form of the French present tense corresponds to several possible variations in English.

j'aime $\begin{cases} \textit{I love} \\ \textit{I do love} \\ \textit{I am loving} \\ \textit{I have been loving} \end{cases}$

The precise English equivalent of the French present tense depends on the use of the verb in the sentence.

uses that correspond to the English present

Like the English present tense, the French present is used to indicate present or customary actions, and general truths.

Comment! Bruno flirte avec ma petite amie?
What! Bruno's flirting with my girlfriend?

Paul bavarde au téléphone tous les après-midi.
Paul gossips on the phone every afternoon.

L'amour idéal n'existe pas.
Ideal love doesn't exist.

the English progressive present

The French present tense is used to express the English progressive present:
I am walking.

Que fait Nadine? —Elle cherche du travail.
What is Nadine doing? —She's looking for work.

The expression **être en train de** + *infinitive (to be busy, or in the act or process of doing something)* is used to stress the progressive nature of the present.

Silence! Je suis en train de travailler!
Quiet! I'm busy working!

La femme moderne est en train de se créer une nouvelle image.
Modern woman is in the process of creating a new image for herself.

with *depuis, il y a... que, voici... que, voilà... que*

The French present is used with **depuis**, **il y a... que**, **voici... que**, and **voilà... que** to express an action that began in the past and is still going on in the present (the English present perfect tense).

Charles et Emma sortent ensemble depuis longtemps.
Il y a longtemps que Charles et Emma sortent ensemble.
Voici (Voilà) longtemps que Charles et Emma sortent ensemble.
Charles and Emma have been going out together for a long time.

Note that the verb precedes **depuis**, but follows the other three expressions.
Il y a meaning *there is (are)* or *ago* should not be confused with **il y a... que**.

Il y a deux crèches en ville.
There are two day-care centers in the city.

Ils se sont mariés il y a deux ans.
They got married two years ago.

Il y a deux ans qu'elle suit un régime!
She has been on a diet for two years!

the immediate future

The French present can also be used with a future temporal expression to indicate an action in the immediate future.

Elle vient dans une heure.   Je vous téléphone demain.
She's coming in an hour.   *I'll telephone you tomorrow.*

EXERCICES

A. Qu'est-ce que les personnes suivantes sont probablement en train de faire?

   1. Mathilde est à la bibliothèque.
   2. Micheline est à l'hôpital.
   3. Georges est dans la cuisine.
   4. Charles est au café.
   5. Dorine et Marc sont à la piscine.
   6. Sylvie et Louise sont au restaurant.
   7. Jean-Pierre est à la boulangerie.
   8. Mimi et Gigi sont à la charcuterie.
   9. Florence est dans la forêt.

B. Récrivez les phrases en employant le temps présent avec **depuis**.

   1. Voilà six mois que ma femme est enceinte.
   2. Il y a deux ans que Blanche Neige s'intéresse à toutes les organisations féministes.
   3. Voici quatre heures que Marguerite fait la cuisine!
   4. Il y a des siècles que l'homme domine la femme.
   5. Voilà des années que ma soeur grossit!

C. Traduisez en français.

   1. Jeanne is smart, attractive, and very liberated.
   2. She has been married for four years.
   3. A true feminist, she refuses the traditional feminine roles.
   4. She and her husband Louis share the household chores.
   5. Louis, for example, is busy raising their two children.
   6. He also does the shopping, the cooking, and the housework.
   7. He's so tired and frustrated that he's losing weight!
   8. And Jeanne? She is busy pursuing a career in business *(dans les affaires)*.
   9. She does the dishes.

Related expressions

depuis quand...? and *depuis combien de temps...?* + present tense

1. **Depuis quand...?** *(since when)* is used to ask a question concerning the point of origin of an action. The answer will usually indicate a specific point in time: a year, day of the month or week, hour of the day, etc.

   Depuis quand êtes-vous marié? —Je suis marié depuis 1970.
   Since when have you been married? —I've been married since 1970.

2. **Depuis combien de temps...?** *(how long)* is used to ask a question concerning the duration of an action. The answer will usually indicate an amount of time.

   Depuis combien de temps êtes-vous divorcé? —Je suis divorcé depuis sept ans.
   How long have you been divorced? —I've been divorced for seven years.

venir de + infinitive

The present tense of **venir de** + *infinitive* indicates that an action has just been completed.

Elle vient d'avoir un bébé.　　Elle vient de trouver un bon emploi.
She has just had a baby.　　*She just found a good job.*

Note that the English equivalents do not use the present tense.

EXERCICES

A. Formulez des phrases originales en employant les expressions dans la colonne de gauche, l'expression **parce que je viens de**, et les expressions dans la colonne de droite.

trouver un nouveau
　poste
faire le ménage
1. Je suis triste　　　　　　　me marier
2. Je suis jaloux (jalouse)　　faire la connaissance
3. Je suis fatigué(e)　　　　　d'un phallocrate
4. Je suis dans les nuages *(clouds)*　embrasser mon ami(e)
5. Je suis nerveux (nerveuse)　tromper mon ami(e)
6. Je suis content(e)　　　　　divorcer
7. J'ai peur　　　　　　　　　perdre mon poste
8. Je suis furieux (furieuse)　avoir un enfant
tomber amoureux
　(amoureuse) d'une
　personne idéale

B.   Traduisez en français.

1.   Annie just found a boyfriend.
2.   They have just gone shopping.
3.   Simone has just gone out with Jean-Paul.
4.   Fifi just found a job!
5.   Marguerite and Guy have just had a baby.

C.   Répondez aux questions suivantes.

1.   Fumez-vous? Si oui, depuis combien de temps?
2.   Sortez-vous régulièrement avec quelqu'un? Si oui, depuis combien de temps?
3.   Êtes-vous adulte? Si oui, depuis quand?
4.   Depuis quand connaissez-vous le professeur de français?
5.   Conduisez-vous une voiture? Si oui, depuis combien de temps?
6.   Suivez-vous un régime? Si oui, depuis combien de temps?
7.   Depuis quand êtes-vous à l'université?

D.   Préparez trois questions personnelles (sérieuses? impertinentes? amusantes?) en employant **depuis quand** et **depuis combien de temps**, et posez-les à un(e) autre étudiant(e) ou au professeur.

The imperative

The imperative mood expresses a command or a request. In French, it has three forms: the second person singular, and the first and second person plural.

Regular imperatives[1]

The imperatives of most verbs have the same form as the present indicative without the subject pronouns.

Present indicative	**Imperative**
Tu attends.	Attends!
You are waiting.	*Wait!*

---

[1]The imperative of reflexive verbs will be treated in Chapter 4.

Vous suivez un régime.
You are on a diet.

Suivez un régime!
Go on a diet!

Nous faisons le ménage.
We're doing the housework.

Faisons le ménage!
Let's do the housework!

the negative imperative

The negative imperative is formed by placing **ne** before the verb and **pas** after it.

Ne trompez pas Robert!
Don't cheat on Robert!

Ne faisons pas cela.
Let's not do that.

the second person singular of -er verbs

The second person singular of **-er** verbs (and of verbs like **offrir**, **ouvrir**, and **souffrir**, which conjugate like **-er** verbs) does not take **s** except when followed by **y** or **en**.

Reste à la maison.   but: Restes-y.
Stay home.   *Stay there.*

Mange des légumes.   but: Manges-en.
Eat some vegetables.   *Eat some.*

Irregular imperatives

The verbs **avoir**, **être**, **savoir**, and **vouloir** have irregular imperatives.

avoir	être	savoir	vouloir
aie	sois	sache	veuille
ayons	soyons	sachons	veuillons
ayez	soyez	sachez	veuillez

Ayez de la patience!
Have patience!

Sachez la leçon par coeur.
Know the lesson by heart.

Ne soyons pas idiots!
Let's not be silly!

Veuillez is a formal, polite form of *please.*

Veuillez vous asseoir, Mme Deslauriers.
Please be seated, Mrs. Deslauriers.

EXERCICES

A. Répondez en employant l'impératif à la deuxième personne du singulier selon le modèle.

> **Modèle**   Je ne veux pas faire la vaisselle!
> **Fais la vaisselle!**

1. Je ne veux pas faire mon lit!
2. Je ne veux pas poursuivre une carrière!
3. Je ne veux pas devenir féministe!
4. Je ne veux pas avoir de la patience!

B. Répondez en employant l'impératif négatif à la deuxième personne du singulier selon le modèle.

> **Modèle**   Qu'est-ce que vous dites à votre ami(e) s'il (si elle) mange trop?
> **Ne mange pas trop!**

Qu'est-ce que vous dites à votre ami(e)...

1. s'il (si elle) va au bar tous les soirs?
2. s'il (si elle) prend trop de vitamines?
3. s'il (si elle) sort avec un(e) imbécile?
4. s'il (si elle) est trop timide (nerveux/nerveuse, frustré/e)?

C. Répondez en employant l'impératif à la première personne du pluriel selon le modèle.

> **Modèle**   Invitez un(e) ami(e) à prendre une bière avec vous.
> **Prenons une bière!**

Invitez un(e) ami(e)...

1. à aller à la discothèque avec vous.
2. à regarder la lune avec vous.
3. à être en retard avec vous.
4. à suivre un régime avec vous.

D. Traduisez en français.

1. Let's slim down.
2. Don't listen to the feminists!
3. Avoid household chores.
4. Be independent.
5. Don't put on airs, Brigitte!

6. Work, don't dream!
7. Choose *(sing.)* your friends with prudence.
8. Do *(fam.)* the cooking tonight, Jean-Pierre.
9. Let's chat in my room.

Related expressions

Some imperatives have become commonplace in the spoken language and are often used as interjections.

tiens (from tenir)

Tiens expresses surprise.

Tiens! J'ai une bonne idée!
Hey! I've a good idea!

Tiens! Le voilà!
Look—there he is!

voyons (from voir)

Voyons expresses disapproval or disbelief.

Voyons! Vous savez que c'est impossible!
Come now! You know that's impossible!

Voyons! Elle grossit, oui, mais après tout elle est enceinte!
Come now! She's putting on weight, all right, but after all she's pregnant!

EXERCICE

Remplacez les tirets par **tiens** ou **voyons** selon le cas.

1. _____ ! Je viens d'avoir une idée exceptionnelle!
2. _____ ! Vous êtes beau, oui, mais vous n'êtes pas Roméo!
3. _____ ! Pourquoi vous impatientez-vous? Ce n'était qu'un petit mensonge!
4. _____ ! Elle sait la réponse!
5. _____ ! Voilà Maurice!
6. _____ ! Elle a quitté son poste? Mais elle n'est pas si frustrée que ça!
7. _____ ! Je sais que ce n'est pas possible!

Personal pronouns

A pronoun is a word that replaces a noun. In French, a pronoun has the same gender and number as the noun it replaces.

Connaissez-vous les Giroud? —Oui, je les connais.
Do you know the Girouds? —Yes, I know them.

Condamnez-vous le divorce? —Non, je ne le condamne pas.
Do you condemn divorce? —No, I don't condemn it.

Parle-t-il avec Adèle? —Oui, il parle avec elle.
Is he speaking with Adele? —Yes, he's speaking with her.

Direct and indirect object pronouns; y *and* en

A direct object receives the action of the verb directly.

Il embrasse Françoise.   Il l'embrasse.
He kisses Françoise.   *He kisses her.*

An indirect object receives the action of the verb indirectly—that is, through the preposition **à** (*to* in English), expressed or understood.

Elle donne la bague à son fiancé.   Elle lui donne la bague.
She gives the ring to her fiancé.   *She gives him the ring.*

direct object pronouns

me me	**nous** us
te you	**vous** you
le him, it	**les** them
la her, it	

Je la traite comme une égale.   Je te vois demain.
I treat her as an equal.   *I'll see you tomorrow.*

The pronouns **me**, **te**, **le**, and **la** adopt the elided forms **m'**, **t'**, **l'** before verbs beginning with a vowel or mute **h**.[1]

[1]There are two kinds of **h**'s in French, the mute **h** and the aspirate **h**. In pronunciation, both are silent. Elision occurs before a word beginning with a mute **h**, but not before a word beginning with an aspirate **h**. Words beginning with an aspirate **h** are marked with an asterisk in most French dictionaries, as in the end vocabulary of this book.

Je l'aime beaucoup.
I love her (him, it) very much.

Je t'attends depuis une heure!
I've been waiting for you for an hour!

but:

Ils me huent!
They are booing me!

indirect object pronouns

me to me	**nous** to us
te to you	**vous** to you
lui {to him / to her}	**leur** to them

Sa femme lui parle tendrement.   Il me donne le livre.
His wife speaks tenderly to him.   *He gives the book to me.*

Keep in mind that some common French verbs followed by **à** (e.g., **téléphoner à**, **plaire à**, **offrir à**, **demander à**, **dire à**) require an indirect object in French, but are often not introduced by *to* in English.

Ce roman plaît-il à Ophélie? —Oui, il lui plaît beaucoup!
Does this novel please Ophelia? —Yes, it pleases her a lot!

Téléphones-tu à Pierre? —Oui, je lui téléphone.
Are you phoning Peter? —Yes, I'm phoning him.

Il m'a offert sa bague.
He offered me his ring.

EXERCICES

A.   Remplacez les tirets par **le**, **la**, **les**, **lui** ou **leur**.

1. Connaissez-vous cette femme? —Oui, je _____ connais très bien.
2. Votre père approuve-t-il la liberté sexuelle? —Non, il ne _____ approuve pas.
3. Comment son ami la traite-t-il? —Il _____ traite comme une véritable égale.
4. Donne-t-elle la clé à Jean? —Oui, elle _____ donne la clé.
5. Les féministes dénoncent les stéréotypes féminins. Nous _____ dénonçons aussi.

B. Comment trouvez-vous les personnes et les choses suivantes? Répondez en employant **le**, **la** ou **les**, et un adjectif de la colonne de droite selon le modèle.

Modèle Comment trouvez-vous les romans de Proust?
Je les trouve intéressants (difficiles, sublimes, beaux, etc.).

Comment trouvez-vous...

triste
beau
romantique
idiot
1. votre vie?   sale
2. votre chambre?   impossible
3. les vins français?   intéressant
4. le président?   fascinant
5. la musique de Mozart?   ridicule
6. les films de Woody Allen?   amusant
7. les tableaux de Renoir?   bizarre
8. les pièces de Molière?   sublime
9. vos parents?   petit
10. le mariage?   bon
11. le divorce?   intelligent
bête
difficile
ennuyeux

C. Qu'est-ce que vous offrez aux personnes suivantes? Répondez en employant **lui** ou **leur** selon le modèle.

Modèle Qu'est-ce que vous offrez à un ami qui a soif?
Je lui offre de l'eau (de la limonade, de la bière, etc.).

Qu'est-ce que vous offrez à vos chats?
Je leur offre du lait (des sardines, du jambon, etc.).

1. Qu'est-ce que vous offrez à vos amis au café?
2. Qu'est-ce que vous offrez à votre petit(e) ami(e) pour son anniversaire?
3. Qu'est-ce que vous offrez aux enfants?
4. Qu'est-ce que vous offrez à un(e) ami(e) qui vous invite à dîner chez lui (elle)?
5. Qu'est-ce que vous offrez à un(e) ami(e) qui a mal à la tête?

D. Traduisez en français.

1. They are lying to us!
2. Her boyfriend is cheating on her.
3. He offers me a happy life if I marry him.

4. When I speak to her, she doesn't hear me!

5. Our parents write us often.

y as an adverb and pronoun

1. As an adverb, **y** means *there*. It refers to a previously mentioned noun preceded by a preposition of place such as **à**, **dans**, or **chez**. It is almost always expressed in French, though often it need not be translated in English.

Je vois Marc dans la rue. Il y fait quelque chose.
I see Marc in the street. He's doing something there.

Allez-vous à Paris? —Oui, j'y vais.
Are you going to Paris? —Yes, I'm going.

If a place has not been previously mentioned, **là** is used instead of **y**.

Mettez-vous là, s'il vous plaît.   Où est-elle? —Là, dans la cuisine.
Sit there, please.   *Where is she? —There, in the kitchen.*

The adverb **y** is not used with the verb **aller** in the future and conditional tenses because the two juxtaposed *i* sounds cannot be easily pronounced: **j'y vais,** but **j'irai** and **j'irais; nous y allons,** but **nous irons** and **nous irions**.

2. As a pronoun, **y** refers to things or ideas, singular or plural. It is used as the object of verbs and expressions ending in **à**. **Y** is not used to refer to persons.

Pensez-vous à la soirée? —Oui, j'y pense.
Are you thinking about the party? —Yes, I'm thinking about it.

S'intéresse-t-elle aux mouvements contre la discrimination sexuelle? —Oui, elle s'y intéresse énormément!
Is she interested in the movements against sexual discrimination? —Yes, she's very much interested in them!

en as an adverb and pronoun

1. As an adverb, **en** means *from there*, expressed or understood.

Viennent-ils d'Allemagne?—Oui, ils en viennent.
Do they come from Germany?—Yes, they come from there.

Reste-t-elle à Paris?—Non, elle en revient demain.
Is she staying in Paris?—No, she's coming back (from there) tomorrow.

2. As a pronoun, **en** usually refers to things or ideas, singular or plural. It replaces nouns in expressions formed with **de**: the partitive (**de l'argent**,

du pain, etc.); objects of expressions of quantity (**assez de**, **beaucoup de**, etc.); and objects of verbs and expressions ending in **de** (**parler de**, **être capable de**, etc.). Its English equivalents are *some, any, of it,* or *of them,* expressed or understood.

A-t-elle des vêtements élégants? —Oui, elle en a.
Does she have any elegant clothes? —Yes, she has (some).

A-t-elle beaucoup d'ambition? —Oui, elle en a beaucoup.
Does she have a lot of ambition? —Yes, she has a lot.

Parle-t-elle de son mariage? —Oui, elle en parle.
Does she talk about her marriage? —Yes, she talks about it.

Est-elle capable de poursuivre une carrière? —Oui, elle en est très capable.
Is she capable of pursuing a career? —Yes, she's very capable of it.

En also replaces nouns modified by numbers.

Combien de pièces l'appartement a-t-il?—Il en a huit.
How many rooms does the apartment have?—It has eight (of them).

En may replace persons with numbers and expressions of quantity, and with indefinite plural nouns.

Combien d'enfants avez-vous?—J'en ai six.
How many children do you have?—I have six (of them).

Combien d'amis ta femme a-t-elle?—Elle en a beaucoup.
How many friends does your wife have?—She has a lot (of them).

A-t-elle des ennemis aussi?—Oui, elle en a.
Does she also have enemies?—Yes, she does (have some).

To avoid confusing **y** and **en**, remember that **y** (one letter) is associated with **à** (one letter), while **en** (two letters) is associated with **de** (two letters).

EXERCICES

A.   Remplacez les tirets par **y** ou **en**.

1.   Obéissez-vous aux conseils de votre femme? —Oui, j' _____ obéis quand ils sont raisonnables!
2.   Avez-vous beaucoup de frères? —J' _____ ai deux.
3.   Anne pense-t-elle à son rendez-vous avec Jacques? —Non, elle n' _____ pense pas du tout!
4.   Elle vient de voir ses amis en ville. Elle les _____ voit souvent.
5.   Vient-elle de France? —Oui, elle _____ vient.
6.   Votre sœur a-t-elle trouvé une crèche pour le petit Marc? —Elle a eu de la chance; elle _____ a trouvé deux!

7. Je vais participer à ce mouvement militant. Voulez-vous _____ participer aussi?
8. Avez-vous besoin de patience dans votre travail? —Oui, j' _____ ai besoin!
9. Achetez-vous des robes aujourd'hui? —Oui, j' _____ achète.
10. J'ai envie de maigrir. _____ avez-vous envie aussi?

B. Posez les questions suivantes à un(e) autre étudiant(e) qui y répondra en employant **y** ou **en** selon le modèle.

Modèle   Professeur: Brigitte, demandez à Philippe s'il pense à l'amour.
Brigitte: Pensez-vous à l'amour?
Philippe: **Oui, j'y pense souvent!**
ou: **Non, je n'y pense jamais.**
ou: **Oui, j'y pense de temps en temps.**

Demandez à un(e) autre étudiant(e)...

1. s'il (si elle) pense au mariage (au choix d'une carrière).
2. s'il (si elle) a peur du mariage (de la pollution, des rats).
3. s'il (si elle) a besoin d'argent (d'imagination).
4. s'il (si elle) va au bar (à la bibliothèque, à l'hôpital) aujourd'hui.
5. combien de télévisions en couleur il (elle) a.
6. s'il (si elle) parle de son emploi (de la libération des femmes).

position of pronouns

1. Except in the affirmative imperative, **y** and **en** and the other object pronouns directly precede the verb. If there is more than one pronoun with a verb, the order is as follows:

me te nous vous se[1]	before	le la les	before	lui leur	before	y	before	en	before	*verb*

Me donnez-vous ces fleurs? —Oui, je vous les donne.
Are you giving me these flowers? —Yes, I'm giving them to you.

Mettez-vous le vase sur cette table? —Oui, je l'y mets.
Are you putting the vase on that table? —Yes, I'm putting it there.

This order is also observed with infinitives and negative imperatives.

[1]The reflexive pronoun **se** is treated in Chapter 4.

Je vais les leur donner.
I am going to give them to them.

Ne le lui montrez pas!
Don't show it to him!

Il veut nous y envoyer.
He wants to send us there.

Ne m'en donne pas.
Don't give me any.

2. In the affirmative imperative, however, the pronouns follow the verb
and are joined to it by hyphens. If there is more than one pronoun with
a verb, the order is as follows:

---

verb before *direct object* before *indirect object* before **y** before **en**

Donnez-les-leur.   Envoyons-les-y.
Give them to them.   *Let's send them there.*

The pronouns **me** and **te** change to **moi** and **toi** in final position.

Si vous avez un secret, dites-le-moi.   Explique-toi!
If you have a secret, tell it to me.   *Explain yourself!*

Note that when **me**, **te**, **le**, or **la** elide with **y** or **en**, the hyphen between
them disappears.

Achetez-m'en!
Buy me some!

EXERCICES

A. Imaginez que le professeur vous offre les choses suivantes. Les voulez-vous ou
préférez-vous qu'il les donne à votre voisin(e) de droite ou de gauche? Répondez
selon le modèle.

Modèle   Voici quelques bonbons délicieux!
Donnez-les-moi!

Voici un serpent dangereux!
Ne me le donnez pas; **donnez-le-lui**!

1. Voici quelques escargots.
2. Voici quelques roses.
3. Voici un petit chat.
4. Voici un grand rat.
5. Voici une cigarette.
6. Voici une photo du président.
7. Voici les clés d'une nouvelle voiture.
8. Voici une grande fortune.

B. Imaginez que vous vous promenez à Paris. Un monsieur que vous ne connaissez pas vous arrête et commence à vous poser des questions. Répondez «Je le lui dis» ou «Je ne le lui dis pas» selon le modèle.

Modèle   S'il vous demande où vous habitez?
　　　　　　Je le lui dis.
　　ou:　**Je ne le lui dis pas!**

S'il vous demande...

1. où se trouve une certaine rue?
2. votre âge?
3. où vous avez acheté votre chapeau?
4. où vous allez?
5. pourquoi vous attendez l'autobus?
6. votre nom?
7. où vous travaillez?
8. où se trouvent les toilettes?

C. Répondez aux questions suivantes en employant les pronoms **lui** et **en** selon le modèle.

Modèle   Donneriez-vous des fleurs au professeur?
　　　　　　Oui, je lui en donnerais.
　　ou:　**Non, je ne lui en donnerais pas!**

Donneriez-vous...

1. du whisky à une femme enceinte?
2. de l'argent à un pauvre?
3. du caviar à un chat?
4. des bananes à King Kong?
5. des bombes à un terroriste?
6. une perruque *(wig)* à Yul Brynner?
7. du chocolat à quelqu'un qui est au régime?
8. des vêtements à Adam et à Ève?

D. Répondez en employant les pronoms **lui (leur)** et **en** selon le modèle.

Modèle   Parlez-vous de l'avortement à vos parents?
　　　　　　Oui, je leur en parle.
　　ou:　**Non, je ne leur en parle pas.**

1. Parlez-vous de votre vie intime à vos parents?
2. Donnez-vous de la viande (des légumes) à un végétarien?
3. Donnez-vous du café aux insomniaques?

4. Donnez-vous des cigarettes (des bonbons) aux enfants?
5. Donnez-vous du whisky (du lait) aux alcooliques?
6. Offrez-vous des livres féministes (des fleurs) à votre petit(e) ami(e)?

Disjunctive pronouns

Disjunctive pronouns are personal pronouns that do not form a word group with the verb (hence the name *disjunctive*).

moi	nous
toi	vous
lui	eux
elle	elles
soi	

Lui and **eux** are masculine; **elle** and **elles** are feminine. **Soi** is reflexive and indefinite, corresponding to the English *oneself* or *itself*.

use of disjunctive pronouns

1. To respond directly to a question without using a verb:

   Qui frappe à la porte? —Moi!
   Who's knocking at the door? —I am!

2. After a preposition:

   Il part sans elle.   Elle va arriver avant vous.
   He leaves without her.   *She's going to arrive before you.*

   But the disjunctive pronoun is used with **à** only after reflexive verbs (e.g., **s'intéresser à, s'habituer à, se fier à**) and a small group of expressions such as **faire attention à**, **penser à**, and **songer à**. In most cases **à** + *person* is replaced by an indirect object pronoun.

   Je pense à lui.   Je m'intéresse à elle.
   I am thinking of him.   *I'm interested in her.*

   but:

   Je lui parle.   Je leur obéis.
   I'm speaking to him (to her).   *I obey them.*

   When replacing persons after verbs or verbal expressions ending in **de** (e.g., **avoir besoin de, parler de, avoir peur de, être content de**, etc.), a disjunctive pronoun is usually used for definite nouns.

Avez-vous peur de votre mari? —Non, je n'ai pas peur de lui!
Are you afraid of your husband? —No, I'm not afraid of him!

Êtes-vous content de votre secrétaire? —Oui, je suis content d'elle.
Are you happy with your secretary? —Yes, I'm happy with her.

Avez-vous besoin de Gigi et Louis? —Oui, j'ai besoin d'eux.
Do you need Gigi and Louis? —Yes, I need them.

3. To emphasize the subject:

Toi, tu es toujours contre la tradition.
You are always against tradition.

Moi, je suis pour la libération des femmes.
I am for women's liberation.

Both a disjunctive and a subject pronoun are used, except in the third person, where a disjunctive pronoun may be used alone.

Eux ne vont jamais l'accepter!
They will never accept it!

4. In compound subjects:

Toi et moi ferons le ménage ensemble.
Toi et moi, nous ferons le ménage ensemble.
You and I will do the housework together.

Hélène et moi faisons la vaisselle.
Hélène et moi, nous faisons la vaisselle.
Helen and I do the dishes.

In compound subjects the disjunctive pronouns are often summed up by a personal pronoun (**nous** in the above examples). If both disjunctive pronouns are of the third person, however, they are generally not summed up.

Lui et elle travaillent ensemble.
He and she work together.

5. With comparisons and the expression **ne... que** *(only)*:

Sa sœur est plus honnête que lui.
His sister is more honest than he.

Elle est si amoureuse qu'elle ne voit que lui!
She is so in love that she sees only him!

6. After **ni**:

Elle n'aime ni lui ni moi.
She likes neither him nor me.

7. After **c'est** and **ce sont**:

| C'est moi. | C'est lui. | Ce sont eux. |
| *It is I.* | *It is he.* | *It is they.* |

Note that **ce sont** is used only with the third person plural: **ce sont elles,
ce sont eux**, but **c'est nous, c'est vous**.

8. To express the emphatic *myself (yourself, etc.)*:

Je le fais moi-même.   Eux-mêmes sont jaloux!
I do it myself.   *They themselves are jealous!*

In this case the disjunctive pronoun is joined by a hyphen to **même**,
which takes **-s** in the plural.

9. With indefinite subjects:
The indefinite disjunctive **soi** is used after prepositions in sentences with
indefinite subjects like **on, chacun**, and **tout le monde**; after impersonal
verbs; and in fixed indefinite expressions such as **chacun pour soi, en
soi**, and **de soi**.

Quand on est triste, on a pitié de soi.
When one is sad, one pities oneself.

Il faut être content de soi.
One must be content with oneself.

Le divorce est-il condamnable en soi?
Is divorce to be condemned in itself?

EXERCICES

A. Remplacez les mots anglais par les **pronoms disjoints** *(disjunctive)* convenables.

1. Je m'intéresse tellement à _____ *(her)!*
2. Je n'aime que _____ *(you)*.
3. _____ *(I)* ne vais jamais grossir!
4. Elles n'ont pas confiance en _____ *(themselves)*.
5. On a tendance à parler de _____ *(oneself)*.
6. _____ *(Paul and she)* rêvent d'une vie heureuse.
7. Elle et _____ *(I)*, nous allons nous marier l'année prochaine.
8. _____ *(It is they)* qui me demandent de venir.
9. Je pense à _____ *(her)*.
10. Sa femme est plus forte que _____ *(he)!*
11. Tu tombes amoureuse de lui _____ *(yourself)*.
12. Elle ne trompe ni _____ *(them)* ni _____ *(me)*.
13. Pour élever mes enfants, chérie, je n'ai que _____ *(you)*.
14. _____ *(I)* dénonce la discrimination; _____ *(you)* l'approuves!
15. Tu es moins naïve que _____ *(she)*.
16. Alphonse n'a pas besoin de Nina, mais André a besoin de _____ *(her)*.

B. Répondez en employant un **pronom disjoint**, **y** ou **en**, selon le modèle.

Modèle   Avez-vous peur de l'amour?
  Oui, j'en ai peur.
  ou: **Non, je n'en ai pas peur**.
    Avez-vous peur de votre mère?
  Oui, j'ai peur d'elle.
  ou: **Non, je n'ai pas peur d'elle**.

1. Avez-vous peur des féministes militantes (des femmes coquettes, du professeur, des étrangers)?
2. Obéissez-vous à votre conscience (aux agents de police, au président)?
3. Avez-vous besoin de patience (d'argent, de vos ennemis, de vos parents)?
4. Êtes-vous content(e) de vos cours (de votre vie, de vos notes, de vos camarades de chambre)?

Related expressions

the neuter pronoun *le*

Pronouns generally replace nouns. The invariable neuter pronoun **le**, however, is used to replace an adjective or an entire phrase or clause. It is the equivalent of *it* or *so* in English, but often is not translated.

Mon père est indépendant mais mes sœurs ne le sont pas.
My father is independent but my sisters aren't.

Croyez-vous qu'elles vont réussir? —Oui, je le crois.
Do you think they'll succeed? —Yes, I think so.

EXERCICES

A. Posez une question à un(e) autre étudiant(e) selon le modèle.

Modèle   nerveux
    Étudiant(e) A: Es-tu nerveux (nerveuse)?
    Étudiant(e) B: **Oui, je le suis.**
      ou: **Non, je ne le suis pas**.

1. frustré
2. satisfait
3. critique
4. amoureux
5. doux
6. sentimental
7. libéré
8. coquet
9. modeste
10. honnête

B.   Traduisez en français les mots entre parenthèses.

1.   Est-ce que cette femme au foyer est vraiment libérée?—Non, _____ *(she isn't).*
2.   Est-ce que votre fiancée est très intelligente?—Oui, _____ *(she is).*
3.   Les femmes sont-elles quelquefois frustrées?— _____ *(They are)* quelquefois, mais les hommes _____ *(are)* aussi.
4.   Est-elle toujours jalouse?—Non _____ *(she isn't).*
5.   Voulez-vous que j'épouse une femme séduisante?— _____ *(I do and I don't).*

Exercices d'ensemble

I.   Répondez en remplaçant les mots en italiques par un pronom.

Modéle   Êtes-vous *féministe?*
Je le suis.
ou: **Je ne le suis pas.**

1.   Aimez-vous partager *les travaux ménagers?*
2.   Faut-il accepter ou refuser *les rôles féminins traditionnels?*
3.   Qui fait *la cuisine* chez vous?
4.   Voulez-vous avoir *des enfants?* Si oui, combien?
5.   Aimez-vous *les hommes qui flirtent?*
6.   Caractérisez-vous! Êtes-vous *doux? séduisant? jaloux? traditionaliste? indépendant? frustré? fidèle? féministe?*
7.   Avez-vous l'intention *de poursuivre une carrière?*
8.   Approuvez-vous *la limitation des naissances?*
9.   L'avortement est-il *immoral?*
10.   Les hommes que vous connaissez respectent-ils *les femmes?*
11.   Bavardez-vous *en classe?*
12.   Respectez-vous *les féministes?*
13.   Les femmes et les hommes sont-ils *égaux* aux États-Unis?
14.   Qui fait *la vaisselle* chez vous?
15.   Avez-vous jamais envie *de tromper votre ami(e)?*
16.   Avez-vous peur *de votre professeur?*
17.   Discutez-vous *vos problèmes personnels* avec *votre ami(e)?*
18.   Rêvez-vous quelquefois *d'un amour idéal?*
19.   Connaissez-vous *des couples satisfaits?*
20.   Avez-vous *des amis fidèles?*

II.   Traduisez en français.

1.   My husband and I are equal; we share the household chores.
2.   Let's avoid feminine stereotypes because they aren't true.

3. She has just found a good job.
4. Don't go out with her if she's jealous!
5. Let's do the cooking together tonight.
6. Marguerite wants to get married and have a family.
7. Janine refuses traditional feminine roles.
8. How long has she been going out with David?
9. Don't put on airs if you want to get married.
10. She's frustrated because her boyfriend doesn't treat her like an equal.
11. If that young woman wants to pursue a career, send her to me.
12. Renée is coquettish, but I'm not.

III. Reliez *(link)* un verbe de la première colonne à une expression de la deuxième colonne et formulez des phrases en suivant le modèle.

> **Modèle** condamner l'avortement
> **Condamnons l'avortement.**
> **Condamnons-le.**
> **Ne le condamnons pas.**

		la fidélité
		le divorce
		l'avortement
1.	abolir	le chauvinisme du mâle
2.	craindre	la coquetterie des femmes
3.	condamner	l'égalité des sexes
4.	encourager	les unions libres
5.	avoir peur de	la naïveté des jeunes filles
6.	décourager	le mariage
7.	recommander	le mouvement de libération des femmes
8.	dénoncer	la chasteté
9.	défendre	les vices des jeunes
		les bébés
		la famille

IV. En employant les deux colonnes de l'Exercice III, reliez un verbe de la première colonne à une expression de la deuxième colonne et formulez des phrases en suivant le modèle.

> **Modèle** recommander le mariage
> **Recommandez-vous le mariage?**
> **Oui, je le recommande.**
> **Non, je ne le recommande pas.**

Sujets de discussion ou de composition

1. Une féministe essaie de convertir à son opinion une femme au foyer traditionaliste. Imaginez les arguments qu'elle va employer.
2. Imaginez que vous êtes parent et que votre fille sort régulièrement avec un jeune homme qu'elle veut épouser. Quels conseils allez-vous lui donner à propos du mariage?
3. Nommez une femme que vous admirez et expliquez pourquoi vous l'admirez.
4. Pour les femmes: Quel rôle féminin voulez-vous adopter maintenant et à l'avenir?
5. Pour les hommes: Quelle sorte de femme préférez-vous?
6. À votre avis, y a-t-il des différences essentielles entre la mentalité féminine et la mentalité masculine? Expliquez.

Nouns and articles

Chapter 3 at a glance

nouns

I. Indiquez le genre (**masculin** ou **féminin**) sans consulter le dictionnaire.

1. communication
2. biologie
3. latin
4. Californie
5. promesse
6. travail
7. moment
8. symbolisme

II. Mettez au féminin.

1. l'ami
2. l'oncle
3. l'acteur
4. le chat

III. Mettez au pluriel.

1. la mère
2. l'œil
3. le fils
4. le bijou
5. le journal
6. le feu

IV. Remplacez les mots entre parenthèses par la forme convenable de **gens, personnes, peuple** ou **on**.

1. _____ *(The people)* américain respecte la famille.
2. Il y avait vingt _____ *(people)* à notre réunion de famille.
3. _____ *(People)* dit qu'il ressemble à sa mère.
4. Ces vieilles _____ *(people)* sont très sympathiques.

articles

V. Traduisez en français les mots entre parenthèses.

1. _____ *(Parents)* devraient-ils jouer avec leurs enfants?
2. _____ *(Little Robert)* est impossible _____ *(in the morning)!*

VI. Situez le nom donné.

Modèle   Montréal   Montréal se trouve au Canada.

1. Paris
2. La Nouvelle-Orléans
3. New York
4. Londres
5. les Champs-Élysées
6. Tokyo

VII. Remplacez les tirets par **les** ou **des**.

1. _____ enfants ont-ils _____ obligations envers leurs parents?
2. J'ai _____ tantes qui adorent _____ chats.

VIII. Remplacez les tirets par l'article partitif (**du, de la, des**) ou par **de** tout seul.

1. Il a deux sœurs mais il n'a pas _____ frères.
2. Les Mercier font beaucoup _____ sacrifices pour leurs enfants.
3. Je connais _____ filles qui n'obéissent pas à leurs parents.
4. Ma camarade de chambre a _____ bons rapports avec sa famille.
5. Avez-vous souvent _____ disputes avec vos parents?

IX. Remplacez les tirets par **de, des** ou **du**.

1. Quand votre famille va-t-elle revenir _____ France?
2. Mon avion part _____ États-Unis la semaine prochaine.
3. Mon camarade de chambre vient _____ Canada.

Vocabulaire du thème: La famille

Membres du foyer

le foyer	*the home*
les parents (m)	*parents*
le père	*father*
la mère	*mother*
l' enfant (m, f)	*child*
la fille	*daughter*
le fils	*son*
les grands-parents	*grandparents*
le, la gosse (fam.)	*kid*
l' enfant unique (m, f)	*only child*
l' aîné (m), l'aînée (f)	*the elder, the eldest*
le cadet (m), la cadette (f)	*the younger, the youngest*
le jumeau (m), la jumelle (f)	*twin*
l' orphelin (m), l'orpheline (f)	*orphan*

Rapports familiaux

avoir de bons rapports avec	*to have a good relationship with*
s' entendre avec	*to get along with (someone)*
avoir des liens de famille étroits	*to have close family ties*
faire des sacrifices pour	*to make sacrifices for*
mériter l'amour de	*to deserve, to earn the love of*
respecter	*to respect*
soigner	*to care for, to take care of*
admirer	*to admire*
faire une sortie en famille	*to have a family outing*
ensemble	*together*

le fossé entre les générations	*generation gap*
le manque de communication	*lack of communication*
se détacher de	*to break away from*
avoir des liens de famille lâches	*to have loose family ties*
la dispute	*quarrel*

L'éducation

l' éducation (f)	*upbringing*
indulgent	*lenient*
négliger	*to neglect*
irresponsable	*irresponsible*
mal élevé	*badly brought up*
gâté	*spoiled*
ingrat	*ungrateful*
désobéir à	*to disobey*
strict	*strict*
exigeant	*demanding*
responsable	*responsible*
bien élevé	*well brought up*
sage	*well-behaved*
poli	*polite*
obéir à	*to obey*

La discipline

être juste (injuste) envers	*to be fair (unfair) to*
corriger	*to correct*
punir	*to punish*
gronder	*to scold*
gifler	*to slap*
donner une fessée à	*to give a spanking to*

Nouns

A noun is a word used to name a person, place, or thing. Unlike English nouns, all French nouns are either masculine or feminine in gender.

Recognition of gender

The gender of most nouns is arbitrary and must be learned. However, certain indications can be helpful.

sex

Nouns that refer to persons and animals of the male or female sex are usually masculine and feminine, respectively.

le père   la mère
le chat   la chatte

endings and words usually masculine

1. Nouns ending in **-ail**, **-eau**, **-ent**, **-ier**, and **-isme** are usually masculine.

    le travail   le gouvernement
    le couteau   le papier
                    le classicisme

    Exceptions: **l'eau** (f), **la peau** *(skin)*, **la dent** *(tooth)*.

2. The names of languages, trees, metals, days, months, and seasons, and adjectives used as nouns, are usually masculine.

    le français   l'or *(gold)*   l'hiver
    le russe   le mardi   le pauvre
    le chêne *(oak)*   le (mois de) septembre le beau

endings and words usually feminine

1. Nouns ending in **-esse**, **-ette**, **-ie**, **-ion**, **-té**, and **-ure** are usually feminine.

    la finesse   la copie   la société
    la cigarette   la génération   la nourriture

    Exceptions: **le génie**, **le parapluie** *(umbrella)*.

2. The names of natural and social sciences are usually feminine.

    la biologie   la chimie
    la physique   la sociologie

3. The names of continents, countries, provinces, and states ending in unaccented **e** are usually feminine.

    l'Asie   la Bretagne   l'Angleterre
    la Virginie   la France   la Floride

    Exception: **le Mexique**.

EXERCICES

A. Indiquez le genre sans consulter le dictionnaire.

1. français	7. vrai	13. manteau	19. octobre
2. partialité	8. eau	14. conception	20. allocation
3. lundi	9. botanique	15. ceinture	21. détail
4. fer *(iron)*	10. peuplier *(po-plar)*	16. discernement	22. promesse
5. Louisiane		17. latin	23. assiette
6. Afrique	11. moment	18. activité	24. communisme
	12. communication		

B. Préparez une liste de cinq mots et demandez à un(e) autre étudiant(e) d'en identifier le genre sans consulter le dictionnaire. (Si vous en avez besoin, consultez le vocabulaire à la fin du livre.)

Formation of the feminine singular

feminine nouns derived from the masculine

1. French nouns usually form the feminine singular by adding an unaccented **e** to the masculine singular.

Masculine singular	Feminine singular
un ami	une amie
un orphelin	une orpheline
un Français	une Française

2. Nouns with certain endings form the feminine in other ways.

ending	masculine	feminine
el ⎫ → **elle** eau ⎭	Gabriel jumeau	Gabrielle jumelle
en → **enne**	lycéen	lycéenne
on → **onne**	baron	baronne
et → **ette**	cadet	cadette
eur → **euse**	danseur[1]	danseuse
teur → **trice**	acteur[2]	actrice
er → **ère**	écolier	écolière
x → **se**	époux	épouse
f → **ve**	veuf *(widower)*	veuve *(widow)*

feminine nouns not derived from the masculine

The feminine of some common nouns is not derived regularly from the masculine and simply must be learned.

Masculine	Feminine
le fils	la fille
le frère	la sœur
le mari	la femme
le neveu	la nièce
l'oncle	la tante
le père	la mère
le roi	la reine
le dieu	la déesse
le héros	l'héroïne

nouns without a separate feminine form

1. Many masculine nouns indicating professions previously associated with males do not have a feminine form.

auteur	ingénieur	ministre
diplomate	juge	peintre
écrivain	médecin	professeur

The feminine of these nouns is often indicated by using a feminine personal pronoun in the sentence, or by placing the word **femme** or **femmes** before or after the noun.

[1]Like **danseur**: other nouns derived from the present participle (**buvant, buveur**), such as **chanteur, flatteur, menteur, trompeur, travailleur**, etc.

[2]Like **acteur**: other nouns ending in **-teur** that are not derived from the present participle: **auditeur, conducteur, directeur, instituteur**, etc.

J'aime mon professeur parce qu'elle est sympathique.
I like my teacher because she's nice.

Il y a trois femmes écrivains dans la famille.
There are three women writers in the family.

2. Some nouns indicating persons form the feminine by simply using the feminine article **la** or **une**. Many of these nouns end in unaccented **e**.

architecte	élève	pianiste
artiste	enfant	secrétaire
athlète	journaliste	touriste
dentiste		

EXERCICES

A.   Mettez au féminin.

1.	le menteur	5.	le dieu	9.	le chanteur	13.	le Juif
2.	le chien	6.	l'aîné	10.	le fils	14.	l'infirmier
3.	l'Italien	7.	le cousin	11.	le cadet	15.	le héros
4.	le conducteur	8.	le frère	12.	le chat	16.	le neveu

B.   Identifiez les personnages suivants.

> **Modèle**   Homère
> **Homère était poète.**

1.	Le Corbusier	6.	Louis XIV
2.	Édith Piaf	7.	Picasso
3.	Honoré de Balzac	8.	Marie-Antoinette
4.	Simone de Beauvoir	9.	Martha Graham
5.	Toulouse-Lautrec	10.	Sarah Bernhardt

C.   Préparez une liste de trois personnes célèbres et demandez à un(e) autre étudiant(e) d'identifier leur profession.

Formation of the plural

the plural with *s*

The plural of French nouns is generally formed by adding **s** to the singular.
A noun that already ends in **s** in the singular will not change in the plural.

la fille	les filles
le fils	les fils

Names of families do not take **s** in the plural.

Je suis allé chez les Dupont hier.
I went to the Duponts' yesterday.

the plural with *x* or *z*

1. Nouns with certain endings form the plural in **x** or **z**.

change	singular	plural
al → aux[1]	le cheval	les chevaux
au → aux	le noyau *(stone of a fruit)*	les noyaux
eau → eaux	le couteau	les couteaux
eu → eux	le neveu	les neveux
x (no change)	le prix	les prix
z (no change)	le nez	les nez

2. Seven nouns ending in **-ou** form the plural in **x**.

le bijou	**les bijoux**	le hibou	**les hiboux**
jewel		*owl*	
le caillou	**les cailloux**	le joujou	**les joujoux**
pebble		*toy*	
le chou	**les choux**	le pou	**les poux**
cabbage		*louse*	
le genou	**les genoux**		
knee			

irregular plurals

A small group of common nouns have unusual plurals.

Singular	Plural
le ciel	**les cieux**
l'œil	**les yeux**
le travail	**les travaux**
madame	**mesdames**
mademoiselle	**mesdemoiselles**

---

[1]The nouns **le bal**, **le récital**, **le carnaval**, and **le festival** add **s** to form the plural.

the plural of compound nouns

A compound noun is a noun formed by two or more words connected by a hyphen: **le grand-père, le premier-né**. The formation of the plural depends on the words that make up the compound noun. As a rule, only nouns and adjectives can be made plural in a compound noun, the other elements—verbs, adverbs, prepositions, pronouns—being invariable. Since this rule has many exceptions, the plural of compound nouns should always be checked in a dictionary. Here are the plurals of some common ones:

le beau-frère *brother-in-law*	**les beaux-frères**	le grand-parent *grandparent*	**les grands-parents**
la belle-sœur *sister-in-law*	**les belles-sœurs**	le premier-né *firstborn (child)*	**les premiers-nés**
le beau-père *father-in-law*	**les beaux-pères**	le dernier-né *last child*	**les derniers-nés**
la belle-mère *mother-in-law*	**les belles-mères**	le nouveau-né *newborn child*	**les nouveau-nés**
le grand-père *grandfather*	**les grands-pères**	le pique-nique *picnic*	**les pique-niques**
la grand-mère *grandmother*	**les grands-mères**	le réveille-matin *alarm clock*	**les réveille-matin**

EXERCICES

A. Mettez au pluriel.

1. madame
2. le carnaval
3. le fou
4. le ciel
5. le tapis
6. le feu
7. le tableau
8. la grand-mère
9. le pique-nique
10. l'œil
11. le général
12. la croix
13. le beau-frère
14. le manteau
15. le nez

B. Mettez les phrases suivantes au pluriel.

1. Il y a un joujou sous le genou de mon neveu.
2. L'œil de ma fille est très beau.
3. Ce chou n'est pas un bijou!
4. Il y a un cheveu sur la tête de ce nouveau-né.

Related expressions

In French, a number of words are used to express the word *people*.

les gens

The word **gens** is a collective plural meaning *people*. It is unusual in that it is feminine if an adjective precedes it, but masculine if an adjective follows it.

Il faut aider les vieilles gens.
One must help old people.

Les gens ingrats ont probablement des enfants ingrats.
Ungrateful people probably have ungrateful children.

Note also that **jeunes gens** (*young people*) is used as the plural of **jeune homme** (**jeunes hommes** is rarely used).

Ces jeunes gens ont des liens de famille étroits.
These young men have close family ties.

le monde

Le monde refers to people in the collective singular. The expression **tout le monde** (*everybody*) is very common.

J'ai invité du monde à dîner ce soir.   Tout le monde ici parle français.
I invited people to dinner tonight.   *Everybody here speaks French.*

les personnes

Les personnes (f) usually indicates a small number of people who can be counted (the collective nouns **gens** and **monde** cannot be counted).

J'ai rencontré plusieurs personnes intéressantes chez les Pelletier.
I met several interesting people at the Pelletiers'.

le peuple

Le peuple refers to those who constitute a nation. It also has the somewhat pejorative meaning of *the masses, the common people.*

Le peuple français a élu un nouveau chef d'état.
The French people elected a new leader.

Sans une presse libre, le peuple est ignorant.
Without a free press, the masses are ignorant.

on

On is an indefinite pronoun expressing *people* in the indefinite sense of *they,* *you, one,* or *we.*

On dit que la famille traditionnelle va durer.
People say that the traditional family will last.

EXERCICES

A.   Remplacez les mots entre parenthèses par la forme convenable de **gens, monde, personnes, peuple** ou **on.**

1.   _____ *(The people)* du quartier trouvent cette famille un peu bizarre.
2.   Plusieurs _____ *(people)* m'ont demandé le prix de ce joujou.
3.   _____ *(The American people)* est souvent généreux.
4.   _____ *(People)* dit que les enfants uniques sont souvent gâtés.
5.   Il y a des _____ *(people)* qui détestent les gosses.
6.   J'ai invité cinq _____ *(people)* à dîner.
7.   Les vieilles _____ *(people)* ressemblent souvent aux enfants.
8.   Parfois les jeunes _____ *(men)* font très bien la cuisine.
9.   _____ *(People)* admire les parents qui ont fait des sacrifices pour leurs enfants.
10.   Combien de _____ *(people)* vont venir déjeuner chez nous cet après-midi?
11.   Olga invite du _____ *(people)* chez elle ce soir.

B.   Complétez avec imagination.

1.   Le peuple américain a beaucoup de respect pour...
2.   On dit que la famille américaine...
3.   Il y a plusieurs personnes dans cette classe qui...
4.   Tout le monde a besoin de...
5.   Les jeunes gens n'aiment pas...

Articles

An article is a word placed before a noun to indicate its number and degree of determination. There are three kinds of articles in French: definite, indefinite, and partitive.

The definite article

	simple form	with *à*	with *de*
masculine singular	le	au	du
feminine singular	la	à la	de la
plural	les	aux	des

The elided form **l'** replaces **le** and **la** before singular nouns and adjectives beginning with a vowel or mute **h**: **l'enfant, l'hôtel, l'autre gosse**.

The definite article has varied uses in French.

to indicate a particular noun

Here the French definite article is used like *the* in English.

La mère a oublié la moutarde et la limonade pour la sortie en famille.
The mother forgot the mustard and the lemon drink for the family outing.

In French the article is generally repeated after each noun in a series, whereas in English often it is not.

Je ne peux pas trouver le pain, le vin et le fromage!
I can't find the bread, wine, and cheese!

before nouns used in a general sense

Here usage differs from English, which uses no article at all in generalizations and abstractions.

La vie est difficile.   L'histoire me passionne.
Life is difficult.   *History excites me.*

Les femmes sont aussi ambitieuses que les hommes.
Women are just as ambitious as men.

Since noun objects following the verbs **adorer, aimer, détester,** and **préférer** are usually understood in a general sense, the definite article is almost always used with these nouns.

La petite Louise aime les bonbons.   Mes parents préfèrent les enfants sages.
Little Louise likes candy.   *My parents prefer well-behaved children.*

with temporal expressions

The singular definite article is used with days of the week, and with the nouns **matin**, **après-midi**, and **soir**, to indicate habitual recurrence.[1]

Papa nous emmène au cinéma le vendredi.
Dad takes us to the movies on Fridays.

En été notre famille fait un pique-nique le dimanche.
In the summer our family goes on a picnic on Sundays.

Je fais le lit le matin et elle fait la vaisselle le soir.
I make the bed in the morning and she washes the dishes at night.

Note, however, that when a particular day is indicated, the article with the day is omitted.

Ces gosses sont ravis parce que les vacances commencent vendredi.
These kids are delighted because vacation begins Friday.

with proper names

1. The definite article is used with proper names preceded by a title or an adjective.

   Le général de Gaulle a gouverné la France.
   General de Gaulle governed France.

   Dans ce roman de Balzac, le vieux Goriot fait beaucoup de sacrifices pour ses filles ingrates.
   In this novel by Balzac, old Goriot makes many sacrifices for his ungrateful daughters.

   Otherwise, proper names are used without the article.

   Jules est un père juste et raisonnable.
   Jules is a fair and reasonable father.

2. The definite article is not used before a title, if one is speaking to the person directly.

   Docteur Leblond, comment va notre enfant?
   Doctor Leblond, how is our child?

with units of weight and measure

Les bonbons coûtent vingt francs la livre.
The candy costs twenty francs a pound.

[1]For the use of the definite article with days and dates, see p. 277 in the Appendix.

Les œufs coûtent dix francs la douzaine.
Eggs cost ten francs a dozen.

But note these related expressions:

1. frequency or amount per unit of time = **par** + *noun*

   Je vais à New York deux fois par an (mois, semaine, etc.).
   I go to New York twice a year (month, week, etc.).

   Nous gagnons trente dollars par jour.
   We earn thirty dollars a day.

2. money per hour = **de l'heure**

   Mon fils gagne quatre dollars de l'heure pendant les vacances d'été.
   My son earns four dollars an hour during summer vacation.

3. speed per hour = **à l'heure**

   La voiture roulait à 130 kilomètres à l'heure!
   The car was traveling at 130 kilometers an hour!

EXERCICES

A. Traduisez les mots entre parenthèses.

1. _____ *(Professor)* Dubonnet dîne chez nous _____ *(on Mondays)*.
2. Abraham Lincoln est né _____ *(on February 12)*.
3. _____ *(Responsible parents)* corrigent leurs enfants.
4. _____ *(Dr. Janvier)* sera absent _____ *(Saturday)* parce qu'il est malade.
5. Comment! Vous avez payé cette viande quatre dollars _____ *(a pound)*?
6. _____ *(Little Babette)* est toujours impossible _____ *(in the morning)*.
7. _____ *(Children)* sont parfois plus exigeants que leurs parents!
8. Elle rencontre son ami _____ *(on Sundays)*.

B. Demandez à un(e) autre étudiant(e)...

1. s'il (si elle) travaille. Si oui, combien il (elle) gagne de l'heure.
2. combien de kilomètres à l'heure il (elle) fait sur l'autoroute (devant un hôpital)? (un mile = 1.6 kilomètres)
3. combien de fois par semaine il (elle) fait du yoga (va au laboratoire, nettoie sa chambre)?
4. combien coûte une bouteille de Coca-Cola (de vin)?

The definite article with geographical names

The definite article is used with most geographical names (continents, countries, provinces, states, mountains, rivers, oceans, etc.): **l'Afrique, la France, la Normandie, le Massachusetts, la Seine, la Nouvelle-Zélande**.

Le Mexique est riche en pétrole.   La Seine est polluée.
Mexico is rich in oil.   *The Seine is polluted.*

The definite article is not used with cities unless it forms an integral part of the name: **Le Havre, La Haye** *(The Hague)*, **La Nouvelle-Orléans.**

Boston est une ville historique.   Le Havre est un port important.
Boston is a historical city.   *Le Havre is an important port.*

to and *in* with geographical names

1. With cities
   The preposition **à** alone is used before names of cities.

   Nous comptons passer nos vacances à Paris et à Londres.
   We intend to spend our vacation in Paris and London.

   The names of cities that include the article make the normal contraction with **à**.

   Demain je vais au Havre.
   Tomorrow I'm going to Le Havre.

2. With states
   En is used before feminine states of the union (i.e., those ending in an unaccented **e**); **dans** + *definite article,* or the expression **dans l'état de**, is often used before masculine states.

   Si vous avez froid l'hiver, allez en Floride ou en Californie.
   If you are cold in winter, go to Florida or California.

   Elle est née dans l'état d'Indiana.
   She was born in Indiana.

   Mon père est né dans le Kentucky.
   My father was born in Kentucky.

   Exceptions: **au Texas, au Nouveau-Mexique.**

3. With countries
   En is used before continents and feminine countries, and before masculine singular countries beginning with a vowel.

   Je l'ai rencontré en France.
   I met him in France.

On peut trouver beaucoup de pétrole en Iran.
One can find a lot of oil in Iran.

Je vais en Asie et en Europe.
I'm going to Asia and Europe.

The preposition **à** + *definite article* is used before plural names of countries, and masculine singular countries beginning with a consonant.

Les enfants sont-ils gâtés aux États-Unis?
Are children spoiled in the United States?

Je vais au Portugal.
I'm going to Portugal.

from with geographical names

In French, *from* is expressed by **de** alone before most feminine singular geographical names, and before islands and cities. *From* is expressed by **du** before masculine singular names, and by **des** before all plural names.

D'où venez-vous, des États-Unis ou de France?
Where are you coming from, the United States or France?

Toute ma famille vient du Japon.
My whole family comes from Japan.

Je viens de rentrer de Paris.
I just returned from Paris.

EXERCICES

A. Situez le nom donné.

Modèle Rome   Rome se trouve en Italie.

1. Tokyo
2. San Francisco
3. Miami
4. Detroit
5. le Vatican
6. les Nations Unies
7. Moscou
8. Houston
9. la vallée de la Loire
10. la Maison Blanche
11. la Chine
12. Québec

B. Dans quel pays, quel état ou quelle ville êtes-vous...

1. si vous êtes en train de visiter le palais de Versailles?
2. si vous portez un kimono?
3. si tout le monde parle chinois?
4. si vous montez dans la statue de la Liberté?
5. si tout le monde parle français?

6. si vous êtes en train de manger beaucoup de spaghetti?
7. si vous prenez une photo du Kremlin?

C. Préparez deux questions originales comme celles de l'exercice B et posez-les à un(e) autre étudiant(e).

D. Remplacez les tirets par **de**, **des** ou **du**.

1. Mes parents viennent _____ Argentine.
2. Mon oncle revient _____ États-Unis.
3. Quand l'avion partira-t-il _____ New York?
4. Nos voisins reviennent _____ Mexique.
5. Ma tante Marie est arrivée _____ Canada hier.

E. De quels pays viennent probablement les parents des personnes fictives suivantes? Répondez selon le modèle.

Modèle   Luigi Dupont
        Sa mère vient d'Italie et son père vient de France.

1. Dimitrios Chen
2. Gretchen Smith
3. José Raskolnikov
4. Sancho Flanagan
5. Joe Duchamp
6. Sam Jones
7. Giuseppe Schmidt

F. Préparez une liste de deux personnes fictives comme celles de l'exercice E et demandez à la classe de quels pays viennent probablement leurs parents.

The indefinite article

	singular	plural
masculine	un	des
feminine	une	des

In the singular, the indefinite article in French expresses the English indefinite articles *a* and *an*. In the plural, the indefinite article in French is identical with the plural of the partitive (discussed on p. 64), which is translated by *some* or *any* in English, or often by no word at all.

Nous avons un gosse de quinze ans.
We have a fifteen-year-old kid.

Mon fils a acheté des pommes et des oranges.
My son bought (some) apples and oranges.

Unlike in English, however, the indefinite article in French is normally repeated after each noun in a series.

Je vois un homme, une femme et un enfant.
I see a man, woman, and child.

The partitive article

	singular	plural
masculine	du de l'	des
feminine	de la de l'	des

As its name indicates, the partitive article designates a part of the whole represented by the noun. English does not possess a partitive article, but expresses the partitive notion by placing *some* or *any* before the noun, or by using the noun alone.

Achetez-moi du pain et du vin, s'il vous plaît.
Buy me some bread and wine, please.   or:
Buy me bread and wine, please.

Avez-vous des enfants?
Do you have some children?   or:
Do you have any children?   or:
Do you have children?

Remember that after a negative verb other than **être**, **de (d')** replaces the indefinite and partitive article accompanying the unmodified noun.

Avez-vous une voiture? —Non, je n'ai pas de voiture.
Do you have a car? —No, I don't have a car.

Votre sœur a-t-elle de l'argent? —Non, elle n'a pas d'argent.
Does your sister have any money? —No, she doesn't have any money.

before an adjective preceding a plural noun

Before a plural adjective, **de** alone expresses the partitive.[1]

Ils ont de beaux enfants.
They have beautiful children.

---

[1] Although this rule is followed by most cultivated speakers and writers, the use of **des** + *adjective* + *plural noun* is becoming increasingly popular and is not, in fact, considered incorrect.

Des is used, however, if the adjective and the plural noun form a unity: **les petits pois** *(peas),* **les jeunes filles**, **les jeunes gens**.

Je connais des jeunes filles qui ne veulent pas se marier.
I know some girls who don't want to get married.

quelques

The adjective **quelques** is the equivalent of the more definite expression *a few*.

Maman, as-tu quelques dollars?
Mom, do you have a few dollars?

EXERCICES

A. Remplacez les tirets par **du**, **de la**, **des** ou **de**.

1. M. Maquet a _____ fils remarquables.
2. Notre père a _____ bons rapports avec nous.
3. Connaissez-vous _____ jeunes gens responsables?
4. Nous avons entendu _____ belle musique au concert.
5. Nos parents ont fait _____ grands sacrifices pour nous.

B. Traduisez en français.

1. I have some friends.
2. I have a few friends.
3. I have friends.
4. Do you have any friends?
5. I have good friends.

C. Demandez à un(e) autre étudiant(e) ses préférences alimentaires en employant **manger** ou **boire** et **du**, **de la** ou **des** selon le modèle.

Modèle   les sardines
        Étudiant(e) 1: Manges-tu des sardines?
        Étudiant(e) 2: Oui, je mange des sardines.
            ou: **Non, je ne mange pas de sardines.**
        le jus de tomate
        Étudiant(e) 1: Bois-tu du jus de tomate?
        Étudiant(e) 2: Oui, je bois du jus de tomate.
            ou: **Non, je ne bois pas de jus de tomate.**

1. les escargots
2. le jus de carotte
3. le caviar
4. le vin français
5. la soupe à l'oignon
6. la pizza
7. les cuisses de grenouille
8. le pop-corn
9. les omelettes
10. le lait

The partitive article versus the definite article

The distinction between the partitive article and the definite article used in the general sense may sometimes be confusing. A convenient rule of thumb is to insert in the sentence the word *some* or *any* as a test for the partitive, and *all* or *in general* as a test for the definite article. The word that fits most naturally *without changing the sentence's meaning* indicates the appropriate article.

Men are mortal.

All men or *some* men? Clearly, *all* men, since *some* would change the meaning of the sentence. The definite article is therefore appropriate:

Les hommes sont mortels.

Do you have brothers?

All or *any* brothers? Clearly, *any* brothers, since *all* brothers is awkward and does not convey the meaning of the sentence. The partitive article is therefore appropriate:

Avez-vous des frères?

My aunt likes jewels.

Jewels *in general*, or *some* or *any* jewels? Clearly, jewels *in general*, since *some* or *any* jewels changes the meaning of the sentence. The definite article is therefore appropriate:

Ma tante aime les bijoux.[1]

EXERCICES

A. Remplacez les tirets par la forme convenable de l'**article défini** ou de l'**article partitif**.

1. Je déteste _____ disputes.
2. Nos parents ont _____ idées intéressantes.
3. Ma mère préfère _____ enfants bien élevés.
4. Les Dupont ont _____ problèmes avec leur aîné.
5. J'aime _____ liens de famille étroits.
6. _____ enfants adorent _____ bonbons.
7. Avez-vous _____ enfants parfaits?
8. _____ adolescents ont parfois besoin de se détacher de la famille.
9. Je ne peux pas sortir parce que j'ai _____ travail à faire.
10. Est-ce que _____ jumeaux se ressemblent toujours?

[1]Remember that after the verbs **adorer, aimer, détester,** and **préférer** the definite article is almost always used.

B. Traduisez en français.

1. My parents make sacrifices for their children.
2. Do you have children?
3. Spoiled children are almost always difficult.
4. My grandmother likes polite kids.
5. Your brother has impossible children!

Omission of the article

Under certain circumstances, nouns may be used in French without any article at all. It is important to note that in all the cases that follow, the noun is understood in a general, indefinite sense, and not in a specific sense.

after certain expressions ending in *de*

1. After expressions of quantity
   After expressions of quantity such as **beaucoup de**, **combien de**, **trop de**, **peu de**, **plus de**, **assez de**, **une boîte de**, **un sac de**, **un million de**, **une douzaine de**, etc., no article is used.

   Beaucoup de mères croient que leurs enfants sont parfaits.
   Many mothers think that their children are perfect.

   Il y avait peu de disputes chez nous.
   There were few quarrels at our house.

   However, **de** + *definite article* (**du**, **de la**, **de l'**, **des**) is used after certain expressions: **bien de**, **la plupart de**, **la plus grande partie de**, and **la majorité de**.

   Bien des enfants admirent leurs parents.
   A good many children admire their parents.

   La plupart des enfants tiennent de leurs parents.
   Most children take after their parents.

2. After **ne... pas de** and other general negations
   Like all expressions of quantity, the negative expression of quantity **ne... pas de** is followed directly by an indefinite noun without an article. Remember that **ne... pas de** may be the negative of both the partitive article (**du**, **de la**, **des**) and the indefinite article (**un**, **une**, **des**).

   Cette pauvre fille a-t-elle des joujoux? —Non, elle n'a pas de joujoux.
   Does this poor girl have any toys? —No, she doesn't have any toys.

   Avez-vous un frère? —Non, je n'ai pas de frère.
   Do you have a brother? —No, I don't have a brother.

De without an article is also used after other negative expressions like **ne... plus** and **ne... jamais**.

Jean a-t-il de l'ambition? —Non, il n'a plus d'ambition.
Does John have ambition? —No, he no longer has any ambition.

Il n'a jamais gagné d'argent.
He has never earned any money.

But the normal partitive forms are used after **être** in the negative.

Ce ne sont pas des enfants sages!
They are not well-behaved children!

Ce ne sont pas des bêtises, ce que dit votre père!
It's not nonsense, what your father's saying!

3. After verbal and adjectival expressions with **de**
   No article is used after verbal and adjectival expressions ending in **de**, such as **avoir besoin de** *(to need)*, **avoir envie de** *(to feel like)*, **manquer de** *(to lack)*, **remplir de** *(to fill with)*, **entouré de** *(surrounded by)*, and **plein de** *(full of)*.

   Les enfants ont-ils besoin de liberté?   Mon frère manque d'argent.
   Do children need freedom?   *My brother lacks money.*

4. After **de** + *noun* used to qualify another noun
   In French, when a noun qualifies another noun, it follows that other noun and is joined to it by **de**; no article is used after **de**.

   une robe de soie   **un guide de voyage**
   a silk dress   *a travel guide*

   la maison de campagne   **des souvenirs d'enfance**
   the country house   *childhood memories*

after *avec* and *sans*

After the prepositions **avec** (with abstract nouns only) and **sans**, no article is used.

La famille a accueilli l'enfant avec enthousiasme.
The family welcomed the child enthusiastically.

Un ménage sans enfants est incomplet.
A household without children is incomplete.

But if the noun with **avec** is not abstract, the partitive is used.

Mon frère est allé jouer au tennis avec des amis.
My brother went to play tennis with friends.

with languages after *parler* and *en*

No article is used if the verb **parler** and the preposition **en** are directly followed by the name of a language.

Je parle russe.   Je ne peux pas lire cet article écrit en français.
I speak Russian.   *I can't read this article written in French.*

When **parler** is followed by **pas**, no article is used. When other adverbial expressions intervene between **parler** and the name of a language, the article may or may not be used.

Elle ne parle pas chinois.
She doesn't speak Chinese.

Ma femme parle couramment (le) portugais.
My wife speaks Portuguese fluently.

Vous parlez très bien (le) japonais!
You speak Japanese very well!

Note that languages do not take a capital letter in French.

with qualifying nouns after *être*

No article is used when nouns designating profession, nationality, political allegiance, religion, or social class follow the verb **être**.

Mon père est employé de bureau.
My father is an office worker.

Sa grand-mère est américaine.
His grandmother is an American.

Son père est conservateur, mais lui est communiste.
His father is a conservative, but he's a Communist.

Ils sont catholiques.
They are Catholics.

Il est avocat, mais ses amis sont ouvriers.
He is a lawyer, but his friends are workers.

The indefinite article is used, however, when the sentence begins with **C'est** or **Ce sont**. It is also usually used when the noun is modified by an adjective.

C'est un docteur.
He is a doctor.

Le Corbusier était un excellent architecte.
Le Corbusier was an excellent architect.

Remember that the article is retained after **être** even in the negative.

Ce n'est pas un docteur.
He is not a doctor.

Note that in all the cases just covered, where a noun is used without any article, that noun is understood in a general, indefinite sense. If the noun is particularized in any way, an article must be used.

J'ai mangé trop de gâteau!
I ate too much cake. but:
J'ai mangé trop du gâteau que vous m'avez donné!
I ate too much of the cake you gave me.

Cet enfant a besoin de joujoux.
This child needs toys. but:
Cet enfant a besoin des joujoux de son frère.
This child needs his brother's toys.

Balzac est auteur.
Balzac is a writer.   but:
Balzac est un auteur célèbre.
Balzac is a famous writer.

EXERCICES

A. Trouvez-vous les choses, les personnes ou les qualités suivantes chez vous? Répondez en employant **beaucoup de**, **trop de**, **assez de**, **peu de** ou **ne... pas** selon le modèle.

    Modèle   l'amour

          Il y a beaucoup d'amour (assez d'amour, peu d'amour, etc.) chez moi.

1. les enfants
2. les plantes
3. les disputes
4. la tolérance
5. les magazines
6. les animaux
7. la tendresse
8. l'humour

B. Qu'est-ce que les personnes suivantes n'ont pas?

1. un orphelin
2. un petit enfant
3. un pauvre
4. une femme divorcée
5. un enfant unique

C. Formulez un mot nouveau en employant un mot de la colonne de gauche, la préposition **de** et un mot de la colonne de droite selon le modèle.

Modèle   une maison   bois
            une maison de bois

1. une robe   bois
2. une assiette   anglais
3. un professeur   foie
4. un pâté   chêne
5. une femme   satin
6. une table   science-fiction
7. une chemise   coton
8. un écrivain   porcelaine
9. une maison   affaires

D. De quoi les personnes suivantes ont-elles besoin? Répondez selon le modèle.

Modèle   les enfants gâtés
            Les enfants gâtés ont besoin de discipline (de fessées, de parents exigeants).

1. les nouveau-nés   5. les alcooliques
2. les professeurs   6. les étudiants
3. les skieurs   7. les parents
4. les nageurs   8. les femmes

E. Traduisez en français, puis jouez les dialogues.

1. A: Mark is a doctor, isn't he?
   B: No, he's a lawyer.
   A: But I was sure he was a doctor!
   B: You were wrong.
2. A: Do you take your coffee with milk or sugar?
   B: With sugar but without milk.
   A: And your tea?
   B: With milk but without sugar.
   A: But that's not logical!
   B: Is life logical?

F. Remplacez les tirets, si nécessaire, par **un** ou **une**.

1. J. P. Morgan était _____ banquier bourgeois.
2. Ma mère est _____ socialiste, mais mon père est _____ communiste enragé!
3. Êtes-vous _____ étudiant sérieux?
4. De Gaulle était _____ général.
5. Édith Piaf était _____ très bonne chanteuse.

6. Je veux être _____ professeur, mais mes parents veulent que je sois _____ médecin!
7. M. Lesage n'est pas _____ très bon professeur!
8. Est-elle _____ protestante?

Exercices d'ensemble

I. Indiquez le genre sans consulter le dictionnaire.

1. espagnol	6. brusquerie	11. trompette
2. mariage	7. Belgique	12. Floride
3. bonté	8. culture	13. cynisme
4. dimanche	9. pin *(pine tree)*	14. politesse
5. imagination	10. été	15. vitrail

II. Mettez les mots en italiques au pluriel. Faites tous les autres changements néces-saires.

1. Le père a donné une fessée *au jumeau.*
2. Mon frère paresseux n'aime pas *le travail manuel.*
3. M. Dupuy a mal *au genou.*
4. Quand j'étais enfant, j'aimais *le cheval de ma tante.*
5. Ma tante a regardé *le bijou* de ma mère avec intérêt.
6. Je trouve que ma sœur s'entend très bien avec *ce professeur.*
7. Voulez-vous répéter *le prix,* s'il vous plaît?
8. Invitons *notre beau-frère* à déjeuner.
9. Vous rappelez-vous *notre pique-nique* ensemble?
10. Vous êtes trop injuste envers *votre neveu américain!*

III. Remplacez les tirets, si nécessaire, par la forme convenable de l'article (**défini, indéfini** ou **partitif**) ou par **de.**

1. _____ membres de ma famille sont faciles à décrire.
2. Ma mère est _____ femme au foyer.
3. Mon père est _____ avocat célèbre.
4. Tous les deux sont _____ catholiques et _____ républicains.
5. Ils parlent couramment _____ français et _____ anglais.
6. Mon père est _____ républicain très sérieux; il travaille même pour _____ parti républicain.
7. Et moi? Je suis bien élevé maintenant, mais j'étais _____ enfant très gâté!
8. Quand j'étais petit, mes parents ne me donnaient pas _____ fessées.
9. Puisque mon éducation était négligée, j'étais vraiment _____ enfant impos-sible!
10. Je fumais _____ cigarettes dans ma chambre à l'âge de treize ans.

11. Je rentrais très tard _____ soir.
12. Quand mon professeur _____ français m'appelait, je dormais!
13. Je sortais avec _____ jeunes gens et _____ jeunes filles très mal élevés.
14. Mes parents ont finalement vu que je manquais _____ respect pour eux et que j'avais besoin _____ discipline.
15. Heureusement, j'avais assez _____ intelligence pour changer mes mauvaises habitudes.
16. Il n'y a plus _____ manque de communication entre mes parents et moi.
17. Maintenant je suis _____ avocat, _____ catholique et _____ républicain!

IV. Traduisez en français.

1. Do American parents often scold their children?
2. She has cousins who live in Mexico.
3. My family ties are close, and I have a good relationship with my parents.
4. Many parents do not make sacrifices for their children.
5. The Merciers like to have family outings on Sundays.
6. My brother wants to be a teacher.
7. Doctor Colbert is not fair to his eldest son.
8. Can parents correct their children with love?
9. She doesn't speak French, but she speaks English very well.
10. Children obey their parents if they respect them.

Sujets de discussion ou de composition

1. Discutez le pour et le contre: le fossé entre les générations est inévitable.
2. Les parents et les enfants peuvent-ils être de véritables amis?
3. Discutez le pour et le contre: la famille est une institution en train de mourir.
4. Discutez le pour et le contre: un enfant est négligé si ses parents travaillent.
5. Quelles sont les obligations des parents envers leurs enfants et les obligations des enfants envers leurs parents?
6. Décrivez votre famille (membres, rapports, intérêts, etc.).

4

Reflexives, passé composé, *and imperfect*

Chapter 4 at a glance

reflexive verbs

I. Complétez au **présent**.

1. je (se laver)
2. tu (se coucher)
3. elle (s'habiller)
4. nous (se parler)
5. vous (s'endormir)
6. ils (se téléphoner)

II. Mettez au **négatif**.

1. Asseyez-vous.
2. Dépêche-toi!
3. Marions-nous!

III.   Traduisez en français en employant **l'un l'autre**.

    1.   They love each other.
    2.   We look at each other.

IV.   Traduisez en français les verbes entre parenthèses en employant **se rappeler** et **se souvenir de**.

    1.   _____ *(We remember)* la pollution à Los Angeles.
    2.   Oui, _____ *(I remember)* Geneviève!

the *passé composé* and the imperfect

V.   Mettez les verbes au **passé composé** en faisant l'accord du participe passé, s'il y a lieu.

1. nous (visiter)	4. nous (dire)	7. elle (aller)
2. ils (entendre)	5. je (faire)	8. elles (se promener)
3. je (finir)	6. tu (prendre)	9. ils (se parler)

VI.   Mettez les verbes à l'**imparfait**.

1. je (danser)	3. elle (choisir)	5. vous (avoir)
2. tu (aller)	4. nous (être)	6. elles (nager)

VII.   Traduisez au **passé composé** ou à l'**imparfait** les verbes entre parenthèses.

    1.   Elle _____ *(heard)* un oiseau chanter dans les arbres.
    2.   Ils _____ *(were talking)* de l'atmosphère poétique de Paris.
    3.   Quand il _____ *(was)* jeune, il _____ *(used to look at)* ce lac pendant des heures!
    4.   Hier le ciel _____ *(was)* bleu et l'air _____ *(was)* frais!
    5.   Oui, nous *(did see)* _____ un artiste célèbre à Montmartre!
    6.   Ils _____ *(had been waiting)* depuis une heure quand ils ont vu le train.

VIII.   Mettez les verbes entre parenthèses au **passé composé** ou à l'**imparfait**, selon le cas.

    L'été dernier ma famille et moi, nous _____ (aller) à la campagne. Il _____ (faire) beau et le ciel _____ (être) bleu. Alors nous _____ (décider) de faire un pique-nique dans le bois. Pendant que nous _____ (déjeuner), nous _____ (entendre) un bruit étrange derrière nous. Nous _____ (se retourner) et nous _____ (voir) un ours [*bear*] qui _____ (s'approcher) de nous! Il _____ (être) très grand et _____ (avoir) l'air méchant! Nous _____ (se lever) tout de suite et nous _____ (courir) jusqu'à la voiture. L'ours _____ (manger) tous les sandwiches!

IX. Traduisez en français les mots entre parenthèses.

1. Nous _____ *(left)* du bar à trois heures du matin.
2. Où _____ *(did you leave)* votre chapeau?
3. Nous _____ *(left)* la ville à cause du bruit.

X. Traduisez en français les mots entre parenthèses.

1. Ils _____ *(had just finished)* l'examen quand le professeur a demandé les copies.
2. Nous _____ *(had just seen)* New York.

Vocabulaire du thème: Ville et campagne

Le milieu de la ville

le citadin	*city dweller*
le quartier	*section, district*
le métro	*subway*
la voiture	*car*
garer une voiture	*to park a car*
la banlieue	*suburbs*
le gratte-ciel	*skyscraper*

Plaisirs de la ville

la vie culturelle	*cultural life*
les distractions (f)	*entertainment*
la boîte de nuit	*night club*
le grand magasin	*department store*
la boutique	*shop*
faire des courses	*to shop*
stimulant	*stimulating*
dynamique	*dynamic*
animé	*lively*
s' amuser bien	*to have a good time*
flâner	*to stroll*
se promener	*to take a walk, to walk*
visiter un endroit	*to visit a place*
rendre visite à une personne	*to visit a person*
fréquenter (un café, un bar, etc.)	*to frequent (a café, a bar, etc.)*

Problèmes de la ville

le bruit	*noise*
la circulation	*traffic*
la pollution	*pollution*

le voyou	*hoodlum, thug*
le clochard	*bum*
se perdre	*to get lost*
attaquer	*to attack, to mug*
louche	*shady, suspicious*
anonyme	*anonymous*
sale	*dirty*
inhumain	*inhuman*

Le milieu de la campagne

le campagnard	*country dweller*
le paysan	*peasant, hick*
le fermier	*farmer*
la ferme	*farm*
le bois	*woods*
le champ	*field*
la rivière	*(small) river*
le lac	*lake*
le poisson	*fish*
la montagne	*mountain*

Plaisirs de la campagne

faire du camping	*to go camping, to camp*
faire de la bicyclette	*to go bicycle riding*
faire un pique-nique	*to have a picnic*
aller à la pêche	*to go fishing*
pêcher	*to fish*
attraper un poisson	*to catch a fish*

prendre un bain de soleil	*to sunbathe*		
bronzé	*tanned*		
se reposer	*to rest, to relax*		
coucher à la belle étoile	*to sleep outdoors*		
méditer (sur)	*to meditate (about)*		
paisible	*peaceful*		
isolé	*isolated*		
rustique	*rustic*		
la solitude	*solitude*		
tranquille	*tranquil, calm*		

Problèmes de la campagne

s' ennuyer	*to be bored*
l' ennui (m)	*boredom*
l' insecte (m)	*insect*
l' abeille (f)	*bee*
le moustique	*mosquito*
piquer	*to sting*
l' ours (m)	*bear*
le serpent	*snake*
le provincialisme	*provincialism*

Reflexives

Reflexives may express either reflexive action (reflexive verbs) or reciprocal action (reciprocal verbs).

Reflexive verbs

In reflexive action the subject acts on itself. The reflexive action is indicated by a reflexive pronoun.

Je me lave. — *I wash myself.*

Elle s'admire. — *She admires herself.*

Il se parle. — *He speaks to himself.*

reflexive pronouns

1. The reflexive pronouns **me**, **te**, **se**, **nous**, and **vous** agree in person and number with the subject.

---

se laver

je me lave	nous nous lavons
tu te laves	vous vous lavez
il elle on } se lave	ils elles } se lavent

---

2. Reflexive pronouns follow the same rules of position as object pronouns in the formation of questions and negative expressions.

Simone se lève-t-elle de bonne heure?
Does Simone get up early?

Vous lavez-vous tous les soirs?
Do you wash up every night?

Je ne me couche pas avant minuit.
I don't go to bed before midnight.

Je ne m'habille jamais devant la fenêtre!
I never get dressed in front of the window!

The pronouns **me**, **te**, and **se** change to **m'**, **t'**, and **s'** before a verb beginning with a vowel or mute **h**: **je m'habille, elle s'endort**.

3. Reflexive pronouns used in an infinitive construction must also agree with the subject.

Allez-vous vous lever de bonne heure à la campagne?
Are you going to get up early in the country?

4. Reflexive pronouns are either direct or indirect, depending on whether the verb takes a direct or indirect object.

Direct: Elle se voit dans le lac. (**Voir** takes a direct object.)
She sees herself in the lake.

Indirect: Il se parle quand il est seul dans le bois. (**Parler** takes an indirect object.)
He speaks to himself when he's alone in the woods.

verbs that do not translate as reflexives in English

In the two preceding examples, the reflexive pronouns have a true reflexive value in French, so that the verbs translate as reflexives in English. But in many cases the pronouns have lost their reflexive value in French, and the verbs do not translate as reflexives in English.

Je me souviens du bruit du métro.
I remember the noise of the subway.

Elle s'ennuie à la campagne.
She gets bored in the country.

Ils se rendent compte de cela.
They realize that.

Other common verbs that do not translate as reflexives:

se lever   *to get up*
se fier à   *to trust*

se méfier de	*to distrust*
se moquer de	*to make fun of*
se coucher	*to go to bed*
se sauver	*to run away*
se suicider	*to commit suicide*
se taire	*to be quiet, to shut up*

EXERCICES

A.   Transformez les phrases.

1.   Je m'ennuie à la campagne. (nous, ce clochard, vous, tu, ces voyous, on, je)
2.   Je ne me promène pas la nuit. (vous, ma grand-mère, tu, nous, mes chiens, on, je)
3.   Je veux me marier avec Lola. (tu, Jules, nous, on, Bubu et son frère, vous, je)
4.   Vous perdez-vous en ville? (nous, les campagnards, tu, vous, Gigi, on, je)

B.   Complétez au **présent**.

1.   (se laver) vous
2.   (se réveiller) ils
3.   (se regarder) nous
4.   (se lever) elles
5.   (se coucher) tu
6.   (se suicider) ils
7.   (se perdre) nous
8.   (s'endormir) nous
9.   (se méfier) elles
10.   (se raser) ils
11.   (s'habiller) vous
12.   (se parler) nous
13.   (se taire) elles
14.   (se fatiguer) je

C.   Qu'est-ce que vous faites probablement dans les situations suivantes? Répondez en employant le verbe **se reposer** ou le verbe **se sauver**.

1.   Vous faites du camping et vous voyez un ours derrière un arbre.
2.   Vous vous promenez à minuit à Paris et vous voyez un voyou qui semble vous suivre.
3.   Vous allez au lit et il est très confortable!
4.   Vous êtes au lit et vous entendez un soupir *(sigh)* sous le lit!
5.   Vous faites un pique-nique dans un parc où il y des musiciens de rock qui jouent trop fort *(loud)*.
6.   Vous pêchez au bord d'un lac très tranquille.

D.   Demandez à un(e) autre étudiant(e) ou au professeur...

1.   à quelle heure il (elle) se couche.
2.   à quelle heure il (elle) se lève.
3.   où il (elle) s'amuse.
4.   s'il (si elle) se moque du président.
5.   s'il (si elle) se promène dans des quartiers louches.
6.   s'il (si elle) s'ennuie en ville (à la campagne).

7. s'il (si elle) s'habille devant la fenêtre.
8. s'il (si elle) va se marier cette année.
9. s'il (si elle) aime se promener dans le bois (à la campagne).

E.   Répondez en employant un verbe réfléchi.

1. Que faites-vous quand vous êtes très fatigué(e)?
2. Qu'est-ce que Brigitte peut faire si elle adore Louis et voudrait passer le reste de sa vie avec lui?
3. Que fait Ricardo à la soirée d'Isabelle?
4. Que font la petite Tina et la petite Mimi après avoir joué dans la boue *(mud)* pendant quatre heures?
5. Que fait le professeur quand son réveille-matin sonne?
6. Que fait un citadin à la campagne?

the imperative

1. In the affirmative imperative the reflexive pronouns follow the verb and are connected to it by a hyphen. Note that in the affirmative imperative **te** becomes **toi**.

Indicative	**Imperative**
Tu te couches.	Couche-toi!
You go to bed.	*Go to bed!*
Vous vous levez.	Levez-vous!
You get up.	*Get up!*
Nous nous sauvons.	Sauvons-nous!
We run away.	*Let's run away!*

2. In the negative imperative the reflexive pronouns precede the verb.

Ne vous dépêchez pas!   Ne te marie pas!
Don't hurry!   *Don't get married!*

EXERCICES

A.   Répondez en employant à l'**impératif** un des verbes de la colonne de droite.

Que dites-vous à votre ami...

1. quand il parle pour parler?   se réveiller
2. quand il est en retard pour le cinéma?   s'amuser bien
3. quand il est fatigué après avoir fait de la bicyclette?   se laver
4. quand il est tout sale parce qu'il pleuvait quand il est allé   se raser
   à la pêche?   se lever

5. quand il va à une discothèque avec sa petite amie?   se taire
6. quand il s'endort pendant que vous parlez brillamment?   se reposer
7. quand il a une grande barbe qui vous fait horreur?   se dépêcher
8. quand il fait la grasse matinée?

B.   Répondez en employant l'impératif d'un verbe réfléchi.

1. Il est dix heures du matin et votre camarade de chambre est toujours au lit. Mais il (elle) a une classe à dix heures dix! Qu'est-ce que vous lui dites?
2. Votre petite sœur a mangé du chocolat et elle en a sur ses mains, sur ses vêtements, partout! Qu'est-ce que vous lui dites?
3. Votre cousine a été demandée en mariage par un homme très riche et distingué. Son problème: elle le respecte beaucoup mais elle ne l'aime pas. Qu'est-ce que vous lui dites?
4. Vous êtes très pressé(e) et vous voulez entrer dans la salle de bains, mais votre petit frère y est déjà! Qu'est-ce que vous lui dites?

Reciprocal verbs

In a reciprocal action the subjects act on each other. Reciprocal verbs are formed in exactly the same way as reflexive verbs. Since a reciprocal action requires at least two people, reciprocal verbs exist only in the plural.

Depuis leur premier rendez-vous, ils s'écrivent tous les jours.
Since their first date, they have been writing to each other every day.

Pourquoi vous regardez-vous avec dédain?
Why do you look at each other with disdain?

Although reflexive and reciprocal verbs are identical in form, their context usually makes the meaning clear. If confusion does arise, however, the expressions **l'un(e) l'autre** and **les un(e)s les autres** are used with reciprocal verbs.

Jean et Marie se regardent.
John and Mary are looking at themselves.
John and Mary are looking at each other.

Jean et Marie se regardent l'un l'autre.
John and Mary are looking at each other.

Est-ce que les Américaines et les Françaises se comprennent?
Do American and French women understand themselves?
Do American and French women understand one another?

Est-ce que les Américaines et les Françaises se comprennent les unes les autres?
Do American and French women understand one another?

When a reciprocal verb requires a preposition, the preposition is placed between the two parts of **l'un(e) l'autre** or **les un(e)s les autres**: **l'un à l'autre**, **les uns des autres**, etc.

Les frères se moquent les uns des autres.
The brothers make fun of one another.

Chaque matin ils se disent bonjour l'un à l'autre.
Every morning they say good morning to each other.

EXERCICES

A. Formulez une phrase en employant un verbe réfléchi ou un verbe réciproque. Si nécessaire, pour éviter l'ambiguïté, employez **l'un(e) l'autre** ou **les un(e)s les autres** avec le verbe réciproque.

Modèle   Hélène se maquille le matin et Andréa se maquille le matin.
   Elles se maquillent le matin.
   Jean regarde Marie et Marie regarde Jean.
   Ils se regardent l'un l'autre.

1. Jean se rase et Henri se rase.
2. Groucho frappe Harpo et Harpo frappe Groucho.
3. Napoléon écrit à Joséphine et Joséphine lui écrit.
4. Antoine se suicide et Cléopâtre se suicide.
5. Pierre embrasse Catherine et Catherine embrasse Pierre.
6. Elle dit bonsoir à Agnès et Agnès lui dit bonsoir.
7. Sa sœur se fie à lui et il se fie à sa sœur.
8. Maigret se méfie de Sherlock et Sherlock se méfie de Maigret.
9. Le voyou attaque Merlin et Merlin attaque le voyou.
10. Isabelle se couche de bonne heure et Ferdinand se couche de bonne heure.

B. Traduisez en français, puis jouez les dialogues.

1. A: Pierre and Jean-Louis, why are you hitting each other?
   B: We're brothers, aren't we?
2. A: Are Héloïse and Guy kissing each other again?
   B: Why not? They got married yesterday, didn't they?
3. A: Let's write to each other.
   B: Let's not write to each other.
   A: Are you serious?

Related expressions

se souvenir de and se rappeler: to remember

1. **Se souvenir** is used with the preposition **de**.

   Je me souviens très bien de cet auto-stoppeur.
   I remember that hitchhiker very well.

   Vous souvenez-vous de la circulation à Rome?
   Do you remember the traffic in Rome?

2. **Se rappeler** is not used with **de**.

   Il se rappelle notre rendez-vous au Quartier latin.
   He remembers our date in the Latin Quarter.

   Vous rappelez-vous son adresse? —Non, je ne me la rappelle pas.
   Do you remember his address? —No, I don't remember it.

EXERCICES

A. Employez au temps présent **se souvenir de** et **se rappeler**.

1. Je _____ la jolie vendeuse du grand magasin *Au Printemps*.
2. Ils _____ de leurs excursions au bord de la mer.
3. Elle _____ la vie stimulante et dynamique de New York.
4. Nous _____ de nos promenades charmantes au Jardin du Luxembourg.
5. Je _____ les gens pittoresques de Bretagne.

B. Répondez par une phrase complète.

1. Vous rappelez-vous votre jeunesse? De qui ou de quoi vous souvenez-vous?
2. Vous rappelez-vous les Beatles (Elvis, Mae West)?
3. Vous souvenez-vous de votre première bicyclette (de votre naissance, de votre premier baiser, de votre première journée à l'école)? Qu'est-ce que vous vous rappelez?

The passé composé *and the imperfect*

The *passé composé* (compound past) and the imperfect are treated together here because they are often used together in expressing past actions and states.

Formation of the passé composé

The *passé composé* is composed of two parts:

Auxiliary verb + past participle

---

parler

j'ai parlé	nous avons parlé
tu as parlé	vous avez parlé
il ⎱	ils ⎱
elle ⎰ a parlé	elles ⎰ ont parlé
on ⎭	

formation of the past participle

1. The past participle of regular verbs is formed from the infinitive: parler, **parlé**; finir, **fini**; vendre, **vendu**.

2. The past participles of irregular verbs must simply be learned.

avoir, **eu**	boire, **bu**	
être, **été**	connaître, **connu**	
faire, **fait**	courir, **couru**	
	croire, **cru**	
couvrir, **couvert** ⎱ -ert	devoir, **dû**	
offrir, **offert** ⎰	falloir, **fallu**	
	lire, **lu**	
rire, **ri** ⎱ -i	paraître, **paru**	-u
suivre, **suivi** ⎰	pouvoir, **pu**	
	recevoir, **reçu**	
s'asseoir, **assis** ⎱	savoir, **su**	
mettre, **mis** ⎰ -is	tenir, **tenu**	
prendre, **pris** ⎭	vivre, **vécu**	
	vouloir, **voulu**	
construire, **construit** ⎱		
dire, **dit** ⎰ -it		
écrire, **écrit** ⎭		

formation of the auxiliary verb

The auxiliary verb is the present tense of either **avoir** or **être**.

1. **Avoir** is used in the *passé composé* of most verbs.

    J'ai vécu à New York pendant cinq mois.
    I lived in New York for five months.

    Ils ont bu de l'eau de source à la campagne.
    They drank spring water in the country.

2. **Être** is used in the *passé composé* of certain verbs.
    α.   Reflexive and reciprocal verbs

---

se lever

je me suis levé(e)   nous nous sommes levé(e)s
tu t'es levé(e)   vous vous êtes levé(e)(s)
il ⎫   ⎧ levé   ils   ⎫   ⎧ levés
elle ⎬ s'est ⎨ levée   elles ⎬ se sont ⎨ levées
on ⎭   ⎩ levé   ⎭   ⎩

Je me suis amusé dans ce bistro.   Ils se sont téléphoné tous les jours.
I had a good time in that bistro.   *They telephoned each other every day.*

b.   Certain intransitive[1] verbs of motion

---

aller

je suis allé(e)   nous sommes allé(e)s
tu es allé(e)   vous êtes allé(e)(s)
il ⎫   ⎧ allé   ils   ⎫   ⎧ allés
elle ⎬ est ⎨ allée   elles ⎬ sont ⎨ allées
on ⎭   ⎩ allé   ⎭   ⎩

Hier nous sommes allés en ville.
Yesterday we went downtown.

---

[1]A transitive verb takes a direct object. In the sentence *She throws the ball, ball* is the direct object of the transitive verb *throws*. An intransitive verb does not take a direct object: *She is coming from France; They went out; He died yesterday.*

Following are the intransitive verbs that take **être**. Some are grouped by opposites to aid retention.

aller / venir	passer
arriver / partir	rester
descendre / monter	retourner
entrer / sortir	tomber
naître / mourir	

Ils sont tombés dans la rivière.   Elle est morte jeune.
They fell in the river.   *She died young.*

Compounds of these verbs also take **être**.

Ils sont redescendus du train.   Le voyou est devenu violent.
They got off the train again.   *The hoodlum became violent.*

agreement of the past participle

In certain cases there is agreement of the past participle in the *passé composé*.

1. Verbs conjugated with **avoir**
    a. The past participle of verbs conjugated with **avoir** generally remains invariable.

    Elle a médité sur la destinée humaine au sommet d'une montagne isolée.
    She meditated about human destiny on top of an isolated mountain.

    Nous avons respiré l'air frais et pur de la campagne.
    We breathed the fresh, pure air of the country.

    b. However, the past participle agrees in number and gender with any *preceding direct object*. The preceding direct object may appear in the form of a personal pronoun, the relative pronoun **que**, or a noun preceded by the adjective **quel**.

    Où avez-vous vu les serpents? —Je les ai vus dans un champ.
    Where did you see the snakes? —I saw them in a field.

    Voici les poissons gigantesques que nous avons attrapés!
    Here are the gigantic fish that we caught!

    Quelles boutiques avez-vous visitées?
    What shops did you visit?

    c. But there is *no* agreement with a preceding indirect object or with the pronoun **en**.

    Elle leur a dit au revoir à l'aéroport.
    She said goodbye to them at the airport.

    Avez-vous vu des jeunes filles au bar? —Oui, j'en ai vu.
    Did you see any girls in the bar? —Yes, I saw some.

2. Verbs conjugated with **être**

   a. Reflexive and reciprocal verbs:

      If, as is usually the case, the reflexive pronoun is a direct object, the past participle agrees with it. The participle does not agree, however, if the reflexive pronoun is an indirect object.

Ils se sont amusés dans une boîte de nuit sur les Champs-Élysées.
They had a good time in a nightclub on the Champs-Élysées.

Elles se sont regardées au même instant et se sont mises à rire!
They looked at each other at the same moment and began to laugh!

but:

Elles se sont parlé au téléphone pendant quatre heures!
They spoke to each other on the phone for four hours!

Ils se sont dit au revoir les larmes aux yeux.
They said goodbye to each other with tears in their eyes.

Note that when a reflexive verb is used with a part of the body in expressions such as **se laver les mains**, **se brosser les dents**, and **se gratter le dos**, the part of the body is the direct object and the reflexive pronoun is the indirect object. There is therefore no agreement with the past participle.

Elle s'est lavé les mains et s'est brossé les dents
She washed her hair and brushed her teeth.

Note that the past participle also remains invariable in the common expression **se rendre compte de** *(to realize)*, since the reflexive pronoun is an indirect object.

Nous ne nous sommes pas rendu compte des conséquences de la tension raciale.
We did not realize the consequences of the racial tension.

   b. The intransitive verbs of motion:

      The past participle agrees in gender and number with the subject of the verb.

Nous sommes montés dans l'autobus.
We got on the bus.

Elles sont passées quatre fois devant la boutique.
They passed in front of the shop four times.

Occasionally, some of these verbs are used transitively: that is, they take a direct object. When used transitively, they are conjugated with **avoir**, in which case the past participle does not agree with the subject.

Malheureusement nous avons monté la tente sous une ruche!
Unfortunately, we put up the tent under a beehive!

Elles ont passé leurs vacances à Nice.
They spent their vacation in Nice.

Elle a sorti sa voiture du garage.
She took her car out of the garage.

EXERCICES

A. Transformez les phrases.

1. J'ai fait du camping. (nous, vous, ces étudiants américains, tu, le vieux gé-
    néral, on, je)
2. Je me suis promené(e) à Paris. (tu, ces amoureux, nous, vous, ce clochard,
    on, je)
3. Je suis sorti(e) de la boîte de nuit. (vous, tu, ces gangsters, on, nous, ma
    grand-mère, je)

B. Mettez les verbes au **passé composé** en faisant l'accord s'il y a lieu.

1. (aller) elle, nous
2. (courir) nous, je
3. (couvrir) je, vous
4. (flâner) nous, tu
5. (faire) ils, vous
6. (offrir) je, nous
7. (s'amuser) elle, je
8. (se rendre compte) ils, tu
9. (rire) nous, elle
10. (visiter) elles, nous
11. (se chercher) ils, nous
12. (se sauver) elles, nous
13. (se parler) nous, elles
14. (rentrer) ils, vous
15. (se mentir) elles, ils
16. (voir) vous, je
17. (se téléphoner) nous, elles
18. (devenir) elle, je
19. (se dire au revoir) nous, elles
20. (se suicider) ils, elles

C. Demandez à un(e) autre étudiant(e) ou au professeur...

1. s'il (si elle) a jamais visité Paris. Si oui, quels endroits il (elle) a visités.
2. s'il (si elle) a pris une douche (s'est lavé les cheveux, s'est brossé les dents) ce
    matin.
3. à quelle heure il (elle) s'est couché(e) hier soir.
4. s'il (si elle) a jamais habité dans une grande ville (dans une ferme).
5. à quelle heure il (elle) s'est réveillé(e) (s'est levé/e) ce matin.
6. s'il (si elle) est jamais allé(e) à Monte Carlo (en Afrique, en Chine).
7. s'il (si elle) a jamais couché à la belle étoile. Si oui, où?

D. Lisez chaque passage en entier, puis changez chaque phrase au **passé composé**.

1. Babette se réveille.
    Elle se lève.
    Elle se lave.

Elle s'habille.
Elle regarde par la fenêtre.
Elle se déshabille.
Elle va au lit.
Elle s'endort.

2. André va à la pêche.
Il attrape un grand poisson.
Il met le poisson dans son sac.
Le poisson saute du sac!
Le poisson tombe dans l'eau!
André rentre.
Il mange une pizza.

E. Faites l'accord du **participe passé** s'il y a lieu.

1. Voici la cathédrale que nous avons _____ (visité).
2. Est-elle _____ (allé) à la campagne pour oublier ses ennuis?
3. Ils ont _____ (fait) un pique-nique au bord du lac.
4. Quels champs le fermier a-t-il _____ (cultivé)?
5. Je les ai _____ (vu) dans cette boîte de nuit hier soir.
6. La pollution atmosphérique a _____ (couvert) la ville.
7. Je leur ai _____ (téléphoné) trois fois hier soir.
8. Regardez les poissons malsains que les gens ont _____ (attrapé) dans la Seine.
9. Malheureusement ils ne se sont pas _____ (rendu) compte de l'indifférence des citadins.
10. Nous nous sommes vite _____ (habitué) à la vie en ville.
11. Voici la maison que nous avons _____ (construit).
12. Quelle circulation nous avons _____ (vu) en ville!
13. Ils sont _____ (allé) à la pêche à deux heures du matin!
14. Voici un des grands magasins où nous avons _____ (fait) des courses.
15. Les chauffeurs ont _____ (garé) leurs élégantes voitures dans l'avenue des Champs-Élysées.
16. Pourquoi se sont-ils _____ (moqué) des campagnards?
17. Dorine s'est _____ (lavé) les cheveux dans le lac.

Formation of the imperfect

The imperfect is formed by replacing the **-ons** ending of the first person plural of the present tense with the imperfect endings **-ais**, **-ais**, **-ait**, **-ions**, **-iez**, **-aient**.

---

boire	nous buvons
je buv**ais**	nous buv**ions**
tu buv**ais**	vous buv**iez**
il elle on }buv**ait**	ils elles }buv**aient**

Both regular and irregular verbs follow this rule: nous parlons, **je parlais**; nous finissons, **je finissais**; nous vendons, **je vendais**; nous avons, **j'avais**; nous faisons, **je faisais**; etc.

Note, however, the irregular imperfect stem of the verb **être**: **j'étais, tu étais,** etc. Note also the spelling changes of the **-cer** and **-ger** verbs:

---

commencer	nous commençons
je commen**çais**	nous commen**cions**
tu commen**çais**	vous commen**ciez**
il elle on }commen**çait**	ils elles }commen**çaient**

manger	nous mangeons
je man**geais**	nous man**gions**
tu man**geais**	vous man**giez**
il elle on }man**geait**	ils elles }man**geaient**

EXERCICE

Mettez les verbes à l'**imparfait**.

1. (tenir) elle
2. (flâner) nous
3. (mentir) il
4. (être) vous
5. (avoir) je
6. (faire) vous
7. (piquer) il
8. (sortir) je
9. (finir) nous
10. (construire) ils
11. (punir) on
12. (recevoir) tu
13. (rendre) je
14. (pouvoir) vous
15. (courir) nous
16. (se connaître) elles
17. (arranger) on
18. (rire) nous
19. (offrir) vous
20. (avancer) ils

Use of the passé composé *and the imperfect*

the *passé composé*

The *passé composé* is used to express a completed action in the past. The single form of the *passé composé* corresponds to three forms of the English past tense.

ils ont couru $\begin{cases} \textit{they ran} \\ \textit{they have run} \\ \textit{they did run} \end{cases}$

Hier j'ai visité quatre musées et trois cathédrales!
Yesterday I visited four museums and three cathedrals!

Avez-vous jamais couché à la belle étoile?
Have you ever slept outdoors?

Avez-vous entendu le bruit de la circulation hier soir?
Did you hear the noise of the traffic last night?

The action expressed is always a completed action. It may have been of short or long duration, or have been repeated a specified number of times.

Ma mère et moi, nous avons vécu à Rome pendant dix ans.
My mother and I lived in Rome for ten years.

Je vous ai téléphoné quatre fois lundi dernier.
I phoned you four times last Monday.

the imperfect

The imperfect is used to express past actions or states that were not completed ("imperfect" means, in fact, "not completed").

1. It expresses a continuous action in the past (equivalent to *was + verb + -ing,* in English). The *passé composé* is used to indicate any action that interrupts this continuous action.

    Elle traversait la rue quand elle a vu l'accident.
    She was crossing the street when she saw the accident.

    Je rentrais à bicyclette quand il a commencé à pleuvoir.
    I was going home on my bicycle when it began to rain.

2. It indicates a customary action in the past (equivalent to the past tense, or to *used to* or *would* + verb, in English).

    Quand j'étais jeune, je faisais du camping presque tous les mois.
    When I was young, I went (used to go, would go) camping almost every month.

L'année dernière je quittais la ville le vendredi soir et j'y revenais le lundi matin.
Last year I used to leave (left, would leave) the city on Friday night and come back (came back) on Monday morning.

3. It is used to describe a past condition or state of mind that has no beginning or end.

Hier le ciel était bleu et la campagne était belle.
Yesterday the sky was blue and the country was beautiful.

Il savait que je n'aimais pas la ville!
He knew I didn't like the city!

However, when verbs denote a *change* in conditions or in a state of mind, they are put into the *passé composé*. Such states have a beginning and an end, and are therefore considered completed.

Soudain il a fait nuit.
Suddenly it became dark.

Il a eu peur quand ce type louche s'est approché de lui.
He got scared when that shady character approached him.

4. It is used with **depuis** or **il y avait... que** to express an action that began in the past and continued until another time, also in the past. English uses the progressive form of the pluperfect *(had been + present participle, or had been)* to express this idea.

Ils faisaient de la bicyclette depuis cinq minutes quand il a commencé à pleuvoir.
They had been bicycle riding for five minutes when it began to rain.

Il y avait cinq heures qu'elle flânait à Paris quand elle est tombée malade.
She had been strolling in Paris for five hours when she got sick.

Il y avait deux heures qu'il était dans le bois quand il a vu le feu.
He'd been in the woods for two hours when he saw the fire.

EXERCICES

A. Traduisez à l'**imparfait** ou au **passé composé** les verbes entre parenthèses.

1. Elle _____ *(was meditating)* sur la condition humaine quand un méchant moustique l'a piquée!

2. Quand je _____ *(was)* étudiant à Paris, je _____ *(used to frequent)* un petit café à côté de Notre-Dame de Paris.

3. Comment! Vous _____ *(visited)* le Louvre trois fois en une journée!

4. Heureusement, nous _____ *(were eating)* dans la tente quand il _____ *(began)* à pleuvoir.

5. Je _____ *(was taking a walk)* aux Champs-Élysées quand une femme un peu louche me _____ *(said)* bonsoir.
6. Parlez-moi de tous les musées, les monuments et les grands magasins que vous _____ *(visited)* à Paris.
7. Gérard et son amie Nathalie _____ *(were having a picnic)* à Versailles quand _____ *(it got cold)*.
8. Ils _____ *(returned)* à la campagne à cause de la pollution et du bruit de la ville.
9. Nous _____ *(were sleeping outdoors)* quand soudain je _____ *(felt)* quelque chose dans mon sac de couchage!
10. Nous _____ *(could not)* garer notre voiture parce que la circulation _____ *(was)* trop intense.
11. Pendant nos vacances d'été, nous _____ *(used to go fishing)* tous les matins.
12. Il _____ *(was)* très chaud ce matin-là, mais nous y _____ *(went)* quand même.
13. Pendant son séjour à Paris, elle _____ *(used to stroll)*, anonyme, dans les rues étroites du Quartier latin.
14. Les campagnards qui _____ *(were visiting)* Paris _____ *(got lost)* dans un grand magasin.
15. Il _____ *(became frightened)* quand il _____ *(heard)* un bruit étrange dans la rue derrière lui.
16. Il _____ *(was snowing)* quand Louise _____ *(had)* l'accident.

B. Répondez par une phrase complète.

1. Où êtes-vous allé(e) hier? Pleuvait-il? Faisait-il beau? Neigeait-il? De quelle couleur était le ciel?
2. Où avez-vous dîné hier? Qu'est-ce que vous avez mangé? Comment était le repas? Comment était le décor?
3. Quand vous étiez petit(e), quels programmes regardiez-vous à la télévision? Où habitiez-vous? Quel était votre bonbon préféré?
4. Qu'est-ce que je faisais à six heures ce matin? Je dormais! Qu'est-ce que vous faisiez à six heures (à huit heures)?

C. Traduisez en français.

1. She had been shopping for five minutes when she lost her purse *(le sac)*.
2. They were walking in the woods when the bees stung them.
3. We'd been strolling in the Latin Quarter for an hour when the hoodlum attacked us!
4. He had been meditating for two days when he found the solution *(la solution)*.
5. The farmer had been in the field for two minutes when he saw the snake.

the *passé composé* and imperfect in narration[1]

The *passé composé* and the imperfect often appear together in past narrations. The *passé composé*, with its emphasis on completed action, is used to advance the narration: it indicates facts, actions, and events. The imperfect, with its emphasis on incomplete actions or states, is used to set the background: it describes outward conditions and inner states of mind.

EXERCICES

A. Voici un passage anglais écrit au temps passé. Identifiez (ne traduisez pas) les verbes qu'il faut mettre au **passé composé** ou à l'**imparfait**. Expliquez précisément les raisons de votre choix.

> Yesterday morning I woke up early. I didn't feel well. I got out of bed, walked to the bedroom window, lifted the shade, and looked out. I immediately felt better. It was a beautiful summer day. There were no clouds in the sky and the sun was shining gloriously. I could hear the usual cacophony of city sounds. I went into the kitchen and kissed Barbara, who was already awake. She knew that I wanted to take a walk in the park.
>
> We quickly ate breakfast, left the building, took the subway, got off after a short ride, and began our walk in the Luxembourg Gardens. We were quietly walking along, minding our own business, when we suddenly heard the sound of music behind us. We stopped, turned around, and saw an odd-looking old man who was playing the accordion. Passers-by were throwing coins at his feet while a small monkey was picking them up and putting them in a tin cup. As this one-man show was passing in front of me, I threw a couple of coins at his feet. Barbara barked approvingly. We then continued our walk.

B. Mettez les verbes entre parenthèses à l'**imparfait** ou au **passé composé**.

> 1.   Michel et André, deux petits jumeaux gâtés, _____ (entrer) dans le salon. Leur père _____ (fumer) sa pipe. Leur mère _____ (lire) un magazine. Leur frère _____ (regarder) la télé.
>
> Tout d'un coup, ils _____ (crier) ensemble: «Il y a un feu dans le jardin!» Leur père, leur mère et leur frère _____ (se lever) et _____ (regarder) par la fenêtre. Tout y _____ (être) calme. Il n'y _____ (avoir) pas de feu dans le jardin.
>
> Quand ils _____ (se retourner), ils _____ (voir) Michel et André qui _____ (rire) aux éclats *(heartily)*.

---

[1]In formal narrations—historical works, novels, short stories, etc.—the *passé simple* (past definite) is often used instead of the *passé composé* (see p. 11).

2.   Il _____ (être) sept heures du matin et Julie _____ (dormir) encore. Tout à coup sa mère la _____ (appeler). Julie _____ (se réveiller), mais elle _____ (rester) au lit. Il y (faire) _____ si chaud! À sept heures et demie, pendant qu'elle _____ (se reposer) tranquillement, sa mère _____ (frapper) à la porte de sa chambre. Mais Julie _____ (ne pas se lever). Elle _____ (être) trop fatiguée! À huit heures le téléphone dans sa chambre _____ (sonner). Quand Julie y _____ (répondre), elle _____ (entendre) la voix de sa mère!

Related expressions

The verbs **partir**, **sortir**, **s'en aller**, **quitter**, and **laisser** all mean *to leave*. The first three are conjugated with **être**, the last two with **avoir**.

partir: to leave

A quelle heure est-elle partie hier soir?
What time did she leave last night?

sortir: to go out

Il est sorti il y a dix minutes, mais il va revenir tout de suite.
He left (went out) ten minutes ago, but he'll be back right away.

Je suis sorti avec Hélène parce qu'elle adore faire de la bicyclette.
I went out with Helen because she adores bike riding.

When **sortir** means *to leave* or *go out of* a place, it must be followed by **de**.

Ils titubaient quand ils sont sortis du café.
They were staggering when they left the café.

Like the English verb *to go out*, **sortir** often implies leaving an enclosed area, such as a room or a restaurant.

s'en aller: to go away

Le voyou s'en est allé après avoir vu le gendarme.
The hoodlum left (went away) after seeing the policeman.

Allez-vous-en! Vous nous avez assez tourmentés!
Go away! You've bothered us enough!

quitter: to leave someone or something

> Nous avons quitté la ville à cause de la pollution.
> *We left the city because of the pollution.*

> Elle faisait des courses quand je l'ai quittée.
> *She was shopping when I left her.*

Quitter is never used alone; it always takes a direct object.

laisser: to leave someone or something somewhere

> Zut! J'ai laissé mon parapluie au Louvre!
> *Darn it! I left my umbrella at the Louvre!*

> Quand j'ai laissé Hubert à la discothèque, il s'amusait beaucoup.
> *When I left Hubert at the discothèque, he was having a great time.*

Like **quitter**, **laisser** always takes a direct object.

venir de + infinitive

The imperfect tense of **venir de** + *infinitive* is the equivalent of the English *had just* + *past participle.*

> Elles venaient de prendre un bain de soleil quand elles sont tombées malades.
> *They had just sunbathed when they got sick.*

Remember that the present tense of **venir de** + *infinitive* means *have (has) just* + *past participle* in English.

> Je viens de rentrer.
> *I have just returned home.*

EXERCICES

A. Traduisez en français les mots entre parenthèses.

1. Ils _____ *(left the city)* pour faire un petit séjour à la campagne.
2. Nous _____ *(left Madeleine)* à Chartres parce qu'elle voulait y passer toute la journée!
3. Nous _____ *(left the house)* parce qu'il faisait beau.
4. Elle m'a dit qu'elle allait rester avec moi, mais elle _____ *(left)* quand même.
5. Quand le clochard _____ *(left)* le bar, tout le monde s'est mis à rire.
6. Elle _____ *(left her book)* sur la littérature romantique au bord d'un lac.
7. Après avoir passé deux jours à Paris, le campagnard _____ *(left)*.
8. Quand les abeilles _____ *(left)*, nous avons recommencé notre pique-nique.

9. _____ *(Leave)!* J'en ai assez de vos histoires!
10. Elle avait si peur de faire son exposé qu'elle _____ *(left the classroom).*

B. Traduisez en français, puis jouez le dialogue.

A: Why are you leaving the restaurant?
B: I left my keys in the car.
A: Again?
B: Do you want to come with me?
A: Leave!

C. Traduisez en français en employant **venir de**.

1. I had just left the night club when I had the accident.
2. A mosquito had just stung me.
3. M. Saumon had just caught a fish when we arrived.
4. They had just left.
5. They'd just gotten lost when I found them!
6. She was quite tanned because she had just taken a sunbath.

Exercices d'ensemble

I. Répondez en français par une phrase complète.

1. Vous coupez-vous quand vous vous rasez?
2. Êtes-vous de bonne ou de mauvaise humeur quand vous vous réveillez?
3. Aimez-vous vous coucher tôt ou tard?
4. Quand est-ce que vous vous taisez? Quand est-ce que vous ne vous taisez pas?
5. En quoi vous spécialisez-vous à l'université?
6. Vous intéressez-vous à la vie culturelle de la ville?
7. Vous fiez-vous aux autres ou vous méfiez-vous des autres?
8. Êtes-vous né(e) en ville ou à la campagne?
9. À quelle heure vous êtes-vous couché(e) hier soir?
10. Vous fâchez-vous souvent?

II. Répondez précisément en employant deux ou trois phrases complètes.

1. Avez-vous peur de vous promener en ville le soir?
2. Avez-vous jamais fait du camping?
3. Si vous avez visité récemment une grande ville, expliquez comment vous l'avez trouvée et ce que vous y avez fait.

4. Avez-vous jamais rencontré un serpent venimeux *(poisonous)?* Si oui, qui s'est sauvé plus vite, vous ou lui?
5. Êtes-vous jamais allé(e) en France? Si oui, quand?
6. Comment comptez-vous vous amuser ce week-end?
7. Qu'est-ce que vous avez fait pendant votre dernier séjour à la campagne?
8. Vous ennuyez-vous en ville?
9. Vous êtes-vous jamais perdu(e) en ville ou à la campagne?
10. Avez-vous jamais couché à la belle étoile? Si oui, où?

III. Traduisez en français.

1. They had just visited friends in Paris when they got sick.
2. We had been waiting for him for two hours when he arrived!
3. We had just returned from the suburbs.
4. We have just visited an interesting shop.
5. We had been bicycling for five days when finally we saw Paris!

IV. Décrivez au présent une de vos journées typiques en employant les verbes suivants. Arrangez-les par ordre chronologique.

se raser	se couper	se mettre au travail
se coucher	s'endormir	s'habiller
se regarder dans la glace	se maquiller	se mettre à table
se laver	se lever	se reposer
	se réveiller	

V. Lisez les passages suivants en entier, puis mettez les verbes au **passé composé** ou à l'**imparfait**, selon le cas.

1. Il est onze heures du matin.
   Il fait beau.
   Mais il fait chaud.
   Brigitte entre dans un café.
   Elle commande un thé glacé.
   Bruno entre dans le café.
   Il voit Brigitte.
   Brigitte est belle!
   Elle est fascinante!
   Bruno sourit à Brigitte.
   Brigitte lui sourit aussi.
2. Il fait très beau à Paris.
   Le soleil brille, et le ciel est bleu.
   À dix heures Sally et Peggy quittent leur hôtel.
   Elles vont tout de suite au Louvre.
   Le Louvre est très intéressant.
   Après la visite elles prennent une bière.
   À midi elles visitent Notre-Dame.

La cathédrale est magnifique!
Après la visite elles prennent une autre bière.
À deux heures elles montent à la Tour Eiffel.
Elles boivent plusieurs bières après.
Sally et Peggy sont ivres!
Elles ont sommeil.
Elles titubent jusqu'à l'hôtel.

VI. Mettez les verbes entre parenthèses au **passé composé** ou à l'**imparfait**, selon le cas.

A. Il _____ (faire) frais et le ciel _____ (être) bleu à Paris. Roger et Suzanne Smith, touristes intrépides et hardis, _____ (prendre) le petit déjeuner, un café crème et des croissants, dans un café. Ils _____ (venir) de se lever. Ils _____ (se parler) et _____ (lire) avec beaucoup d'attention le guide Michelin. Ils _____ (avoir) l'air un peu gênés parce qu'ils _____ (savoir) que la fin de leur tour d'Europe était arrivée et ils ne _____ (avoir) qu'une journée à passer à Paris! Leur avion _____ (aller) partir le lendemain matin.

À 9 h. précises ils _____ (aller) en taxi au musée du Louvre. Ils y _____ (admirer) la Mona Lisa et la Vénus de Milo. Malheureusement, ils n'y _____ (rester) pas longtemps parce qu'il _____ (falloir) se dépêcher! Entre 10 h. et 11 h. ils _____ (courir) dans les galeries de l'Orangerie, le musée des peintres impressionnistes. Les tableaux de Van Gogh les _____ (impressionner). Entre 11 h. et 12 h. 30 ils _____ (se promener) sur les Champs-Élysées, le grand boulevard chic de Paris. Il y _____ (avoir) beaucoup de distractions intéressantes: des boutiques, des cinémas, des boîtes de nuit et le fameux Drugstore. Ils _____ (se promener) depuis une heure quand ils _____ (décider) d'entrer dans un café pour déjeuner. Ils _____ (être) si pressés qu'ils _____ (finir) de déjeuner en un quart d'heure! Pendant le reste de l'après-midi ils _____ (visiter) la cathédrale de Notre-Dame de Paris, la Sainte-Chapelle, les Invalides (le tombeau de Napoléon) et, finalement, le Quartier latin. À 5 h. ils _____ (rentrer) à l'hôtel où ils _____ (se reposer) un peu.

Ils _____ (passer) une soirée aussi magnifique que leur journée. Ils _____ (dîner) dans un restaurant de luxe et puis, ils _____ (aller) voir *Le Bourgeois gentilhomme* de Molière à la Comédie Française. À minuit, pendant que Robert _____ (faire) les valises, Marie _____ (remarquer) qu'ils avaient oublié de visiter la Tour Eiffel. Quel dommage!

B. Quand Chantal _____ (être) élève à l'école primaire, elle _____ (passer) chaque été en Bretagne chez son oncle Marc et sa tante Agnès. Ils _____ (habiter) une petite ferme à la campagne. Le matin Chantal _____ (accompagner) son oncle aux champs où il _____ (cultiver) la terre. Elle _____ (aimer) respirer l'air pur et goûter le silence dans cet endroit tranquille et paisible. Le soir elle _____ (écouter) le chant des insectes en se reposant sur son lit.

La petite Chantal ne _____ (s'ennuyer) jamais avec son oncle et sa tante. Ils la _____ (traiter) bien mieux que ses parents qui ne _____ (s'occuper) jamais d'elle et qui ne _____ (sembler) pas l'aimer.

Sujets de discussion ou de composition

1. Racontez une histoire (réelle ou imaginaire, amusante ou sérieuse) qui vous est arrivée en ville.
2. Racontez une histoire (réelle ou imaginaire, amusante ou sérieuse) qui vous est arrivée à la campagne.
3. On a tendance à stéréotyper la vie en ville, la vie en banlieue et la vie à la campagne. Présentez quelques stéréotypes et expliquez pourquoi ils sont faux.
4. Vous avez l'occasion de passer une semaine à la campagne ou dans une ville de votre choix. Où voudriez-vous aller? Pourquoi?

Interrogatives and negatives

Chapter 5 at a glance

interrogatives

I. Posez une question en employant l'**inversion**.

1. Il respecte les pauvres.
2. Une société sans classes est possible.
3. Cette jeune fille a de la classe.
4. Ses parents ont gagné beaucoup d'argent.

II. Posez des questions avec **est-ce-que** et **n'est-ce pas** en employant les phrases de l'exercice I.

III. Formulez une question en employant **combien**, **comment**, **où**, **pourquoi** ou **quand**.

1. Il ira loin parce qu'il est ambitieux.
2. Ce charpentier est gentil et poli.

IV. Posez une question en employant les pronoms interrogatifs **qui**, **qui est-ce qui**, **que**, **qu'est-ce que** ou **qu'est-ce qui**.

    1.   Il est devenu médecin après ses études.
    2.   Une vie confortable l'intéresse beaucoup!
    3.   C'est Jeanne qui a une grande fortune.

V. Traduisez en employant la forme convenable de **quel** ou **lequel**.

    1.   _____ *(What a)* mauvaise odeur!
    2.   _____ *(Which one)* de ces jeunes filles a de si bonnes manières?

VI. Traduisez en français en employant **quelle est** ou **qu'est-ce que c'est que**.

    1.   _____ *(What is)* la bourgeoisie?
    2.   _____ *(Which is)* la date aujourd'hui?

negatives

VII. Mettez au **négatif** en employant **ne... pas**.

    1.   Elle est vendeuse.
    2.   Jouent-ils au bridge ce soir?
    3.   J'aime stéréotyper les gens.
    4.   Pourquoi suis-je né riche?
    5.   Il est important d'être snob. *(Mettez l'infinitif au négatif.)*

VIII. Répondez au **négatif** en employant **ne... jamais** ou **ne... plus**.

    1.   Êtes-vous jamais allé à l'opéra?   2.   Avez-vous encore de la bière?

IX. Répondez au **négatif** en employant **ne... personne**, **personne ne**, **ne... rien** ou **rien ne**.

    1.   Qu'est-ce que ce millionnaire a fait pour aider les pauvres?
    2.   Qui veut vivre dans la misère?

X. Substituez l'expression **ne... que** pour l'adverbe **seulement**.

    1.   Elle est vulgaire seulement avec ses amies.
    2.   Elle aime seulement les gens cultivés.

XI. Répondez au **négatif** en employant **ne... aucun(e), aucun(e)... ne** ou **ne... ni... ni**.

1. Ont-ils l'intention de partir?
2. Quelle classe sociale est parfaite?
3. Qu'est-ce que votre frère veut devenir, médecin ou avocat?

XII. Traduisez en français.

1. I don't think so.
2. There is nothing interesting here!
3. Thanks. —It's nothing.

Vocabulaire du thème: Les classes sociales

Les classes

la **haute société**	*high society*
la **classe moyenne**	*middle class*
la **classe ouvrière**	*working class*
le **clochard,** la **clocharde**	*bum*
le **peuple**	*the people*
le **patron,** la **patronne**	*boss*
l' **ouvrier** (m), l' **ouvrière** (f)	*worker*
la **profession**	*profession*
le **métier**	*trade*
le **charpentier**	*carpenter*
l' **électricien** (m), l' **électricienne**	*electrician*
le **mécanicien,** la **mécanicienne**	*mechanic*
le **plombier**	*plumber*

Le succès

l' **ambition** (f)	*ambition*
ambitieux, ambitieuse	*ambitious*
gagner sa vie	*to earn one's living*
aller loin	*to go far*

améliorer sa condition sociale	*to improve one's social position*
le, la **millionnaire**	*millionaire*
le **nouveau riche**	*nouveau riche*
l' **arriviste** (m, f)	*social climber*
le, la **snob**	*snob*
impressionner	*to impress*
le **pouvoir**	*power*
le **prestige**	*prestige*
le **luxe**	*luxury*
somptueux, somptueuse	*luxurious*
aisé	*well-to-do*
propre	*clean*

La pauvreté

les **taudis** (m)	*slums*
la **misère**	*misery, distress*
misérable	*miserable*
malsain	*unhealthy*
pénible	*hard (difficult), painful*
sale	*dirty*
se **révolter contre**	*to revolt against*
faire la grève	*to go on strike, to strike*
être exploité	*to be exploited*
le **syndicat**	*union*

Manières et goût

les manières (f)	*manners*	raffiné	*refined*
être bien élevé	*to be well-bred*	sophistiqué	*sophisticated*
avoir bon (mauvais) goût	*to have good (bad) taste*	élégant	*elegant*
avoir de la classe	*to have class*	être mal élevé	*to be ill-bred*
comme il faut	*proper*	grossier, grossière	*gross, coarse*
poli	*polite*	vulgaire	*vulgar*

Interrogatives

Formation of questions

inversion of the subject and verb

1. Simple tenses
   a. If the subject is a pronoun, it is inverted with the verb and connected to the verb by a hyphen.

   Voudriez-vous être riche?
   Would you like to be rich?

   Vous méfiez-vous de votre patron?
   Do you distrust your boss?

   Verbs ending in a vowel in the third person singular insert **-t-** between the verb and the inverted subject pronoun.

   Travaille-t-elle maintenant comme électricienne?
   Does she work now as an electrician?

   Admire-t-il vraiment les snobs?
   Does he really admire snobs?

   b. If the subject is a noun, the order is *noun subject + verb + pronoun subject.*

   Marie habite-t-elle une grande maison?
   Does Mary live in a large house?

   Une société sans classes est-elle possible?
   Is a classless society possible?

2. Compound tenses

In compound tenses inversion takes place only with the auxiliary verb. Inversion of the auxiliary verb follows the same rules as for simple verbs.

Cet arriviste a-t-il impressionné le patron?
Did that social climber impress the boss?

Avez-vous remarqué ses manières impeccables?
Did you notice his impeccable manners?

Vous êtes-vous reposé après le travail?
Did you rest after work?

est-ce que

The expression **est-ce que** placed before any sentence transforms it into a question.

Est-ce que vous êtes trop ambitieux?
Are you too ambitious?

Est-ce que les bourgeois respectent les pauvres?
Do members of the middle class respect the poor?

Est-ce que is almost always used when asking a question in the first person singular. However, the expressions **ai-je** *(have I)*, **dois-je** *(must I)*, **puis-je** *(may I)*, and **suis-je** *(am I)* are sometimes used.

Est-ce que j'ai l'air d'être avare?
Do I look greedy?

Est-ce que je vous gêne parce que je ne suis pas comme il faut?
Do I bother you because I'm not proper?

Puis-je vous poser une question indiscrète?
May I ask you an indiscreet question?

n'est-ce pas

The expression **n'est-ce pas**, usually placed at the end of a sentence, expresses confirmation or denial. It is equivalent to the expressions *aren't you, didn't you, isn't he, isn't it,* etc., in English.

Vous êtes fauché, n'est-ce pas?
You're broke, aren't you?

Vous cherchez une situation satisfaisante, n'est-ce pas?
You're looking for a satisfying job, aren't you?

rising intonation

Any sentence can be made interrogative by pronouncing it with a rising intonation. This manner of asking a question is conversational and colloquial; the other interrogative patterns should be used in formal writing.

Salut! Vous avez bien dormi?
Hi! Did you sleep well?

Tu viens à la réunion du syndicat demain?
(Are) you coming to the union meeting tomorrow?

EXERCICES

A. Voici des réponses. Posez les questions convenables en employant l'inversion.

1. Au contraire, je gagne très peu d'argent.
2. De la classe? Vous plaisantez. Louise n'a pas de classe!
3. Oui, Delphine est très snob!
4. Oui, il m'a beaucoup impressionné.
5. Mécanicien? Non, Pierre n'est pas mécanicien. Il est charpentier.
6. Oui. Malheureusement, les pauvres sont exploités.
7. Oui. Malheureusement, les millionnaires réussissent toujours!
8. Non, Sylvie n'est pas devenue professeur. Elle est devenue médecin.

B. En employant les phrases de l'exercice A, posez des questions avec **est-ce que** et **n'est-ce pas.**

C. En employant l'**inversion** ou **est-ce que**, demandez à un(e) autre étudiant(e) ou au professeur...

1. s'il (si elle) aime les snobs.
2. si ses amis ont de la classe.
3. si son (sa) meilleur(e) ami(e) fume des cigarettes (une pipe).
4. où ses parents sont nés.
5. s'il (si elle) a jamais travaillé dans une usine (dans une banque, dans un bar).
6. s'il (si elle) s'est jamais révolté(e) contre ses parents (le professeur).
7. s'il (si elle) se méfie des riches (des hommes d'affaires, des vendeurs d'automobiles).
8. s'il (si elle) a jamais eu un accident de voiture.

Interrogative words

the interrogative adverbs

With the common interrogative adverbs **combien** *(how much)*, **comment** *(how)*, **où** *(where)*, **pourquoi** *(why)*, and **quand** *(when)*, the order *adverb + inverted verb* is always correct.

Comment les pauvres vont-ils sortir du ghetto?
How are the poor going to get out of the ghetto?

Pourquoi ce mécanicien n'aime-t-il pas son métier?
Why doesn't this mechanic like his trade?

Quand cessera-t-il de faire ce travail ingrat?
When will he stop doing this thankless work?

In short questions composed only of **combien**, **comment**, **où**, or **quand** with a noun subject and a verb, the order *adverb + verb + noun* may be used. The adverb **pourquoi**, however, does not follow this rule.

Combien a gagné le patron?
How much did the boss make?

Comment vont les ouvriers?
How are the workers?

Où vont les employés?
Where are the employees going?

but:

Pourquoi ce clochard chante-t-il?
Why is that bum singing?

Note also that **Comment** + **être** asks for a description; it corresponds to *What is (are) . . . like?* in English.

Comment est la haute société en France? —Très snob!
What's high society like in France? —Very snobbish!

Comment est ton patron? —Il est poli mais sévère.
What's your boss like? —He's polite but stern.

EXERCICES

A. Ces phrases sont des réponses. Formulez des questions en employant **combien**, **comment**, **où**, **pourquoi** ou **quand**.

1. Ce clochard s'appelle Georges.
2. Il est sale et vulgaire, mais il est intelligent aussi.

3. Il habite sous un pont.
4. Il ne travaille pas parce que le travail l'ennuie.
5. Il a beaucoup d'amis.
6. Il a très peu de vêtements.
7. Il se lève de bonne heure.
8. Il se couche après minuit.
9. Il est clochard parce qu'il aime la liberté.

B. Préparez trois questions originales en employant **comment**, **combien**, **où**, **pourquoi** ou **quand**, et posez-les à un(e) autre étudiant(e) ou au professeur.

C. Imaginez que vous pouvez poser une seule question aux personnes suivantes. Commencez votre question par **comment**, **combien**, **où**, **pourquoi** ou **quand**.

Modèle   à un clochard
       Pourquoi ne travaillez-vous pas?
   ou: **Où dormez-vous?**

1. à un gangster
2. à un millionnaire
3. au président de l'université
4. à la femme (au mari) du professeur
5. au président des États-Unis
6. à une vedette de cinéma
7. à l'inspecteur Clouseau
8. au marquis de Sade

the invariable pronouns

function	persons	things
subject	qui *or* qui est-ce qui *(who)*	qu'est-ce qui *(what)*
direct object	qui *(whom)*	que *(what)*
object of preposition	qui *(whom)*	quoi *(what)*

As the table shows, the invariable interrogative pronouns are classified according to their nature (persons, things) and their function (subject, direct object, object of a preposition). Both factors must be considered in choosing the proper interrogative pronoun. Note, however, that **qui** referring to persons is correct for all functions.

Qui (qui est-ce qui) va travailler dans ce bureau?
Who (person, subject) is going to work in this office?

Qu'est-ce qui vous empêche d'aller loin?
What (thing, subject) is preventing you from going far?

Que voulez-vous comme salaire?
What (thing, direct object) do you want for a salary?

Qui veut-elle impressionner?
Whom (person, direct object) does she want to impress?

Avec quoi le charpentier réparera-t-il cette maison?
With what (thing, object of preposition) will the carpenter repair this house?

Contre qui allez-vous vous révolter?
Against whom (person, object of preposition) are you going to revolt?

Note that **que** elides to **qu'** before a vowel or mute **h**.

Qu'a-t-il choisi comme profession?
What has he chosen as a profession?

1. In sentences beginning with the subject pronouns, the order *pronoun + uninverted verb* is always followed.

    Qui remplacera notre patronne?   Qu'est-ce qui se passe?
    Who will replace our boss?   *What's happening?*

2. In sentences beginning with the object pronouns (direct objects and objects of prepositions), the two most common ways of asking questions, **est-ce que** and inversion, are used.

    Qui a-t-elle embarrassé?
    Qui est-ce qu'elle a embarrassé?
    Whom did she embarrass?

    Qu'avez-vous trouvé comme emploi?
    Qu'est-ce que vous avez trouvé comme emploi?
    What have you found for a job?

    De quoi a-t-il besoin pour aller loin?
    De quoi est-ce qu'il a besoin pour aller loin?
    What does he need to go far?

3. However, if a sentence beginning with **que** has a noun subject, inversion of the subject pronoun cannot be used. The order **que** + *verb* + *noun subject* must be used instead.

    Que veut la classe ouvrière?
    What does the working class want?

EXERCICES

A. Quelle question allez-vous poser aux personnes suivantes? Répondez en employant **qu'est-ce que** selon le modèle.

Modèle   à un vendeur
Qu'est-ce que vous vendez?

1. à un professeur
2. à un grand fumeur
3. à un grand buveur
4. à un écrivain
5. à un compositeur
6. à un mécanicien
7. à un étudiant

B. Imaginez que vous êtes une personne très curieuse. Un de vos amis est allé aux endroits suivants. Demandez-lui ce qu'il y a fait en employant **qu'est-ce que** et le **passé composé** selon le modèle.

Modèle   Votre ami est allé au restaurant.
Qu'est-ce que vous avez mangé?

Votre ami est allé...

1. au bar.
2. au magasin.
3. au cinéma.
4. au concert.
5. à la bibliothèque.

C. Posez une question en employant l'expression **avoir besoin de** et le pronom **quoi** selon le modèle.

Modèle   d'une voiture à réparer
De quoi un mécanicien a-t-il besoin?

1. d'un verre de lait
2. d'une maison à construire
3. d'une nouvelle pipe
4. d'une bouteille de vin
5. de l'inspiration
6. de beaucoup d'ambition
7. de beaucoup d'argent
8. d'un W.C. qui ne fonctionne pas

D. Posez une question en employant **qui** ou **qu'est-ce qui** selon le modèle.

> **Modèle** Personne n'est venu.
> **Qui est venu?**
> La musique m'intéresse.
> **Qu'est-ce qui vous intéresse?**

1. La campagne (mon camarade de chambre, la vie) m'ennuie!
2. Le temps (le vieux général, Pierrot) a causé l'accident.
3. Rien ne se passe.
4. Ces arrivistes (ces conditions misérables, ces snobs) me gênent.

E. Traduisez en français, puis jouez les dialogues.

1. A: What's happening?
   B: Not much. What do you want to do?
   A: What interests you?
   B: Nothing.
   A: Whom do you want to see?
   B: No one.
2. A: Why did you say I was a snob?
   B: Who told you that?
   A: Jean-Louis.
   B: What was he talking about?
   A: I don't know.
   B: Never listen to Jean-Louis. He's crazy!

F. Préparez quatre questions originales (amusantes? sérieuses? impertinentes?) en employant **qui**, **qu'est-ce qui**, **que**, **qu'est-ce que** ou **quoi**, et posez-les à un(e) autre étudiant(e) ou au professeur.

the variable pronoun *lequel* (which one, which)

	masculine	feminine
singular	lequel	laquelle
plural	lesquels	lesquelles

Lequel agrees in gender and number with the noun to which it refers.

Ma sœur est en chômage. —Laquelle?
My sister is unemployed. —Which one?

Lequel de ces ouvriers a volé l'argent?
Which (one) of these workers stole the money?

Lequel and **lesquel(le)s** contract with the prepositions **à** and **de**: **auquel, aux-quel(le)s, duquel, desquel(le)s**.

J'ai parlé à certains membres du syndicat. —Auxquels?
I spoke to certain members of the union. —To which (ones)?

Il y a deux syndicats dans cette entreprise. Duquel voulez-vous faire partie?
There are two unions in this company. Which do you want to belong to?

the adjective *quel* (which, what)

	masculine	feminine
singular	quel	quelle
plural	quels	quelles

The adjective **quel** agrees in number and gender with the noun it modifies.

Quelle profession a-t-elle choisie?
What (which) profession did she choose?

Quelles conditions de travail existent dans cette usine?
What working conditions exist in this factory?

Quelle est la date de la grève?
What is the date of the strike?

Quel is also used to express the English exclamations *What a . . . !* or *What . . . !*

Quelle maison propre et confortable!
What a clean and comfortable house!

Quelle bêtise!
What nonsense!

Quel culot!
What nerve!

EXERCICES

A.   Traduisez en employant la forme convenable de **quel** ou **lequel**.

1. _____ *(What)* jolies jambes!
2. Diane, je parle de votre amie. —De _____ *(which one)*?
3. _____ *(What)* milieux sociaux fréquentez-vous?
4. _____ *(Which one)* de ces jeunes filles veut devenir électricienne?
5. Un de ses fils a dépensé trop d'argent. — _____ *(Which one)*?

6. _____ *(What a)* employé ingrat!
7. _____ *(What an)* odeur!
8. _____ *(What)* conditions de vie déplorables!
9. Il y a deux usines dans la ville. _____ *(Which)* voulez-vous visiter?
10. _____ *(What a)* salaire elle gagne!

B. Posez des questions à un(e) autre étudiant(e) ou au professeur en employant la forme correcte de **quel** selon le modèle.

Modèle   son adresse
          Quelle est ton (votre) adresse?
          ses écrivains préférés
          Quels sont tes (vos) écrivains préférés?

1. ses boissons préférées
2. son bonbon préféré
3. son sport préféré
4. ses musiciens préférés

5. ses magazines préférés
6. sa voiture préférée
7. sa couleur préférée
8. son bar préféré

Related expressions

the interrogative construction *what is* . . . ?

1. If the answer to the question *What is* . . . ? is a definition, the expressions **qu'est-ce que** or **qu'est-ce que c'est que** are used. These are fixed forms; they agree in neither gender nor number.

   Qu'est-ce qu'un arriviste?   Qu'est-ce que c'est que la haute société?
   What is a social climber?   *What is high society?*

2. If the answer is anything other than a definition—dates, names, facts, etc.—the adjective **quel** is generally used, agreeing with the noun in question.

   Quelle est la date de son anniversaire?   Quel est son rôle dans l'entreprise?
   What is the date of his birthday?   *What is his role in the business?*

   When the adjective **quel** modifies plural nouns, the English equivalent is *What are* . . . ?

   Quelles sont les règles de la société?
   What are society's rules?

EXERCICES

A. Traduisez en français les mots entre parenthèses.

1. _____ *(What is)* la dignité humaine?
2. _____ *(What are)* ses conclusions définitives?
3. _____ *(What is)* le métier de votre père?
4. _____ *(What is)* la démocratie?
5. _____ *(What is)* la politesse française?
6. _____ *(What is)* la date aujourd'hui?
7. _____ *(What is)* sa classe sociale?
8. _____ *(What is)* une classe sociale?
9. _____ *(What are)* les plus grandes villes du monde?

B. Posez une question en employant **qu'est-ce que c'est que** ou la forme correcte de **quel** selon le modèle.

Modèle   C'est une personne qui a des millions.
     Qu'est-ce que c'est qu'un millionnaire?
     10, rue de l'Université.
     Quelle est votre (ton) adresse?

1. C'est une personne qui répare les voitures.
2. C'est l'interruption du travail par des ouvriers.
3. Je suis femme d'affaires.
4. C'est un endroit où on passe beaucoup de temps à boire et à bavarder.
5. C'est une personne, généralement insupportable, qui essaie d'impressionner les autres par ses manières artificielles.
6. Je m'appelle Louis XIV.
7. 15, rue Saint-Jacques.
8. C'est la classe qui a beaucoup de pouvoir.

C. Préparez deux questions personnelles comme celles de l'exercice B.

Negatives

ne... pas	*not*	**ne... rien**	*nothing*
ne... jamais	*never*	**ne... que**	*only*
ne... plus	*no longer, not any more*	**ne... aucun**	*no, not any*
ne... point	*not*	**ne... ni... ni**	*neither . . . nor*
ne... personne	*no one*		

The basic negative: ne... pas

1. With simple verbs
    a. To form the negative, **ne** is normally placed before the verb and **pas** after it.[1] If the sentence contains object pronouns, they are placed between **ne** and the verb.

    Elle ne travaille pas dans ce magasin.
    She doesn't work in this store.

    Ne faites pas attention à ses remarques présomptueuses.
    Don't pay attention to his presumptuous remarks.

    Il ne me les donne pas tout de suite.
    He doesn't give them to me right away.

    Je ne me moque pas de toi!
    I'm not making fun of you!

    Note that **ne** changes to **n'** before a verb beginning with a vowel or mute **h**.

    David n'habite pas dans un appartement somptueux.
    David doesn't live in a luxurious apartment.

    Elle n'aime pas les snobs.
    She doesn't like snobs.

    b. In interrogative sentences, **ne** is placed before the inverted subject pronoun and verb, and **pas** after them. If the sentence contains object pronouns, they are placed between **ne** and the inverted subject pronoun and verb.

    N'a-t-il pas l'air un peu trop raffiné?
    Doesn't he look a little too refined?

    Les patrons n'exploitent-ils pas leurs employés?
    Don't the bosses exploit their employees?

    Ne les préférez-vous pas?
    Don't you prefer them?

    If the interrogative form **est-ce que** is used, the general rule in the preceding section 1.a is followed.

    Est-ce qu'il n'a pas l'air un peu trop raffiné?
    Est-ce que les patrons n'exploitent pas leurs employés?

---

[1]The omission of **ne** is frequent in current popular speech: **C'est pas vrai; J'en veux pas; J'étais pas comme ça.**

c. In sentences containing a verb followed by a complementary infinitive, only the main verb is made negative.

Ma sœur n'aime pas stéréotyper les gens.
My sister doesn't like to stereotype people.

Ne voulez-vous pas m'accompagner à l'usine?
Don't you want to accompany me to the factory?

2. With compound verbs
The negative of compound verbs is built around only the auxiliary verb **avoir** or **être**.

Pourquoi n'a-t-il pas remercié le patron?   Il n'était pas allé loin.
Why didn't he thank the boss?   *He hadn't gone far.*

3. With infinitives
Both parts of the negation precede a negative infinitive. This rule applies to both the present and the past infinitives.

Il est important de ne pas embarrasser les autres.
It is important not to embarrass others.

Je regrette de ne pas avoir réussi.
I regret not having succeeded.

followed by the indefinite article or the partitive

Remember that after **ne... pas** (and other negatives) the indefinite article (**un, une**) and the partitive article (**du, de la, de l', des**) generally change to **de**; they are translated by *not any* or *no*, or sometimes by no word at all.

Avez-vous un métier? —Non, je n'ai pas de métier.
Do you have a trade? —No, I don't have a trade.

Elle n'a pas trouvé de travail.
She didn't find any work.   or:
She found no work.   or:
She didn't find work.

Used without **ne** or a verb, **pas de** renders *no* with a noun.

Pas de travail!   Pas de chance!
No work!   *No luck!*

A. Mettez les phrases suivantes au négatif en employant **ne... pas**. Faites les changements nécessaires.

1. Je gagne beaucoup d'argent.
2. Je me lave les oreilles.
3. Denise va loin.
4. Nous avons impressionné le patron.

5. Ce clochard a de la classe (des manières, un lit, du travail).
6. Cette famille est cultivée.
7. Mimi a pris une douche (mes clés).

B. Demandez à un(e) autre étudiant(e)...

1. s'il (si elle) veut être plombier.
2. s'il (si elle) a mauvais goût.
3. s'il (si elle) aime faire des manières.
4. s'il (si elle) s'est levé(e) à cinq heures.
5. s'il (si elle) s'est révolté(e) contre ses parents.
6. s'il (si elle) a gagné des millions.
7. s'il (si elle) se sent supérieur(e) à tout le monde.
8. s'il (si elle) veut vivre dans les taudis.

C. Traduisez en français, puis jouez le dialogue.

A: Why don't you want to become a mechanic?
B: Mechanics don't make enough money.
A: That's not true.
B: And they have no prestige.

A: Well, why don't you become a plumber?
B: That's not very chic.
A: An electrician?
B: They aren't sophisticated.
A: Well, be a sophisticated bum!

D. Dans les phrases suivantes, mettez seulement les infinitifs au **négatif**.

1. Il est important de stéréotyper les gens.
2. Je suis content d'être né riche.

3. Il est étrange d'aimer l'argent.
4. Elle espère perdre sa fortune.

Other negatives

ne... jamais, ne... plus, ne... point

The position of **ne... jamais** *(never)*, **ne... plus** *(no longer, not any more)*, and the more literary **ne... point** *(not)* is the same as that of **ne... pas.**

Cette dame n'est plus riche.
This woman is no longer rich.

Je ne veux plus de vin.
I don't want any more wine.

Il n'a jamais fait la connaissance d'un millionnaire.
He never met a millionaire.

Cette famille misérable n'a point perdu sa dignité humaine!
This miserable family has not lost its human dignity!

After these negatives, as after **ne... pas**, the indefinite article and the partitive generally change to **de**.

Ce clochard ne porte jamais de manteau!
This bum never wears a coat!

Après la révolution, il n'y aura plus de misère!
After the revolution there will be no more misery!

EXERCICES

A. Imaginez que vous êtes une des personnes suivantes. Qu'est-ce que vous ne faites plus?

Vous êtes...

1. une chanteuse qui a perdu la voix.
2. un grand buveur qui a mal à l'estomac.
3. un étudiant qui sait toutes les réponses.
4. une danseuse qui s'est cassé la jambe.
5. une serveuse qui est devenue charpentier.
6. un écrivain qui a peur d'écrire.
7. un professeur qui est devenu homme d'affaires.
8. une ouvrière qui a hérité d'une grosse fortune.

B. Répondez au négatif en employant **ne... jamais** ou **ne... plus**, selon le cas.

1. Dormez-vous encore avec une poupée?
2. Avez-vous jamais mangé des pieds de cochon?
3. Êtes-vous encore naïf (naïve)?
4. Avez-vous jamais habité dans le désert?
5. Le professeur regarde-t-il encore la télé le samedi matin?
6. Le vieux général a-t-il encore de l'ambition?
7. Avez-vous jamais visité la lune?
8. Votre grand-mère a-t-elle encore toutes ses dents?
9. Voulez-vous encore des questions?

10.   Avez-vous jamais fait la grève?
11.   Avez-vous jamais été snob?

C.   Quand vous étiez petit(e), vous faisiez certaines choses que vous ne faites plus. Nommez-en deux.

D.   Nommez deux choses que vous n'avez jamais faites et que vous aimeriez peut-être faire un jour.

ne... personne and *ne... rien*

The negative pronouns **ne... personne** (*no one, not anyone*) and **ne... rien** (*nothing, not anything*) are placed in the same position as **ne... pas** in simple tenses. In compound tenses, **rien** follows the auxiliary verb while **personne** follows the past participle. As the object of an infinitive, **rien** precedes the infinitive whereas **personne** follows it.

Cette famille pauvre ne possède rien.
This poor family possesses nothing.

Elle était fâchée parce qu'il n'y avait personne à la soirée.
She was angry because there was no one at the party.

Malheureusement, le propriétaire n'a rien compris.
Unfortunately, the owner didn't understand anything.

Je n'ai vu personne au bureau.
I didn't see anyone in the office.

Je ne peux rien faire; je ne veux voir personne.
I can't do anything; I don't want to see anybody.

When used with verbs that take a preposition, **personne** and **rien** directly follow the preposition.

À qui le patron s'intéresse-t-il? —Il ne s'intéresse à personne.
Whom is the boss interested in? —He's not interested in anybody.

De quoi avez-vous besoin? —Je n'ai besoin de rien.
What do you need? —I don't need anything.

The pronouns **personne ne** and **rien ne** are used as subjects.

Personne ne l'a remercié de ses sacrifices.
No one thanked him for his sacrifices.

Rien n'a changé dans sa vie.
Nothing changed in his life.

Note that **pas** is never used with the negative expressions **ne... personne** and **ne... rien**.

EXERCICES

A. Transformez les phrases en employant **ne... rien** et **ne... personne** selon le modèle.

> **Modèle**   Je sais.
> **Je ne sais rien.**
> Il admire.
> **Il n'admire personne.**

1. J'aime.
2. Nous voulons.
3. Vous avez compris.
4. J'ai mangé.

B. Imaginez que vous êtes un(e) grand(e) pessimiste: vous voyez le monde tout en noir. Répondez aux questions suivantes en employant **ne... rien** ou **ne... personne** selon le modèle.

> **Modèle**   Qu'est-ce que vous aimez?
> **Je n'aime rien**!
> Qui aimez-vous?
> **Je n'aime personne**!

1. Qui respectez-vous?
2. Qu'est-ce que vous désirez?
3. Qu'est-ce que vous voulez apprendre?
4. Qui embrassez-vous?
5. Avec qui flirtez-vous?
6. Avec qui sortez-vous?
7. À quoi vous intéressez-vous?
8. Qui voulez-vous voir?
9. Qu'est-ce que vous voulez apprendre?
10. Qu'est-ce que vous voulez faire?

C. Imaginez que vous êtes un(e) grand(e) optimiste. Vous voyez la vie en rose. Répondez en employant **personne ne** ou **rien ne** selon le modèle.

> **Modèle**   Qu'est-ce qui vous décourage?
> **Rien ne me décourage!**
> Qui est-ce qui vous décourage?
> **Personne ne me décourage!**

1. Qu'est-ce qui vous rend triste?
2. Qu'est-ce qui vous gêne?
3. Qui est-ce qui vous fâche?
4. Qui est-ce qui vous insulte?
5. Qui est-ce qui vous énerve?
6. Qu'est-ce qui vous inquiète?
7. Qui est-ce qui vous traite mal?
8. Qu'est-ce qui vous ennuie?

D. Traduisez en français.

1. Nothing impresses her.
2. Nobody likes snobs.
3. We didn't see anybody.
4. She insulted no one.
5. He spoke to nobody.
6. He didn't speak to anyone.
7. They aren't interested in anything.

ne... que

In the restrictive expression **ne... que** *(only)*, **que** is placed directly before the word it modifies.

Ce millionnaire n'aimait que l'argent quand il était jeune.
This millionaire liked only money when he was young.

Pourquoi le patron n'a-t-il donné une augmentation de salaire qu'à ses amis?
Why did the boss give a raise only to his friends?

Note that the adverb **seulement** may replace **ne... que**.

Ce millionnaire aimait seulement l'argent quand il était jeune.
Pourquoi le patron a-t-il donné une augmentation de salaire seulement à ses amis?[1]

Since **ne... que** is a restrictive rather than a negative expression, the partitive construction (**du**, **de la**, **de l'**, **des**) does not change to **de** after it.

Elle n'a invité que des jeunes gens bien élevés.
She invited only well-bred young men.

EXERCICES

A. Imaginez que je suis une personne qui exagère tout. Si j'ai deux choses, par exemple, je ne dis pas que j'ai deux choses; je dis, au contraire, que j'en ai cinq, ou six, ou dix! Vous, par contre, vous êtes plus réaliste et plus honnête. Répondez en employant l'expression **ne... que** selon le modèle.

Modèle J'ai cinq brosses à dents. Combien en avez-vous?
    Je n'en ai qu'une (que deux).

1. J'ai vingt maillots de bain. Combien en avez-vous?
2. J'ai dix montres. Combien en avez-vous?
3. J'ai cent dollars sur moi. Combien en avez-vous?
4. J'ai cinq livres de français. Combien en avez-vous?

[1]Do not confuse the adverb **seulement** *(only)* with the adjective **seul** *(only):* **Il a seulement une ambition** *(He has only one ambition);* **sa seule ambition** *(his only ambition).*

5. Je prends six repas par jour. Combien en prenez-vous?
6. Je parle dix langues. Combien en parlez-vous?
7. J'ai quatre bicyclettes. Combien en avez-vous?
8. J'ai douze télévisions. Combien en avez-vous?

B. Substituez l'expression **ne... que** pour l'adverbe **seulement**.

1. Ils ont habité seulement des logements misérables.
2. Il mange beaucoup seulement quand il est nerveux.
3. Elle s'intéresse seulement aux jeunes gens riches et raffinés.
4. Cette dame lit seulement les magazines de mode.
5. Elle est polie seulement devant les adultes.

ne... aucun, aucun... ne

The adjective **aucun** *(no, not any)*, a stronger form of **ne... pas**, is placed before the noun it modifies. Like all adjectives, it agrees in number and gender with its noun. **Aucun** is almost always used in the singular.

Ces gens-là n'ont-ils aucune envie de réussir?
Don't those people have any desire to succeed?

Je n'ai aucune inspiration.
I have no inspiration.

When **aucun... ne** modifies a subject, **aucun** precedes the noun it modifies and **ne** precedes the verb.

Aucun invité n'est venu à l'heure.
No guest arrived on time.

Note that **aucun(e)** *(not a single one, none)* can also be used as a singular pronoun.

Ces femmes d'affaires sont-elles américaines? —Non, aucune (de ces femmes d'affaires) n'est américaine.
Are these businesswomen American? —No, not a single one (of these businesswomen) is American.

EXERCICE

Répondez en employant l'expression **ne... aucun(e)** et un mot de la colonne de droite selon le modèle.

Modèle   Pourquoi Robert Hasard perd-il toujours aux courses de chevaux?   chance (f)
         Parce qu'il n'a aucune chance!

1. Pauvre Georges! Il est si paresseux. Il ne fait rien! Pourquoi pas?
2. Pourquoi Charles n'est-il pas bon peintre?
3. Pourquoi Brigitte ne considère-t-elle pas les opinions de ses amis?
4. Pourquoi Jean-Pierre ne plaisante-t-il jamais?
5. Emma est très intelligente mais elle ne réussit jamais à ses examens. Pourquoi?

talent (m)
chance (f)
sens de l'humour (m)
discipline (f)
respect pour les autres (m)
envie de réussir (f)

ne... ni... ni

In the expression *ne... ni... ni* the negative adverb **ne** precedes the verb and the conjunctions **ni... ni** *(neither . . . nor)* precede the words they modify. The indefinite article and the partitive are omitted after **ni... ni,** but the definite article is retained.

Il n'a ni la formation ni l'expérience qu'il faut pour remplir ce poste.
He has neither the background nor the experience necessary to fill this position.

Un avocat n'est ni ouvrier ni patron.
A lawyer is neither a worker nor a boss.

Ce pauvre clochard n'a ni femme ni enfants ni amis.
This poor bum has neither a wife nor children nor friends.

Note that **ni** may be used more than twice.

EXERCICES

A. Répondez au **négatif** en employant **ne... ni... ni.**

1. Mon cher, allez-vous au théâtre ou à l'opéra?
2. Ce jeune homme est-il poli et sympathique?
3. Allez-vous devenir médecin, avocat ou homme d'affaires?
4. Votre amie a-t-elle visité des musées ou des usines?
5. Avez-vous un bureau et une secrétaire?

B. Préparez une phrase originale en employant les noms suivants et l'expression **ne... ni... ni** selon le modèle.

Modèle   Un enfant unique n'a...
Un enfant unique n'a ni frères ni sœurs.

1. Un orphelin n'a...
2. Au printemps il ne fait...
3. La classe moyenne n'est...
4. Une personne qui a trente-cinq ans n'est...
5. Un chat gris n'est...

Related expressions

expressions meaning *yes* and *no*

1. **oui**, **non**, and **si**
   The adverbs **oui** and **non** are ordinarily used to mean *yes* and *no* in French. The more emphatic form **si**, however, is used for *yes* in response to a negative statement or question.

   Avez-vous de l'ambition? —Oui.
   Do you have ambition? —Yes.

   N'avez-vous pas d'ambition? —Si!
   Don't you have any ambition? —Yes! (I do!)

2. **Je crois que oui** and **Je crois que non**
   The English expressions *I think so* and *I don't think so (I think not)* are expressed by **Je crois que oui** and **Je crois que non**.

   Les riches ont-ils des responsabilités envers les pauvres? —Je crois que oui.
   Do the rich have responsibilities toward the poor? —I think so.

   Allons-nous faire la grève? —Je crois que non.
   Are we going to strike? —I don't think so.

personne or *rien* + *de* + adjective

The preposition **de** followed by the masculine singular form of the adjective is always used with **personne** or **rien** to express *no one* or *nothing* + *adjective* in English. An adverb like **si**, **très**, **plus**, etc., is sometimes placed in front of the adjective for emphasis.

Personne d'intéressant n'est venu.
No one interesting came.

N'avez-vous rien d'original à dire?
Have you nothing original to say?

Je n'ai jamais vu personne de si charitable!
I never saw anyone so charitable!

1. Note that if **rien** is the direct object of a compound verb, it is separated from **de** and the adjective by the past participle.

   Il n'a rien dit d'intéressant.
   He said nothing interesting.

2. The indefinite pronouns **quelque chose** and **quelqu'un** are also used with **de** + *masculine adjective.*

quelqu'un de grossier   quelque chose de raffiné
someone vulgar   *something refined*

ne... pas du tout

The expression **ne... pas du tout** renders the English *not at all.*

Je n'ai pas du tout apprécié ses manières grossières!
I didn't appreciate his vulgar manners at all!

Aimeriez-vous habiter en ville? —Pas du tout.
Would you like to live in the city? —Not at all.

(ni)... non plus

Used with an emphatic pronoun, the expression **(ni)... non plus** renders the English *neither* in phrases like *neither do I, neither will he,* etc. In spoken French, **ni** is frequently dropped.

Je ne veux pas travailler dans cette usine malsaine! —Ni eux non plus!
I don't want to work in this unhealthy factory! —Neither do they!

Je ne pouvais pas supporter cet arriviste! —Moi non plus!
I couldn't stand that social climber! —Neither could I!

Emphatic pronouns are the only ones used in this expression.

de rien and *il n'y a pas de quoi*

The expressions **de rien** and **il n'y a pas de quoi** both translate the English *you're welcome.*

Je vous remercie de ce cadeau magnifique! —De rien. *ou:* —Il n'y a pas de quoi.
I thank you for that terrific gift! —You're welcome.

EXERCICES

A. Traduisez en français.

   1. He ate something good (bad)!
   2. Nothing serious happened. (Use *arriver*.)
   3. Nobody sophisticated came.
   4. She said something beautiful.

5. She married somebody ambitious.
6. Tell me something amusing.
7. He said nothing original.
8. Someone vulgar just phoned!
9. Something strange just happened.

B. Donnez une réponse plausible en employant **pas du tout**, **(ni)... non plus**, **de rien** ou **il n'y a pas de quoi**.

1. Je te remercie, mon vieux, de m'avoir embarrassée devant mon ami!
2. Je ne suis pas né très riche.
3. Voulez-vous dire que je suis grossier, vulgaire et ingrat?
4. Quel compliment! Merci!
5. Je ne voudrais pas habiter dans un château!
6. Soyons francs! N'êtes-vous pas un peu snob?

Exercices d'ensemble

I. Voici les réponses. Quelles sont les questions?

1. Non, le peuple n'a pas de privilèges.
2. Oui, je veux visiter votre bureau.
3. Un snob est une personne qui cherche à être assimilée aux gens distingués de la haute société en copiant leurs manières, leurs goûts et leurs modes.
4. Ils se sont révoltés contre leurs oppresseurs.
5. J'ai gagné beaucoup d'argent.
6. Si, cette dame élégante fait partie de la haute société!
7. Il n'a pas réussi parce qu'il se sent inférieur.
8. Le conflit entre les riches et les pauvres s'appelle la lutte des classes.
9. Ce clochard habite dans les taudis.
10. Je n'aime pas mon concierge parce qu'il a de mauvaises manières!
11. Les ouvriers font la grève parce que le patron ne veut pas augmenter leur salaire.
12. Un homme «arrivé» est une personne qui a réussi à monter l'échelle (*ladder*) sociale jusqu'au rang le plus élevé.
13. Si, elle a très bon goût!

II. Interrogez le professeur! Complétez les questions suivantes et posez-les au professeur.

1. Avez-vous jamais...
2. Comment...
3. Où...

4. Êtes-vous jamais...
5. Combien...
6. Pourquoi...

III. Traduisez en français.

1. Barbara is neither polite nor refined.
2. They lived in the slums last year, but they no longer live there.
3. I have never earned a lot of money.
4. Don't you want to go far?
5. I saw nothing in that film.
6. These workers don't have a union.
7. This wealthy family has only one car?
8. That social climber has neither good manners nor good taste.
9. Not a single member of that family wants to work.
10. Doesn't he want to be rich? —Yes, he does.
11. She is not well bred. —Neither are you!
12. That snob impresses no one.
13. Is he late again? —I don't think so.
14. She has never seen any misery.
15. Do you want to be a millionaire? —Not at all!
16. The lower class has neither money nor influence.
17. It's cold and that bum doesn't have a hat.
18. Business is business, isn't it?

Sujets de discussion ou de composition

1. *Le jeu des vingt questions.*
   Un étudiant imagine une personne ou une chose. Les autres étudiants essaient de deviner de quelle personne ou de quelle chose il s'agit en posant des questions. L'étudiant ne répond que par oui ou non. Si les autres étudiants dépassent vingt questions sans deviner la réponse, l'étudiant gagne.
2. *Le jeu des métiers.*
   Un étudiant imagine un métier ou une profession. Les autres étudiants essaient de deviner de quel métier ou de quelle profession il s'agit en posant des questions. L'étudiant ne répond que par oui ou non. Si les autres étudiants dépassent vingt questions sans deviner la réponse, l'étudiant gagne.
3. Voulez-vous améliorer votre condition sociale? Pourquoi ou pourquoi pas? Si oui, qu'est-ce que vous allez faire?
4. Une société sans classes est-elle possible?
5. Est-ce que tout le monde a les mêmes possibilités aux États-Unis ou y a-t-il des classes privilégiées?

6

Descriptive adjectives and adverbs

Chapter 6 at a glance

descriptive adjectives

I. Mettez les adjectifs au **féminin singulier**.

1. responsable
2. privé
3. ambitieux
4. lucratif
5. long

6. blanc
7. gros
8. doux
9. gentil
10. beau

II. Mettez les expressions au **pluriel**.

1. l'employé ambitieux
2. le candidat qualifié

3. le nouveau directeur
4. le sénateur libéral

III. Mettez chaque adjectif avant ou après le nom en faisant **l'accord** s'il y a lieu.

1. intelligent; un ministre
2. bon; une ambiance
3. ancien *(former);* le président
4. vieux, italien; une usine

IV. Faites **l'accord** de l'adjectif s'il y a lieu.

1. des réformes _____ (social)
2. un homme et une femme _____ (honnête)
3. une _____ (demi)-heure

V. Traduisez en français en employant l'expression entre parenthèses.

1. That businessman seems reasonable. *(avoir l'air)*
2. Money makes her happy. *(rendre)*

adverbs

VI. Changez les adjectifs en adverbes.

1. facile
2. sérieux
3. patient
4. meilleur
5. bon

VII. Mettez les adverbes à la place convenable.

1. On parle de ce sénateur. (beaucoup)
2. On l'a acheté. (déjà)
3. On est responsable de ses actions. (moralement)

VIII. Récrivez la phrase en mettant l'expression en italiques au début.

1. Votre travail est *peut-être* permanent.
2. Le directeur a *peut-être* compris son erreur.

IX. Remplacez les tirets par les adjectifs **tout, tous, toute** ou **toutes**.

1. Je pense que _____ les employés sont compétents.
2. Il a perdu _____ sa fortune.
3. _____ le monde est venu.

X. Remplacez les tirets par le pronom **tous** ou **toutes**.

1. Les députés sont _____ venus.
2. Les secrétaires sont _____ allées au restaurant.

XI. Formulez une phrase comparative en employant les expressions **plus... que**, **moins... que** ou **aussi... que**.

1. la faillite; la fortune; agréable

2. le travail; le chômage; désirable

XII. Traduisez en français.

1. the youngest business-woman

2. the most liberal politician

XIII. Remplacez les tirets par **meilleur** ou **mieux**.

1. Mon micro-ordinateur marche _____ que le vôtre.
2. Bien sûr, c'est le _____ ouvrier de l'usine!

Vocabulaire du thème: La France politique et économique

La politique

le **président**, la **présidente**	*president*
le **ministre**	*minister*
le **sénateur**	*senator*
le **député**	*representative*
l' **homme politique** (m)	*politician*
le **candidat**, la **candidate**	*candidate*
se **lancer dans la politique**	*to go into politics*
poser sa candidature	*to run for office*
faire un discours	*to make a speech*
être élu	*to be elected*
le **parti**	*party*
libéral	*liberal*
conservateur, **conservatrice**	*conservative*
réactionnaire	*reactionary*

de **gauche**	*leftist*
de **droite**	*rightist*
le **citoyen**, la **citoyenne**	*citizen*
le **partisan**, la **partisane**	*supporter, follower*
l' **adversaire** (m, f)	*opponent*
voter	*to vote*
le **programme**	*program, platform*
faire des réformes	*to make reforms*
maintenir le statu quo	*to maintain the status quo*
la **crise**	*crisis*
le **pot de vin** (fam.)	*bribe*
démissionner	*to resign*

Économie

les **affaires** (f)	*business*
l' **affaire** (f)	*deal*
le **secteur public** (**privé**)	*public (private) sector*

l' homme (la femme) d'affaires	*businessman, business-woman*	la machine à écrire	*typewriter*
le dirceteur, la directrice	*director*	l' ordinateur (m)	*computer*
		le micro-ordina-teur	*microcomputer*
le, la secrétaire	*secretary*		
l' employé, l'em-ployée	*employee*	acheter, vendre	*to buy, to sell*
		lancer un nou-veau produit	*to launch a new product*
le, la fonctionnaire	*civil servant*		
le client, la cliente	*customer*	gérer une entre-prise	*to manage a business*
le consommateur, la consom-matrice	*consumer*	faire de la pu-blicité	*to advertise*
le concurrent, la concurrente	*competitor*	la réclame	*advertisement*
		la concurrence	*competition*
le chômeur, la chômeuse	*unemployed person*		
		engager	*to hire*
		demander une promotion, une augmen-tation	*to ask for a promotion, a raise*
énergique	*energetic*		
lucratif, lucra-tive	*lucrative*		
compétent, in-compétent	*competent, incompetent*	gagner un bon salaire	*to earn a good salary*
qualifié	*qualified*	travailler à mi-temps, à plein temps	*to work part-time, full-time*
ambitieux, ambitieuse	*ambitious*		
		l' emploi (m)	*job*
paresseux, paresseuse	*lazy*		
travailleur, travailleuse	*hard-working*	renvoyer	*to fire*
		faire faillite	*to go bankrupt*
		être au chô-mage	*to be unemployed*
l' entreprise (f)	*company, business, firm*	faire la grève	*to strike*
l' usine (f)	*factory*	licencier	*to lay off*
le bureau	*office*	le licenciement	*lay-off*
l' ambiance (f)	*atmosphere*		

Descriptive adjectives

An adjective is a word that modifies a noun or pronoun. If an adjective describes, it is called a descriptive or qualitative adjective.

C'est un partisan loyal.
He's a loyal follower.

Elle est qualifiée.
She is qualified.

In English, descriptive adjectives have only one form. French descriptive adjectives have four, since they usually agree in gender (masculine, feminine) and number (singular, plural) with the noun they modify.

	Masculine	**Feminine**
Singular:	un produit intéressant	une affaire intéressante
	an interesting product	*an interesting deal*
Plural:	des produits intéres-sants	des affaires intéressantes
	some interesting products	*some interesting deals*

Formation of adjectives

formation of the feminine singular

1. Most adjectives form the feminine singular by adding an unaccented **e** to the masculine singular. If the masculine singular already ends in an unaccented **e**, the masculine and feminine singular are identical.

Masculine singular	**Feminine singular**
compétent	compétente
énergique	énergique

2. Some feminine singular endings are irregular.

change	masculine singular	feminine singular
x → se	ambitieu**x**	ambitieu**se**
er → ère	ch**er**	ch**è**r**e**
f → ve	lucrati**f**	lucrati**ve**
c → que	publi**c**	publi**que**
g → gue	lon**g**	lon**gue**
eur → euse[1]	travaill**eur**	travaill**euse**
double the consonant + **e** {	professionn**el**	professionn**elle**
	par**eil**	par**eille**
	anc**ien**	anc**ienne**
	g**ras**	g**rasse**
	g**ros**	g**rosse**
	coqu**et**[2]	coqu**ette**

[1]Adjectives in **eur** not derived from a present participle change **eur** to **ice**: **destructeur, destructrice**. The pairs **antérieur, postérieur; intérieur, extérieur; mineur, majeur; supérieur, inférieur**; and **meilleur** are regular and add an unaccented **e**.

[2]A small group of common adjectives ending in **et** change to **ète**: **complet, concret, discret, inquiet, secret**.

3. Certain common adjectives have irregular feminine singular forms.

Masculine singular	**Feminine singular**
beau	belle
blanc	blanche
bon	bonne
doux	douce
favori	favorite
faux	fausse
fou	folle
frais	fraîche
franc	franche
gentil	gentille

Masculine singular	**Feminine singular**
malin	maligne
mou	molle
nouveau	nouvelle
sec	sèche
vieux	vieille

4. Five of the above adjectives have a second masculine singular form, used before nouns beginning with a vowel or mute *h*.

beau	bel
fou	fol
mou	mol
nouveau	nouvel
vieux	vieil

le vieux fonctionnaire   le vieil ouvrier
the old civil servant   *the old worker*

But these adjectives have only one form in the masculine plural.

les vieux fonctionnaires   les vieux ouvriers
the old civil servants   *the old workers*

formation of the plural

1. Most adjectives form the plural by adding **s** to the masculine or feminine singular.

Singular	**Plural**
un avocat célèbre	des avocats célèbres
a well-known lawyer	*some well-known lawyers*
une réforme importante	des réformes importantes
an important reform	*some important reforms*

2.   Masculine singular adjectives with certain endings have irregular plurals.

change	masculine singular	masculine plural
x *(no change)*	paresseu**x**	paresseu**x**
s *(no change)*	gri**s**	gri**s**
eau → eaux	nouv**eau**	nouv**eaux**
al → aux	mor**al**	mor**aux**

The adjectives **banal**, **fatal**, **final**, and **naval** form the masculine plural by adding **s**.

EXERCICES

A.   Marc et sa sœur Yvette sont complètement différents l'un de l'autre. Marc est toujours dissatisfait, par exemple, et Yvette est satisfaite. Décrivez Yvette en employant les adjectifs de la colonne de droite selon le modèle.

Modèle   Marc est malheureux.
   Yvette est heureuse.

1.   Marc est jeune.   doux
2.   Marc est laid.   vieux
3.   Marc est conservateur.   compétent
4.   La carrière de Marc est ennuyeuse.   beau
5.   Marc est mince.   long
6.   Marc est paresseux.   travailleur
7.   Marc est incompétent.   libéral
8.   La mémoire de Marc est courte.   moral
9.   Marc est immoral.   gros
10. Marc est brusque.   intéressant

B.   Janine est femme d'affaires. Comment est-elle probablement dans les situations suivantes? Répondez selon le modèle.

Modèle   Elle vient d'avoir une bonne augmentation de salaire.
   Elle est probablement heureuse (ravie, étonnée, etc.).

1.   Janine vient d'avoir un enfant.
2.   Elle vient d'être renvoyée.
3.   Son directeur, un jeune célibataire très riche, invite Janine à dîner.
4.   Une autre employée accuse Janine d'être une féministe enragée.
5.   Janine donne de l'argent à un vieux clochard qu'elle voit devant un café.

C. Complétez les phrases suivantes en employant au moins un adjectif de votre choix.

1. À mon avis, les affaires sont...
2. À mon avis, les fonctionnaires sont...
3. À mon avis, les chômeurs sont...
4. À mon avis, les réclames à la télé sont...

Position of adjectives

after the noun

In English, descriptive adjectives precede the noun they modify. In French, on the other hand, they usually follow the noun. Adjectives of color, religion, nationality, and class almost always follow the noun.

une usine grise
a gray factory

une entreprise française
a French company

la société bourgeoise
middle-class society

l'avocat catholique
the Catholic lawyer

Note that adjectives of nationality are not capitalized in French. Nouns of nationality, however, are capitalized: **un Français**, **une Russe**, **un Japonais**.

before the noun

1. Some short, common adjectives normally precede the noun.

autre	haut	nouveau
beau	jeune	petit
bon	joli	premier
grand	long	vieux
gros	mauvais	vilain

2. Certain adjectives have one meaning when they precede the noun and another when they follow it.

un ancien client
a former customer

une usine ancienne
an old (or ancient) factory

un brave citoyen
a (morally) good citizen

un président brave
a courageous president

un certain succès[1]
a degree of success

un succès certain
a sure success

[1]As in English, **certain** before the noun can also mean "unspecified": **un certain homme**, a certain man (whom I could name if I wanted to).

sa chère femme *his dear wife*	un ordinateur cher *an expensive computer*
le même jour *the same day*	le jour même *the very day (emphatic)*
le pauvre type *the poor (unfortunate) guy*	un homme pauvre *a poor man (not rich)*
son propre bureau *his own office*	un bureau propre *a clean office*
un simple ouvrier *a mere worker*	un homme simple *a simple man (plain, simple-minded)*
le seul concurrent *the only competitor*	un voyageur seul *a traveler alone (by himself) (i.e., a lone traveler)*
notre dernier chèque *our last check (in a series)*	l'année dernière *last year (the one just passed)*
la prochaine question *the next question (in a series)*	l'année prochaine *next year (the one coming)*

3. Many descriptive adjectives that normally follow the noun may precede it for special emphasis. In this case the stress is on the adjective, which is often pronounced in a more emphatic tone of voice.

Une magnifique affaire!
A magnificent deal!

Quel dangereux adversaire!
What a dangerous opponent!

two adjectives with one noun

1. If one adjective usually precedes the noun and the other usually follows it, they are placed in their normal order.

Charles de Gaulle était un grand homme politique français.
Charles de Gaulle was a great French politician.

2. If both adjectives normally precede the noun, both are placed either before or after the noun, joined by the conjunction **et**.

C'est une longue et belle histoire.
C'est une histoire longue et belle.
It's a long and beautiful story.

3. If both adjectives normally follow the noun, both are placed after it and joined by **et**.

C'est une secrétaire compétente et honnête.
She is a competent and honest secretary.

two adjectives juxtaposed

Two adjectives may be juxtaposed if the first adjective describes a word group composed of the second adjective and the noun. Both adjectives are placed in their normal position before or after the noun.

Monique est une jolie jeune fille.
Monique is a pretty girl.

Il essaie de comprendre le milieu politique américain.
He is trying to understand the American political scene.

In the first example, **jolie** describes the word group **jeune fille**; in the second, **américain** applies to the word group **milieu politique**.

EXERCICES

A. Modifiez les noms suivants avec deux adjectifs de votre choix selon le modèle.

> **Modèle** un député
> **un vieux député français**
> *ou:* **un beau et jeune député**
> *ou:* **un député honnête et compétent**
> *ou:* **un jeune député malhonnête**

1. un produit
2. une partisane
3. une grève
4. une promotion
5. un assassin
6. une directrice
7. un secrétaire
8. un bureau

B. Mettez l'**adjectif** à la place convenable et faites l'accord.

1. sa voiture (propre: *clean*)
2. mon professeur (ancien: *former*)
3. une vie (simple: *uncomplicated*)
4. les réponses (seul: *only*)
5. une crise (certain: *sure*)
6. la semaine (prochain: *next*, meaning *the one coming*)
7. les ouvriers (pauvre: *not rich*)
8. ses amies (cher: *dear*)
9. l'histoire (même: *same*)
10. une citoyenne (brave: *courageous*)

C. Traduisez en français.

1. Last year that unfortunate businessman married his former wife for the last time!
2. That poor politician! It's his own son who asked him the next difficult question!
3. My dear Dupont, why are you the last person to understand this simple deal?

D. Préparez une phrase originale (bizarre? ridicule? brillante?) comme celles de l'exercice C.

Agreement of adjective

French adjectives generally agree in number (singular, plural) and gender (masculine, feminine) with the noun or pronoun they qualify.

les institutions sociales
social institutions

la politique internationale
international politics

Note that the adjective **demi** is invariable and joined to the noun by a hyphen when it precedes the noun, but that it agrees in gender with the noun when it comes after.

une demi-heure
a half hour

but:

une heure et demie
an hour and a half

an adjective with more than one noun

An adjective that modifies more than one noun is plural. If the gender of the nouns is different, the masculine plural form of the adjective is used. If both nouns are of the same gender, the adjective is naturally in that gender.

une jeune fille et un garçon courageux
a courageous girl and boy

les premières questions et réponses
the first questions and answers

EXERCICE

Faites l'accord des **adjectifs**.

J'ai été témoin dans un procès _____ (célèbre) l'année _____ (dernier). La suspecte, une _____ (jeune) femme d'affaires _____ (français), était _____ (accusé) de vol *(theft)*. Elle ne semblait pas _____ (dangereux). J'ai été _____ (impressionné), pourtant, par le juge, une femme _____ (exceptionnel).

Un peu _____ (gras), elle avait les cheveux _____ (brun) et les yeux _____ (bleu). Mais sa description _____ (physique) n'est pas très _____ (important)! Je l'ai admirée à cause de ses qualités _____ (moral et humain). _____ (Brillant et perceptif), elle était _____ (compatissant) sans être _____ (indulgent), et _____ (objectif) sans être _____ (froid). Ceux qui prétendent que les femmes ne sont pas _____ (travailleur et raisonnable) sont _____ (idiot)!

Et la femme d'affaires? On l'a trouvée _____ (coupable).

Related expressions

avoir l'air + adjective

Elle a l'air content.   Elles ont l'air contentes.
She looks happy.   *They seem happy.*

The adjectives may agree with either the subject or the masculine noun **air**. In modern usage, agreement is made most often with the subject. When, as often happens, **d'être** is added to the expression, agreement is always with the subject.

Elles ont l'air d'être contentes.
They seem to be happy.

rendre + adjective

Le travail la rend heureuse.
Work makes her happy.

Les réformes rendent la présidente anxieuse.
Reforms make the president anxious.

The adjective agrees with the direct object of **rendre** (in the preceding examples, **la** and **la présidente**).

EXERCICES

A. Est-ce que les situations suivantes vous rendent furieux (furieuse), content(e) ou triste? Répondez selon le modèle.

>   **Modèle** Votre patron vient de mourir.
>   **Ça me rend triste**.

1. Un député malhonnête a été élu.
2. Votre entreprise vient de faire faillite.
3. Vous venez de trouver un nouvel emploi très bien payé.
4. Vous avez acheté une nouvelle voiture, mais elle ne marche pas bien!
5. Un bon ami vous a acheté un beau micro-ordinateur.
6. Un homme politique bon et juste vient d'être assassiné.
7. Vous trouvez vingt dollars dans votre poche.
8. Le chien d'un autre employé entre dans votre bureau et mange votre sandwich!
9. Votre entreprise vient de lancer un nouveau produit sensationnel.
10. On vient de vous licencier.

B.   Préparez deux situations originales comme celles dans l'exercice A.

C.   Faites l'accord de l'adjectif entre parenthèses.

1.   L'humour peut rendre la vie _____ (gai).
2.   Les directeurs ont l'air _____ (fâché).
3.   L'amour rend ma vie _____ (heureux).
4.   Un patron généreux peut rendre le travail _____ (satisfaisant).
5.   Cette patronne rend ses employés _____ (furieux).
6.   M. Laland a l'air _____ (malheureux) quand ses employés se moquent de lui.
7.   Nina a l'air _____ (sérieux) quand elle parle de son travail.

D.   Comment sont probablement les personnes suivantes? Répondez en employant l'expression **avoir l'air** selon le modèle.

Modèle   Babette a travaillé 70 heures cette semaine.
              Elle a probablement l'air fatigué(e)!

1.   Maurice a fait la connaissance de Mimi cette semaine, et il la trouve adorable!
2.   Louise est allée à l'hôpital où elle a rendu visite à sa mère qui est très malade.
3.   Une personne inconnue est entrée dans la chambre de la comtesse et a volé tous ses bijoux et ses plus beaux vêtements!
4.   Un employé très médiocre a eu une promotion, et on n'a même pas considéré Bruno, un employé fidèle et compétent.

Adverbs

An adverb is a word that modifies a verb, an adjective, or another adverb.

Le gouvernement a fait des réformes **lentement**.
The government made reforms slowly.

Le patron est **totalement** responsable.
The boss is totally *responsible*.

Il a **très** bien compris la question.
He understood the question very *well*.

Formation of adverbs

adverbs formed by adding -*ment* to the adjective

1. The most common way of forming adverbs is to add the suffix **-ment** to the masculine form of adjectives ending in a vowel, and to the feminine form of adjectives ending in a consonant. The suffix **-ment** frequently corresponds to the English suffix *-ly*.

   arbitraire, **arbitrairement**   doux, **doucement**
   poli, **poliment**   naturel, **naturellement**
   probable, **probablement**   sérieux, **sérieusement**
   vrai, **vraiment**   subjectif, **subjectivement**

2. A small number of adverbs have **é** rather than **e** before **-ment**. Some of the most common are:

   confus, **confusément**   précis, **précisément**
   énorme, **énormément**   profond, **profondément**

3. The adverbs corresponding to the adjectives **gentil** and **bref** are **gentiment** and **brièvement**.

4. Adjectives ending in **-ant** or **-ent** form adverbs ending in **-amment** and **-emment** (both pronounced /amã/).

   constant, **constamment**   innocent, **innocemment**
   puissant, **puissamment**   patient, **patiemment**

   But the adjective **lent** forms the adverb **lentement**.

adverbs that do not add -*ment* to the adjective

1. A small number of very common adjectives form adverbs that do not end in **-ment.**

   bon, **bien**   meilleur, **mieux**
   mauvais, **mal**   petit, **peu**

   Elle gère bien son entreprise.   Cet homme d'affaires s'exprime mal.
   She manages her business well.   *This businessman expresses himself badly.*

2. Some adjectives are used as adverbs after the verb without changing form.

   voler bas   chanter faux
   to fly low   *to sing off key*

   sentir bon (mauvais) courir vite
   to smell good (bad) *to run fast*

voir clair
to see clearly

parler net
to speak clearly

marcher droit
to walk straight

travailler dur
to work hard

Ces secrétaires travaillent dur.
These secretaries work hard.

Mon directeur parle net.
My director speaks clearly.

EXERCICES

A.   Changez les adjectifs en **adverbes**.

1.	bon	10.	profond	19.	principal
2.	sincère	11.	confus	20.	faux
3.	agréable	12.	évident	21.	énorme
4.	bête	13.	poli	22.	assuré
5.	mauvais	14.	objectif	23.	bruyant
6.	triste	15.	libéral	24.	seul
7.	sec	16.	sérieux	25.	certain
8.	naïf	17.	naturel	26.	énergique
9.	long	18.	courageux		

B.   Répondez par une phrase complète.

1. Nommez deux choses qui sentent bon.
2. Nommez deux choses qui sentent mauvais.
3. Aimez-vous travailler dur? Quand avez-vous besoin de travailler dur?
4. Est-ce que les personnes et les animaux suivants courent vite ou lentement: les chevaux? votre grand-mère? une tortue? le professeur? un petit enfant?
5. Quand est-ce que vous courez vite?

Position of adverbs

with verbs

1. As a general rule, adverbs follow verbs in simple tenses in French. In English, on the other hand, adverbs very often precede the verb.

Le ministre arrive-t-il **enfin**?
Is the minister finally *arriving?*

Elle dit **toujours** la vérité.
She always *tells the truth.*

On l'accuse **injustement** d'incompétence.
He is unjustly *accused of incompetence.*

2. In compound tenses, most commonly used adverbs are placed between the auxiliary verb and the past participle. These adverbs include:

assez	mal	trop
aussi	même	vite
beaucoup	moins	certainement
bien	peu	complètement
bientôt	peut-être	probablement
déjà	presque	vraiment
encore	souvent	
enfin	toujours	

Il l'a vite engagée.
He hired her quickly.

A-t-il vraiment renvoyé Jacqueline?
Did he really fire Jacqueline?

3. In cases where a verb is followed by an infinitive, common adverbs are usually placed between the two verbs.

Elle va probablement réussir.
She is probably going to succeed.

La directrice espère beaucoup éviter la grève.
The director hopes very much to avoid the strike.

with adjectives and other adverbs

Like English adverbs, French adverbs precede the adjectives or adverbs they modify.

L'ambiance est généralement bonne.
The atmosphere is generally good.

Est-il vraiment qualifié?
Is he really qualified?

for emphasis

Some adverbs may exceptionally appear at the beginning of a sentence for emphasis. The most common are **généralement**, **heureusement**, **malheureusement**, and adverbs of time and place.

Heureusement, le licenciement n'est pas trop grave.
Luckily, the lay-off isn't too serious.

Aujourd'hui, le président sera élu!
Today, the president will be elected!

EXERCICES

A.   Répondez par une phrase complète.

1.   Qu'est-ce que vous faites vite?
2.   Qu'est-ce que vous faites toujours?
3.   Qu'est-ce que vous faites bien?
4.   Qu'est-ce que vous faites mal?
5.   Qu'est-ce que le professeur a probablement fait ce matin?
6.   Avez-vous déjà déjeuné (dîné)?
7.   Avez-vous bien ou mal préparé cette leçon?
8.   Avez-vous bien ou mal dormi hier soir?
9.   Qu'est-ce que vous allez probablement faire ce soir?
10.   Qu'est-ce que vous aimez beaucoup faire?

B.   Mettez les adverbes entre parenthèses à la place convenable.

1.   Le politicien a refusé le pot de vin. (vite)
2.   Mon patron a géré l'entreprise. (mal)
3.   Cette entreprise est bien gérée. (généralement)
4.   Pourquoi fumez-vous? (trop)
5.   M. Laurent va poser sa candidature. (probablement)
6.   Mon frère a gagné un bon salaire. (toujours)
7.   Les employés vont faire la grève. (certainement)
8.   M. Balmain va démissionner. (bientôt)
9.   On va renvoyer Irène. (probablement)
10.   Le nouveau produit a été lancé. (bien)
11.   L'entreprise a licencié deux employés. (malheureusement)

Related expressions

peut-être, aussi

1.   **Peut-être** *(maybe, perhaps)*, like most adverbs, is generally placed after the verb (after **avoir** or **être** in a compound tense). In more formal French, it may be used at the beginning of a sentence, in which case the subject and verb are inverted.

Il avait peut-être tort.
Peut-être avait-il tort.
Maybe he was wrong.

Peut-être que, which does not require inversion, can be substituted for **peut-être** at the beginning of a sentence.

Peut-être était-il innocent.
Peut-être qu'il était innocent.
Perhaps he was innocent.

2. If placed at the beginning of a sentence or clause, **aussi** always means *so* or *therefore* and requires the inversion of the subject and the verb. Since this usage is somewhat formal, **donc** is often preferred in spoken French.

Elle a travaillé dur, donc elle a demandé une augmentation.
Elle a travaillé dur, aussi a-t-elle demandé une augmentation.
She worked hard, so she asked for a raise.

When placed elsewhere within the sentence, **aussi** means *also* or *too*. But when **aussi** means *also* it must never come first in a sentence.

Attendez! Je viens aussi!
Wait! I'm coming too!

EXERCICES

A. Récrivez la phrase en employant **peut-être** ou **peut-être que** au début.

   Modèle   Elle était peut-être absente.
   Peut-être était-elle absente.
   Peut-être qu'elle était absente.

   1. Il était peut-être avec le patron.
   2. Elle ne sait peut-être pas la réponse.
   3. On l'engagera peut-être.
   4. Elle demandera peut-être une promotion.

B. Récrivez la phrase en remplaçant **donc** (*therefore*) par **aussi**.

   Modèle   Il aime la justice, donc il est devenu avocat.
   Il aime la justice, aussi est-il devenu avocat.

   1. Il aime l'argent, donc il s'est lancé dans les affaires.
   2. Il veut réussir, il travaille donc sérieusement.
   3. Il aimait le pouvoir, donc il est devenu directeur.
   4. Il a marché trop lentement, donc il est arrivé en retard.
   5. Il aimait le secteur public, donc il est devenu fonctionnaire.

C. Traduisez en français. Employez **aussi** dans chaque phrase.

   1. He is qualified, but she is also.
   2. M. Laurent no longer liked his work, so he resigned.

3. He kissed her, so she kissed him.
4. I'm leaving, too!
5. She was very ambitious; therefore she became a candidate.
6. She wanted a lucrative job, so she married the boss!

tout as an adjective, adverb, and pronoun

1. The adjective **tout**

	masculine	feminine
singular	tout	toute
plural	tous	toutes

The adjective **tout** often means *all* or *every*. It agrees in number and gender with the noun it modifies.

Il travaille toute la journée.
He works all day.

Il demande une augmentation tous les mois!
He asks for a raise every month!

Qui a lancé tous ces nouveaux produits?
Who launched all these new products?

When used before a singular noun without an article, **tout (toute)** means *every, any,* or *all.*

Tout homme politique devrait être honnête.
Every politician should be honest.

Toute justice a disparu du pays.
All justice has disappeared from the country.

2. The adverb **tout**

The adverb **tout**, meaning *all* or *completely*, is invariable except when it appears before a feminine adjective beginning with a consonant or aspirate *h*. The feminine singular or plural forms (**toute** and **toutes**) must then be used.

Pourquoi vos employés sont-ils tout contents?
Why are your employees completely happy?

but:

C'est merveilleux! L'usine est toute moderne!
It's marvelous! The factory is completely modern!

3. The pronouns **tous, toutes, tout**

The masculine and feminine plural pronouns **tous** and **toutes** mean *all;* the invariable pronoun **tout** usually means *everything*. Note that the final **s** of **tous** is pronounced when **tous** is used as a pronoun but is silent when it is used as an adjective.

Tous ont l'air d'être raisonnables.
All seem reasonable.

Elles sont toutes ambitieuses.
They are all ambitious.

Elle a tout compris.
She understood everything.

Note that the pronoun may be placed either within or at the beginning of the sentence.

Tous sont dans le secteur public.
All are in the public sector.

Ils sont tous dans le secteur public.
They are all in the public sector.

EXERCICES

A. Répondez par des phrases complètes.

   1. Nommez trois activités que vous faites tous les jours.
   2. Est-ce que toute la classe est présente (préparée, dans les nuages) aujourd'hui?
   3. Prenez-vous trois repas tous les jours?
   4. Avez-vous encore toutes vos dents (toute votre énergie, tous vos cheveux, toute votre vertu)?
   5. Donnez-vous le bénéfice du doute à tout le monde? Si non, à qui ne le donnez-vous pas?
   6. Avez-vous jamais dormi toute la journée (toute la matinée)?

B. Remplacez l'adjectif et le nom qu'il modifie par un pronom selon le modèle.

   Modèle   Est-ce que tous les Américains sont naïfs?
           Oui, ils sont tous naïfs.
      ou: **Non, ils ne sont pas tous naïfs.**

   1. Est-ce que toutes les entreprises sont bien gérées?
   2. Est-ce que tous les chiens sont méchants?
   3. Est-ce que tous les Français boivent du vin (parlent français, chantent la Marseillaise)?

4.   Est-ce que tous les parfums sentent bon?
5.   Est-ce que tous les chômeurs sont paresseux?
6.   Est-ce que tous les candidats sont ambitieux?
7.   Est-ce que tous les emplois sont lucratifs?
8.   Est-ce que toutes les réclames sont idiotes?
9.   Est-ce que toutes les grèves sont justifiées?
10.   Est-ce que toutes vos réponses sont brillantes?

C.   Remplacez les tirets par les pronoms **tout**, **toutes** ou **tous**.

1.   Les candidats de droite ont _____ été élus.
2.   Ah! J'ai _____ compris!
3.   Elles ont _____ décidé de faire la grève.
4.   Ses partisans sont loyaux. _____ ont l'air très loyaux!
5.   Les secrétaires ont eu une augmentation. Elles ont _____ eu une bonne augmentation.
6.   Pourquoi sont-ils _____ ici?
7.   Les hommes politiques malhonnêtes? Ils ont _____ démissionné.
8.   Est-ce que c'est _____ , Madame?
9.   Avez-vous _____ mangé, Duroc?

Comparative and superlative of adjectives and adverbs

the comparative

The comparative is used to compare two things. There are three comparative expressions used with both adjectives and adverbs:

comparison of superiority: **plus... que**   *more . . . than*
comparison of inferiority: **moins... que**   *less . . . than*
comparison of equality: **aussi... que**   *as . . . as*

Il parle plus facilement que moi.
He speaks more easily than I.

Ton patron est moins généreux que le mien.
Your boss is less generous than mine.

Les hommes d'affaires sont-ils plus réalistes que les professeurs?
Are businessmen more realistic than professors?

1.   The adverbs **bien** and **beaucoup** are used to emphasize the comparatives **plus... que** and **moins... que**. The English equivalent is *much* or *a lot*.

Il parle bien plus facilement que moi.
He speaks a lot more easily than I.

Ton patron est beaucoup moins généreux que le mien.
Your boss is much less generous than mine.

2. *Than* is expressed by **de** when it is followed by a number.

Il a passé plus de cinq ans au sénat.
He spent more than five years in the senate.

Je lui ai prêté plus de cinquante dollars.
I lent him more than fifty dollars.

EXERCICES

A. Formulez une phrase comparative en employant les noms suivants et les adjectifs de la colonne de droite selon le modèle.

Modèle   une dette, un salaire
    Une dette est moins désirable (respectée, satisfaisante) qu'un salaire.

1. le travail à mi-temps, le travail à plein temps
2. l'expérience, l'éducation
3. un patron, un ouvrier
4. une dette, un salaire
5. un homme politique, un homme d'affaires
6. une femme d'affaires, un homme d'affaires
7. le chômage, le travail
8. le secteur public, le secteur privé
9. un ordinateur, un employé
10. un employé paresseux, un employé ambitieux

énergique
respecté
compétent
libre
important
délicieux
désirable
lucratif
qualifié
satisfaisant
riche
utile

B. Traduisez en français, puis jouez les dialogues.

1. A: What do you think of Isabelle and Monique?
    B: Isabelle is prettier than Monique; that's evident. But Monique is more intelligent, much more intelligent.
    A: Let's hire Monique, then *(alors)*.
    B: I agree. Intelligence is more important than appearance.
2. A: Dupont, how long have you been in this office?
    B: More than two years, sir.
    A: Well *(Eh bien)*, I think you deserve a raise.
    B: I'm leaving the office in two weeks, sir. I've found a new job.
    A: (silence)

the superlative

The superlative is used to compare three or more things. The superlative of adjectives is formed by placing the articles **le**, **la**, or **les** before the comparative. If the adjective follows the noun, the articles must be used twice: once before the noun and once before the superlative.

C'est la plus petite entreprise de la ville.
It's the smallest business in town.

Henri est l'ouvrier le plus respecté de l'usine.
Henri is the most respected worker in the factory.

The superlative of adverbs is formed by placing **le** before the comparative.

Louise a fini son travail le plus vite.
Louise finished her work the fastest.

1. The expression **de** + *article* is always used to mean *in, of,* or *on* after the superlative. (Do not use **dans**.)

   l'hôtel le plus célèbre de la région   la réforme la plus importante du
   the most famous hotel in the area   programme
                                                 *the most important reform in the plat-
                                                 form*

2. If more than one comparative or superlative is used in a sentence, the comparative or superlative words are repeated before each adjective or adverb.

   Jean est plus qualifié et plus compétent que le patron.
   John is more qualified and competent than the boss.

   C'est la candidate la plus travailleuse et la plus honnête du parti.
   She's the most hard-working and honest candidate in the party.

EXERCICES

A. Traduisez en français.

My name is Duroc. I'm not the most modest man in the world. In fact, my reactionary opponent, Dubois, says that I'm the most ambitious politician in the city. Well *(Eh bien)*, Dubois is a bad politician, the least honest and most incompetent candidate in the country. I am also intelligent, more intelligent than the other politicians. I make long, brilliant speeches and have interesting ideas. You probably want to know why the most qualified candidate in France is in this dirty prison. Dubois says that I took a big bribe. But here's the truth: a dear friend gave me a small gift. I'm far more innocent than Dubois!

B. Comparons les étudiants de la classe de français! Répondez par une phrase complète.

1. Qui est le plus (le moins) timide?
2. Qui est le plus original?
3. Qui est le plus (le moins) grand?
4. Qui est le plus bavard?
5. Qui est le plus jeune (le plus âgé)?
6. Qui a les cheveux les plus longs (les plus courts)?
7. Qui est le plus (le moins) énergique?

bon, mauvais, petit

Certain forms of the adjectives **bon** and **mauvais** are irregular.

	Comparative	**Superlative**
bon	meilleur	le meilleur
	moins bon	le moins bon
	aussi bon	
mauvais	plus mauvais, pire[1]	le plus mauvais, le pire
	moins mauvais	le moins mauvais
	aussi mauvais	

Luigi est le meilleur secrétaire du monde!
Luigi is the best secretary in the world!

C'est la plus mauvaise femme d'affaires du monde!
She's the worst businesswoman in the world!

bien and mal

Certain forms of the adverbs **bien** and **mal** are irregular.

	Comparative	**Superlative**
bien	mieux	le mieux
	moins bien	le moins bien
	aussi bien	
mal	plus mal, pis[2]	le plus mal, le pis
	moins mal	le moins mal
	aussi mal	

Barbara travaille le mieux.
Barbara works the best.

Vous mentez aussi mal que moi!
You lie as badly as I do!

[1]**Pire** and **plus mauvais** are used virtually interchangeably.
[2]**Plus mal** is used much more often than **pis**.

EXERCICES

A. Traduisez les mots entre parenthèses en français, puis jouez le dialogue.

A: Je suis _____ *(the best)*!
B: Non! C'est moi qui suis _____ *(the best)*!
A: Je suis _____ *(better)* que toi!
B: Non, moi je suis _____ *(better)* que toi!
A: Je chante _____ *(better)* que toi!
B: Mais je danse _____ *(better)* que toi!
A: Hypocrite!
B: Menteur! (Menteuse!)

B. Qu'est-ce que les personnes suivantes font mieux ou moins bien que vous?

1. Barbra Streisand
2. Edward M. Kennedy
3. le professeur
4. Fred Astaire
5. Lee Iacocca
6. vos parents
7. Superman
8. le président

C. Répondez en employant le superlatif des adverbes **bien** ou **mal**, ou la forme correcte du superlatif des adjectifs **bon** ou **mauvais**, selon le modèle.

Modèle   Que font les meilleurs danseurs?
             Ils dansent le mieux.
             Qui chante le plus mal?
             Les plus mauvais chanteurs chantent le plus mal.

1. Que font les meilleurs travailleurs?
2. Qui écrit le mieux?
3. Qui étudie le plus mal?
4. Que font les meilleurs vendeurs?
5. Que font les plus mauvais chanteurs?
6. Que font les meilleurs parleurs?
7. Qui pense le mieux?
8. Que font les plus mauvais danseurs?
9. Que font les meilleurs menteurs?
10. Qui raconte le plus mal?

D. Répondez personnellement par une phrase complète.

1. Qui étudie (organise sa vie, conduit une voiture) moins bien que vous?
2. Qui écrit (parle français, danse, ment, flirte) mieux que vous?
3. Qui est le meilleur chanteur (la meilleure chanteuse) des États-Unis?
4. Qui joue au golf (au tennis, au basket-ball) le mieux?

Exercices d'ensemble

I. Le texte suivant résume l'intrigue *(plot)* de *Candide,* un très célèbre conte philoso-phique de Voltaire (1694–1778).

a. Faites l'accord, si nécessaire, des **adjectifs** entre parenthèses.

   Candide, le personnage _____ (principal), est un _____ (jeune) homme _____ (naïf, courageux et sympathique). Il habite dans le château d'un baron _____ (allemand). _____ (Honnête et ignorant), il croit complètement les pré-ceptes de son maître Pangloss, un philosophe «optimiste» qui croit que tout est bien dans le monde. Cunégonde, la fille du baron, est _____ (doux, frais et gras). Trouvant qu'elle a l'air _____ (séduisant), Candide tombe _____ (amou-reux) d'elle. Le baron n'apprécie pas les activités _____ (amoureux) de Candide et Cunégonde et, _____ (fâché), il chasse Candide du château.

   Rejeté de ce paradis _____ (terrestre), Candide fait des voyages et est témoin de _____ (nombreux) désastres _____ (naturel) et d'injustices _____ (hu-main)—une guerre, une tempête, un tremblement de terre, exécutions, viols, meurtres, cas d'exploitation des hommes, etc. Il est si scandalisé qu'il commence à mettre en doute «l'optimisme» de Pangloss. Ses doutes s'intensifient quand il fait la connaissance du _____ (vieux) savant Martin pendant un de ses voyages. Bien plus _____ (pessimiste) que Pangloss, Martin affirme que les hommes sont _____ (rusé, méchant, menteur et lâche). Mais son plus grand malheur arrive lorsque Candide retrouve sa _____ (cher) Cunégonde. Elle n'a plus l'air _____ (joli et gentil); elle est devenue _____ (laid et désagréable)! Le pauvre Candide est _____ (angoissé).

   À la fin du conte, Candide décide de rejeter les idées _____ (faux et extrême) de Pangloss et de Martin. À la place, il trouve sa _____ (propre) solution _____ (pratique et réaliste): il faut mener une vie _____ (utile) avec les autres sans penser aux _____ (vain) questions _____ (moral et métaphysique). Ces questions sont _____ (insoluble). «Il faut cultiver notre jardin» est la conclusion _____ (final) de Candide.

b. Répondez aux questions suivantes par une phrase complète.

   1. Pourquoi Candide tombe-t-il amoureux de Cunégonde?
   2. Pourquoi Candide commence-t-il à mettre en doute «l'optimisme»?
   3. Comparez l'attitude de Martin avec celle de Pangloss.
   4. Comment Cunégonde a-t-elle changé?
   5. À la fin du conte, pourquoi Candide décide-t-il de rejeter les philosophies de Martin et de Pangloss?
   6. Quelle est la conclusion de Candide?

II. Trouvez les **antonymes** des mots de la liste 1 dans la liste 2 et mettez chaque antonyme au féminin.

1	2
bon	furieux
brillant	beau
content	travailleur
idéaliste	courageux
paresseux	bête
libéral	hypocrite
compétent	incompétent
lâche	conservateur
laid	mauvais
objectif	pessimiste
optimiste	renvoyé
engagé	réaliste
sincère	subjectif
calme	triste

III. Complétez les phrases avec imagination en employant des **adjectifs** variés.

1. Je crois que la concurrence est...
2. À mon avis, le système capitaliste est...
3. Quand je pense à l'injustice actuelle, j'ai l'air...
4. Mon écrivain favori est _____ *(citez un nom)*. Je l'aime parce qu'il (elle) est...
5. Je trouve les femmes d'affaires...
6. Mes dettes me rendent...
7. Je crois que le mariage est...
8. Quand je suis avec mon meilleur ami (ma meilleure amie), j'ai l'air...
9. L'actrice (l'acteur) que je préfère est _____ *(citez un nom)*. Je la (le) préfère parce qu'elle (il) est...
10. Je trouve que les discours du président sont...
11. Les hommes politiques menteurs me rendent...

IV. Traduisez en français.

1. Why does he always hire the worst secretaries?
2. He probably accepted the job.
3. All men are morally responsible for *(responsable de)* their actions.
4. In my opinion, the firm was morally responsible.
5. Richard is working better today.
6. Are all politicians qualified?
7. His opponent spoke clearly.
8. She really thinks that the director will give her a raise.
9. Did the senator speak more or less reasonably than the president?

10. Dubois is a better candidate than Duchamp.
11. Who has the best office, Marie or you?
12. She's braver than he.
13. He is probably going to work part-time.

Sujets de discussion ou de composition

Employez beaucoup d'adjectifs et d'adverbes dans les réponses.

1. Avez-vous l'intention de vous lancer dans les affaires? Pourquoi ou pourquoi pas?
2. Imaginez que vous vous lancez dans la politique. Quelle sorte de candidat serez-vous? Quelles réformes ferez-vous?
3. À débattre: La concurrence dans les affaires est bonne pour la société en général.
4. À débattre: En général, les hommes politiques ne sont pas bien qualifiés.
5. À débattre: Les femmes sont plus qualifiées que les hommes pour devenir président.

7

Future, conditional, pluperfect; devoir

Chapter 7 at a glance

future, conditional, pluperfect

I. Mettez les verbes au **futur** et au **conditionnel**.

1. je (manger)
2. tu (sortir)
3. elle (vendre)
4. nous (faire)
5. vous (être)
6. elles (avoir)

II. Mettez les verbes au **futur antérieur** *(future perfect)*, au **conditionnel passé** et au **plus-que-parfait**.

1. je (gagner)
2. tu (mentir)
3. il (attendre)
4. nous (promettre)
5. vous (venir)
6. ils (partir)

III. Traduisez les verbes en français en employant le **futur** ou le **futur antérieur**.

    1. Je suis sûr que notre recette _____ *(will win)* le prix.
    2. Quand je _____ *(go)* à Paris, je visiterai les maisons de couture.
    3. Ce garçon _____ *(will have spent)* tout son argent avant d'être payé!

IV. Traduisez les verbes en français en employant le **plus-que-parfait**, le **condition-nel présent** ou le **conditionnel passé**.

    1. Si j'étais à votre place, je _____ *(would not go out)* avec elle.
    2. Henri ne savait pas que Renée _____ *(had already bought)* le vin.
    3. Si ce couturier _____ *(had done)* cela, il _____ *(wouldn't have sold)* une seule robe!

V. Traduisez les verbes en français en employant le **conditionnel présent** ou l'**im-parfait**.

    1. Quand ce chef célèbre était jeune, il _____ *(would talk)* toujours de cuisine.
    2. Tous les hommes politiques ont dit qu'ils _____ *(would change)* la mauvaise réputation du pays.

devoir

VI. Traduisez les verbes en français en employant le verbe **devoir**.

    1. Non, elle n'est pas obligée d'acheter ces vêtements en solde, mais elle _____ *(should)* le faire!
    2. Cet ambassadeur _____ *(used to have to)* faire beaucoup de voyages à Washington.
    3. Il _____ *(had to)* mettre un chapeau parce qu'il faisait froid.
    4. Un gourmet _____ *(should not)* être un glouton!
    5. Le garçon _____ *(should not have)* critiquer son client.
    6. Ce pays puissant _____ *(must)* avoir beaucoup d'influence.
    7. Isabelle _____ *(was to)* servir du caviar, mais il coûte trop cher!

VII. Traduisez les verbes en français en employant les expressions **être obligé de** + *infinitif* ou **être censé** + *infinitif.*

    1. Le petit Michel _____ *(had to)* finir son repas.
    2. Les gens intelligents _____ *(are not supposed to)* utiliser des stéréotypes.

Vocabulaire du thème: Images de la France

Image et influence

l' image (f)	*image*
l' influence (f)	*influence*
influencer	*to influence*
puissant	*powerful*
faible	*weak*
être connu (cé-lèbre) pour	*to be known (famous) for*
avoir bonne (mau-vaise) réputa-tion	*to have a good (bad) rep-utation*
respecté	*respected*
le stéréotype	*stereotype*
stéréotyper	*to stereotype*
patriotique	*patriotic*
chauvin	*chauvinistic (fanatically patriotic)*
fier, fière	*proud*

La cuisine

le chef	*chef*
le garçon	*waiter*
la serveuse	*waitress*
le client, la cliente	*customer*
le gourmet	*gourmet*
le gourmand, la gourmande	*one who likes to eat*
gourmand	*liking to eat*
le glouton, la glou-tonne	*glutton*
la carte	*menu*
l' addition (f)	*check*
commander	*to order*
le pourboire	*tip*
la recette	*recipe*
la nourriture	*food*
le repas	*meal*
faire la cuisine	*to cook*
le plat	*course, dish*
l' apéritif (m)	*apéritif, before-dinner drink*

les hors-d'œuvre (m, inv.)	*first course*
l' entrée (f)	*entrée, second course*
le plat principal	*main course*
le plateau de fro-mages	*cheese plate*
la salade	*salad*
le dessert	*dessert*
le café	*coffee*
la liqueur	*liqueur, after-dinner drink*
à votre (ta) santé	*to your health*
avoir mal à l'esto-mac (au coeur)	*to have an upset stom-ach*

La mode

la mode	*fashion*
se démoder	*to become outdated, to go out of style*
la haute couture	*high fashion*
le couturier, la cou-turière	*fashion designer*
créer, inventer une robe, une mode, etc.	*to create, invent a dress, a style, etc.*
la boutique	*boutique*
le grand magasin	*department store*
faire des achats	*to go shopping*
le magazine de mode	*fashion magazine*
élégant	*elegant*
classique	*classic*
cher, chère	*expensive*
chic (inv.)	*chic*
simple	*simple*
pratique	*practical*
bon marché (inv.)	*inexpensive*
en solde	*on sale*

Future, conditional, pluperfect

Formation of the simple future and conditional

regular verbs

The simple future and conditional of most verbs are formed by adding the future and conditional endings to the infinitive. Note that the final **e** in the infinitive of **-re** verbs (e.g., **perdre**, **répondre**) is dropped before adding the endings.

Future endings: **-ai, -as, -a, -ons, -ez, -ont**
Conditional endings: **-ais, -ais, -ait, -ions, -iez, -aient**

Note that the conditional and imperfect endings are identical.

---

gagner (stem, **gagner**)

future		**conditional**	
je gagner**ai**	*I will win*	je gagner**ais**	*I would win*
tu gagner**as**		tu gagner**ais**	
il elle on } gagner**a**		il elle on } gagner**ait**	
nous gagner**ons**		nous gagner**ions**	
vous gagner**ez**		vous gagner**iez**	
ils elles } gagner**ont**		ils elles } gagner**aient**	

applaudir (stem, **applaudir**)

j' applaudir**ai**   j' applaudir**ais**

perdre (stem, **perdr**)

je perdr**ai**   je perdr**ais**

***-er* verbs with spelling changes**

Regular **-er** verbs with certain endings undergo spelling changes before adding the future and conditional endings.

1. Verbs ending in **e** + *consonant* + **er** (e.g., **mener**, **lever**, **peser**) change **e** to **è**: **je mènerai, je mènerais; nous lèverons, nous lèverions.**

2. Verbs ending in **-eler** and **-eter** (e.g., **appeler, jeter**) double the **l** and the **t: j'appellerai, j'appellerais; elles jetteront, elles jetteraient.**

Note that **acheter** and **geler** change **e** to **è** instead of doubling the **t** and **l: j'achèterai, j'achèterais; nous gèlerons, nous gèlerions.**

3. Verbs ending in **-yer** (e.g., **employer, essayer, essuyer, payer**) change **y** to **i: j'emploierai, j'emploierais; nous paierons, nous paierions.** Verbs ending in **-ayer** may retain the **y: je paierai, je payerai.**

irregular verbs

Many common verbs have unusual future and conditional stems.

aller: **j'irai, j'irais**
avoir: **j'aurai, j'aurais**
courir: **je courrai, je courrais**
devoir: **je devrai, je devrais**
envoyer: **j'enverrai, j'enverrais**
être: **je serai, je serais**
recevoir: **je recevrai, je recevrais**
savoir: **je saurai, je saurais**
tenir: **je tiendrai, je tiendrais**

venir: **je viendrai, je viendrais**
voir: **je verrai, je verrais**
faire: **je ferai, je ferais**
falloir: **il faudra, il faudrait**
mourir: **je mourrai, je mourrais**
pleuvoir: **il pleuvra, il pleuvrait**
pouvoir: **je pourrai, je pourrais**
vouloir: **je voudrai, je voudrais**

EXERCICE

Complétez au **futur** et au **conditionnel.**

1. (être) je, nous
2. (aller) nous, tu
3. (entendre) elle, vous
4. (essayer) nous, je
5. (goûter) ils, tu
6. (mener) elle, vous
7. (appeler) ils, nous
8. (savoir) nous, tu
9. (mener) vous, il
10. (influencer) je, elles
11. (jeter) il, tu
12. (voir) je, vous
13. (acheter) je, elle
14. (venir) tu, nous
15. (savourer) elle, vous
16. (manger) nous, je
17. (mourir) elle, vous
18. (devoir) nous, tu

Formation of the future perfect, past conditional, and pluperfect

Like the *passé composé*, these three tenses are compound tenses, composed of an auxiliary verb **(avoir** or **être)** and a past participle.

compound tense	tense of auxiliary	
future perfect (**futur antérieur**)	future	
past conditional (**conditionnel passé**)	conditional	+ *past participle*
pluperfect (**plus-que-parfait**)	imperfect	

future perfect		past conditional		pluperfect	
j'aurai dîné	*I will have dined*	**j'aurais dîné**	*I would have dined*	**j'avais dîné**	*I had dined*
elle sera partie	*she will have left*	**elle serait partie**	*she would have left*	**elle était partie**	*she had left*

EXERCICE

Complétez au **futur antérieur**, au **conditionnel passé** et au **plus-que-parfait**.

1. (influencer) nous, je
2. (partir) elles, vous
3. (venir) je, elles
4. (vendre) il, nous
5. (promettre) tu, elles

6. (devenir) ils, vous
7. (finir) je, nous
8. (faire) vous, tu
9. (aller) elle, elles
10. (choisir) il, nous

Use of the simple future and future perfect

future action

1. The future tenses express future action. The French simple future tense is the equivalent of the English future *will + verb*.

   Où exporterez-vous ces produits de beauté?
   Where will you export these beauty products?

   Elles parleront couture toute la soirée!
   They'll talk fashion all evening!

2. The future perfect corresponds to the English form *will have + past participle*.

   Ces gloutons auront mangé toutes les tartes avant dix heures!
   These gluttons will have eaten all the pies before ten!

   Le président sera parti pour Paris à neuf heures.
   The president will have left for Paris at nine o'clock.

3. The immediate future in French is often expressed by **aller** + *infinitive.*

> Il va bientôt commander son repas.
> *He's going to order his meal soon.*

after quand, lorsque, dès que, aussitôt que, tant que

The future tenses must be used after **quand** and **lorsque** *(when),* **dès que** and **aussitôt que** *(as soon as),* and **tant que** *(as long as)* in subordinate clauses, if a future idea is implied. Note that this tense usage differs from English.

> Dès qu'elle descendra de l'avion, je prendrai la photo.
> *As soon as she gets off the airplane, I'll take the picture.*

> Quand il sera prêt, il annoncera sa décision.
> *When he's ready, he'll announce his decision.*

> Quand il sera de retour, téléphonez-moi.
> *When he's back, call me.*

> Il prendra des vacances aussitôt qu'il aura fini son travail.
> *He will go on vacation as soon as he has finished his work.*

> Ce gourmet continuera à manger tant que vous le servirez!
> *This gourmet will continue to eat as long as you serve him!*

Note that the main verb in such sentences will be in either the simple future or the imperative.

EXERCICES

A. Transformez les phrases.

1. Un jour, je serai célèbre. (vous, tu, ce jeune chef, nous, on, ces couturières, je)
2. Je sortirai quand j'aurai fini de dîner. (tu, nous, ce gourmet, vous, ces deux gloutons, on, je)

B. Imaginez que vous allez aux endroits suivants la semaine prochaine. Qu'est-ce que vous y ferez probablement? Répondez selon le modèle.

> **Modèle**   au café
> **Quand je serai au café, je bavarderai avec mes amis (je jouerai aux cartes, je flirterai avec Lola, je prendrai une bière, etc.).**

1. au restaurant
2. au zoo
3. au cinéma
4. en prison
5. à l'hôpital
6. chez vos parents
7. à la bibliothèque
8. dans le grand magasin

C. Imaginez que vous êtes une des personnes suivantes. Qu'est-ce que vous ferez probablement la semaine prochaine?

1. un glouton
2. une petite jeune fille de cinq ans
3. un couturier
4. un chef
5. une femme libérée
6. un charpentier

D. Répondez avec imagination en employant le futur antérieur avec **aussitôt que** selon le modèle.

Modèle Quand ferez-vous la vaisselle?
Aussitôt que j'aurai fini de dîner (aussitôt que j'aurai regardé mon programme préféré à la télé, aussitôt que vous aurez fait votre lit, etc.).

1. Quand achèterez-vous une nouvelle voiture?
2. Quand irez-vous chez le dentiste?
3. Quand prendrez-vous une douche?
4. Quand nettoierez-vous votre chambre?
5. Quand irez-vous à Paris?
6. Quand commanderez-vous le dessert?

E. Complétez avec imagination, puis jouez le dialogue.

A: Quand je serai vieux (vieille), je...
B: Comment? Tu blagues!
A: Mais non, je suis sérieux (sérieuse). Et toi, qu'est-ce que tu feras?
B: Quand je serai vieux (vieille), je...
A: Comme ta vieillesse sera ennuyeuse!

F. Imaginez que vous êtes diseuse de bonne aventure *(fortune teller)* et que vous lisez l'horoscope d'une personne célèbre (morte ou vivante). Racontez cet horoscope et demandez aux autres étudiants de découvrir l'identité de la personne. Commencez l'horoscope par les mots **Quand vous serez plus âgé(e)**, selon le modèle.

Modèle Quand vous serez plus âgée, vous travaillerez dans la haute couture française. Vos vêtements seront élégants et simples. Vous créerez de nouvelles modes (la petite robe noire et des chapeaux sans ornements, par exemple), et vous donnerez votre nom à un parfum. (Réponse: Coco Chanel)

Use of the pluperfect

The pluperfect is used to indicate an action that took place before another past action. It is aptly described by its French name, **le plus-que-parfait**: more in the past than the past. Its English equivalent is either the pluperfect *had + past participle (I had spoken),* or the past tense *(I spoke).*

Il ne savait pas qu'elle avait déjà payé l'addition.
He didn't know that she had already paid the check.

Ne vous ai-je pas dit qu'elle était venue?
Didn't I tell you that she had come?
Didn't I tell you that she came?

French usage regarding verb tenses is generally more precise than English usage; thus the French pluperfect has the two possible English equivalents in the second example above.

EXERCICES

A. Transformez les phrases.

1. J'ai mis le parfum que j'avais acheté. (vous, tu, on, Cléopâtre, mes petites sœurs, nous, je)
2. Je voulais dire «oui», mais j'avais déjà dit «non». (nous, vous, tu, le client, on, ces jeunes mariés, je)

B. Répondez en employant le **plus-que-parfait** selon le modèle.

Modèle   **Robert a préparé une quiche. Peu après, il l'a mangée.**
Robert a mangé la quiche qu'il avait préparée.

1. Sylvie a essayé une robe. Peu après, elle l'a achetée.
2. Aldo a épousé une blonde. Peu après, il l'a embrassée!
3. Anne a commencé ses devoirs. Peu après, elle les a finis.
4. Dorine a écrit un billet doux *(love letter)*. Peu après, elle l'a détruit.
5. Le chef a laissé tomber un gâteau. Peu après, il l'a vendu!
6. Pierre a vu une voiture. Peu après, il l'a achetée.
7. Francine a accepté un poste. Peu après, elle l'a refusé.

C. David et Lisa sont un jeune couple. Ils sont très heureux ensemble, mais ils ont un petit problème: chaque fois que David fait quelque chose, il trouve que Lisa l'a déjà fait! Indiquez l'action de Lisa en employant le **plus-que-parfait** selon le modèle.

Modèle David a acheté le pain.
Lisa l'avait déjà acheté!

1. David a laissé le pourboire.
2. David a payé le loyer *(rent)*.
3. David a acheté le vin (le journal).

4. David a vendu le piano.
5. David a préparé le dîner.

D. Complétez avec imagination en employant le **plus-que-parfait** selon le modèle.

Modèle J'ai détruit la lettre que...
J'ai détruit la lettre que j'avais écrite au président (que j'avais écrite au bar, etc.).

1. J'ai épousé la blonde (le beau jeune homme) que...
2. Pourquoi n'avez-vous pas mangé l'omelette que...
3. Je ne suis pas allé(e) voir ce film parce que...
4. Je n'ai pas encore trouvé le chapeau que...
5. Pourquoi avez-vous refusé le poste que...

Use of the conditional

conditional sentences

1. The conditional tenses are used to indicate a possible or hypothetical fact that is the result of a condition. Their English equivalents are *would* + *verb* (the simple conditional: *I would smile*) and *would have* + past participle (the past conditional: *I would have smiled*).

   Si j'étais à votre place, je dînerais à la Tour d'Argent.
   If I were you, I would dine at the Tour d'Argent.

   Si le garçon avait consulté le chef, il n'aurait pas servi ce gâteau!
   If the waiter had consulted the chef, he wouldn't have served that cake!

2. The conditional tenses are used in so-called conditional sentences (sentences containing *if*-clauses). The following table contains the most common tense sequences used in conditional sentences. The same tense sequences exist in English.

if-clause	main clause
present	present, future, imperative
imperfect	present conditional
pluperfect	past conditional

Si elle entre, je sors!
If she enters, I'm leaving!

Si elle est intelligente, elle achètera ces vêtements en solde.
If she's smart, she'll buy these clothes on sale.

Si cette vendeuse vous gêne tellement, ne l'écoutez pas!
If this salesgirl bothers you so much, don't listen to her!

S'il lisait le *Guide Michelin,* il serait au courant des restaurants.
If he read the Guide Michelin, *he would be up-to-date on restaurants.*

Si elle avait mangé ces sardines, elle aurait eu mal à l'estomac!
If she had eaten those sardines, she would have had a stomachache!

Note that the conditional tenses are used in the main clause, but not in the *if*-clause.

the future of the past

The conditional also expresses the future of the past.

Future of the present: Il dit qu'il laissera le pourboire.
He says he will leave the tip.

Future of the past: Il a dit qu'il laisserait le pourboire.
He said he would leave the tip.

Here French and English usage correspond.

the conditional of politeness

The conditional is used to attenuate questions and requests, making them more courteous.

Present: Je veux cinquante dollars, papa.
I want fifty dollars, Dad.

Conditional: Je voudrais cinquante dollars, papa.
I would like fifty dollars, Dad.

EXERCICES

A. La vieille tante bien-aimée de Richard est morte et lui a laissé une grande fortune. Répondez aux questions suivantes en vous mettant à la place de Richard, maintenant un millionnaire.

1. Changeriez-vous de domicile? Si oui, où habiteriez-vous?
2. Qu'est-ce que vous achèteriez (à vos parents, à votre petit/e ami/e, au professeur)?

3. Feriez-vous un voyage? Si oui, où iriez-vous? Avec qui feriez-vous le voyage?
4. Quelle profession (quelles distractions, quels vêtements) choisiriez-vous?
5. Nommez deux autres choses que vous feriez.

B. Complétez avec imagination selon le modèle.

Modèle Si j'étais un oiseau,...
> **Si j'étais un oiseau, j'aurais peur des chats (je chanterais dans les arbres, je mangerais beaucoup de vers [*worms*], je ferais un voyage en Floride, etc.).**

1. Si j'étais un chat,...
2. Si j'étais un voleur *(thief)*,...
3. Si j'étais très, très intelligent(e),...
4. Si j'avais mal à l'estomac,...
5. Si j'étais le professeur,...
6. Si j'étais un nuage *(cloud)*,...
7. Si j'étais gourmand(e),...
8. Si j'étais snob,...

C. Si vous étiez aux endroits suivants, qu'est-ce que vous y feriez probablement? Répondez selon le modèle.

Modèle au café
> **Si j'étais au café, je bavarderais avec mes amis (je mangerais un croissant, je boirais de la limonade, je lirais le journal, etc.).**

1. dans un restaurant chic
2. dans un grand magasin
3. au cinéma
4. à la montagne
5. dans une boîte de nuit
6. à l'hôpital
7. au bord de la mer

D. Qu'est-ce que vous auriez fait si vous aviez été les personnes suivantes? Répondez selon le modèle.

Modèle Si vous aviez été Pierre ou Marie Curie?
> **Si j'avais été Pierre ou Marie Curie, j'aurais découvert le radium.**

1. Si vous aviez été Voltaire?
2. Si vous aviez été Christophe Colomb?
3. Si vous aviez été le marquis de Sade?
4. Si vous aviez été Charles Baudelaire?
5. Si vous aviez été Ève?
6. Si vous aviez été Walt Disney?
7. Si vous aviez été Christian Dior?
8. Si vous aviez été Picasso?

E. Préparez deux questions sur le modèle de l'exercice D et posez-les à la classe.

Related expressions

the imperfect and conditional "would"

Both the imperfect and conditional tenses may be translated by *would* in English. If *used to,* indicating a customary or repeated action, can be substituted for *would,* the imperfect tense is called for. If not, a conditional tense is used.

Quand j'avais dix-sept ans, je lisais le journal satirique *Le Canard enchaîné* toutes les semaines.
When I was seventeen, I would read (used to read) the satirical newspaper Le Canard enchaîné *every week.*

Si la soupe était moins chaude, je la goûterais.
If the soup were less hot, I would taste it.

EXERCICES

A.   Traduisez en français les verbes entre parenthèses.

1. Quand il était jeune, il _____ *(would work)* tous les soirs.
2. Je _____ *(would accept)* ce point de vue s'il était plus cohérent!
3. Quand il était plus jeune, il _____ *(would wear)* toujours des vêtements chic.
4. Après avoir mangé des oignons, il _____ *(would have)* toujours une crise de foie!
5. _____ *(Would you like)* essayer cette entrée?
6. Si j'avais de l'argent, je _____ *(would pay)* l'addition.

B.   Complétez avec imagination.

1. Si j'étais plus jeune, je...
2. Quand j'étais plus jeune, je...
3. Si j'étais plus innocent(e), je...
4. Quand j'étais plus innocent(e), je...

Devoir

The commonly used verb **devoir** has multiple meanings. When followed by an infinitive, it expresses necessity or moral obligation or probability. When used with a direct object, it means *to owe.*

Necessity or moral obligation

The expression of necessity or moral obligation is perhaps the most common function of **devoir.** The tenses are translated variously.

present: must, have to

Chéri, tu dois éviter ce dessert!
Dear, you must avoid that dessert!
or: *Dear, you have to avoid that dessert!*

imperfect; had to,[1] used to have to

Elle devait tout faire.
She had to do everything.

Quand j'étais jeune, je devais faire mon lit tous les matins.
When I was young, I used to have to make my bed every morning.

passé composé: had to[1]

J'ai dû prendre l'avion parce que j'avais raté le train.
I had to take the plane because I had missed the train.

À cause de la crise politique, le président a dû quitter le pays.
Because of the political crisis, the president had to leave the country.

present conditional: should, ought to

M. Courvoisier, vous devriez prendre une liqueur.
Mr. Courvoisier, you should have a liqueur.

Adam, vous devriez avoir honte!
Adam, you ought to be ashamed!

past conditional: should have, ought to have

J'aurais dû l'avouer plus tôt. Je suis un glouton!
I should have admitted it sooner. I'm a glutton!

---

[1]Whether the imperfect or the passé composé is used to render *had to* depends on the use of *had to* in the context. See Chapter 4, pp. 91–92.

future: *will have to*

> Ils devront acheter une marque moins chère.
> *They will have to buy a less expensive brand.*

EXERCICES

A. Qu'est-ce que les personnes suivantes devraient faire? Répondez selon le modèle.

> **Modèle**   une serveuse
>> **Une serveuse devrait travailler vite (être aimable, sourire beaucoup, etc.).**

1. un glouton
2. un agent de police
3. un couturier
4. un psychiatre
5. un clochard
6. un charpentier
7. un étudiant
8. une femme fatale

B. Qu'est-ce que les personnes suivantes auraient dû ou n'auraient pas dû faire?

1. Pinocchio
2. Ève (la femme d'Adam)
3. le président Nixon
4. l'alcoolique
5. la grosse Sylvie
6. Hitler
7. Napoléon
8. le professeur

C. Répondez par une phrase complète.

1. Qu'est-ce que vous devez faire cette semaine?
2. Quand vous étiez petit(e), deviez-vous faire des travaux ménagers? Si oui, lesquels? Deviez-vous aller à l'école à pied? À quelle heure deviez-vous vous coucher? Deviez-vous manger vos haricots verts?
3. Nous faisons, hélas, beaucoup d'erreurs dans la vie! Réfléchissez à votre vie passée et nommez quelque chose que vous n'auriez pas dû faire. Nommez quelque chose que vous auriez dû faire.
4. Avez-vous dû préparer le dîner (faire la vaisselle, écrire une composition) hier soir?
5. Si j'annonce un examen pour demain, qu'est-ce que vous devrez faire?

D. Traduisez en français.

1. You shouldn't have said that!
2. But you must accept that check!
3. I had to buy a lot of clothes on sale last year!
4. One shouldn't stereotype people.
5. That glutton is so fat that he will have to see a doctor.

6.   Should we go to a bar or should we study for the French test tomorrow?

Devoir commonly expresses *to be supposed to* in two tenses.

present: *am (is, are) supposed to*

L'ambassadeur doit arriver bientôt.
The ambassador is supposed to arrive soon.

imperfect: *was (were) supposed to*

Giscard devait faire des achats avec moi, mais il est parti!
Giscard was supposed to go shopping with me, but he left!

EXERCICE

Traduisez en français les verbes entre parenthèses en employant le verbe **devoir**.

1.   Je _____ *(was supposed to)* dîner à sept heures.
2.   Nous _____ *(were supposed to)* nous lever à cinq heures, mais notre réveille-matin n'a pas sonné.
3.   _____ *(Are they supposed to)* arriver les premiers au concert?
4.   Le professeur _____ *(was supposed to)* faire une conférence sur les rapports entre la France et les États-Unis.
5.   Comment _____ *(is he supposed to)* trouver une solution quand il refuse de discuter le problème?

Probability

Devoir commonly expresses probability in three tenses.

present

Il doit être fou!
He must be (is probably) crazy!

Elle doit travailler très dur.
She must work (probably works) very hard.

imperfect

Ces patriotes devaient être fiers de leur patrie.
Those patriots were probably proud of their country.

Ce couturier célèbre devait avoir soixante-dix ans quand il est mort.
That famous designer must have been (was probably) seventy when he died.

passé composé

Gisèle est en retard. Elle a dû manquer l'avion.
Gisèle is late. She must have (has probably) missed the plane.

Tu as dû passer des heures à préparer ce plat!
You must have spent hours preparing that dish!

EXERCICES

A. Comment sont probablement les personnes suivantes? Répondez en employant **devoir** au temps présent selon le modèle.

Modèle Richard s'est marié hier.
Il doit être heureux (fou, malade, fatigué, anxieux, etc.).

1. Suzette vient d'avoir son premier enfant.
2. Georges vient de recevoir de tristes nouvelles: son père a eu un accident de voiture.
3. Mimi est allée chez le dentiste ce matin.
4. L'ami de Josette habite dans un château majestueux!
5. Mme Florentin, qui a soixante ans, s'est mariée avec un homme de vingt-cinq ans.
6. Marc est si bon cuisinier!
7. Marie-Antoinette a perdu la tête!

B. Préparez deux questions sur le modèle de l'exercice A et posez-les à la classe.

C. Répondez en employant le passé composé du verbe **devoir** selon le modèle.

Modèle Pourquoi Hélène est-elle arrivée en retard au bureau ce matin?
Elle a dû manquer le métro (elle a dû oublier sa montre, elle a dû faire la grasse matinée, etc.).

1. Pourquoi Isabelle est-elle toute bronzée *(tanned)*?
2. Pouah! Quelle mauvaise haleine! Qu'est-ce que Nicolas a mangé?
3. Pourquoi ce garçon est-il si content ce matin?

4. Pourquoi Nina marche-t-elle avec des béquilles *(crutches)*?
5. Pourquoi Bubu donne-t-il des cigares à tout le monde ce matin?

D. Traduisez en français, puis jouez le dialogue.

1. A: Why did Marc leave early?
    B: He probably had an upset stomach.
    A: But why?
    B: He must have eaten Luigi's chicken!
2. A: When I was a waiter (waitress), I had to work hard.
    B: You must have been a good waiter (waitress).
    A: I must have been crazy, I didn't earn anything!

Meaning *to owe*

Devoir means *to owe* when it is used with a direct object.

Malheureusement, mon père doit trop d'argent à la banque.
Unfortunately, my father owes the bank too much money.

Vous lui devez beaucoup de reconnaissance.
You owe him a lot of gratitude.

EXERCICE

Répondez par une phrase compléte.

1. Devez-vous de l'argent à quelqu'un? Si oui, à qui?
2. À qui devez-vous du respect?
3. Est-ce que le professeur vous doit quelque chose?
4. Est-ce que quelqu'un vous doit de l'argent?

Related expressions

être obligé de + *infinitive:* **to be obliged to, to have to, must**

Elle a été obligée de dire à son mari qu'elle avait perdu le chèque.
She was obliged to tell her husband that she had lost the check.

Ils seront obligés de passer la nuit à la belle étoile.
They will have to sleep outdoors.

Être obligé de is the equivalent of **devoir** expressing necessity or moral obligation.

être censé + *infinitive:* to be supposed to

Ils sont censés être ici maintenant!
They are supposed to be here now!

Être censé is the equivalent of **devoir** meaning *to be supposed to.*

EXERCICE

Répondez par une phrase complète.

1. Quel(s) cours êtes-vous obligé(e) de suivre?
2. Qu'est-ce que vous êtes censé(e) faire avant de vous coucher (avant de passer un examen)?
3. Qu'est-ce que vous êtes obligé(e) de faire avant d'entrer en France?
4. À quelle heure êtes-vous censé(e) arriver en classe?
5. Êtes-vous censé(e) dire la vérité? Êtes-vous obligé(e) de la dire?
6. Qu'est-ce que les bons parents (les agents de police, les gourmets, les professeurs, les bons étudiants) sont censés faire?

Exercices d'ensemble

I. Traduisez en français.

1. If I were French, I would be proud of my country's image.
2. You will have to pay the check.
3. French high fashion has influenced American fashion.
4. If that customer leaves without paying, stop him!
5. If you must do it, do it!
6. I should have understood his problem.
7. Each time he lifted his glass, he would say, "To your health!"
8. I never would have come if she had been here.
9. The hors d'oeuvres were good; the main course must be good, too.
10. If you must drink, try the Dubonnet.
11. When I go to Paris I will certainly visit Dior's boutique.
12. When will you understand that all stereotypes are false?
13. He's supposed to be here at eight; do you really think he'll come?
14. That American gourmet ought to appreciate French cooking.

II.   Mettez les verbes entre parenthèses au temps convenable.

1. Si j'avais assez d'argent, je _____ (dîner) dans ce restaurant élégant.
2. Si j'étais diplomate, je _____ (lire) le journal *Le Monde*.
3. Si Adrienne vient, je _____ (partir)!
4. Tout le monde me _____ (admirer) si je porte ce pantalon chic.
5. Si le professeur préparait un poulet rôti, je le _____ (manger) probablement.
6. Si je _____ (voir) l'accident, j'aurais téléphoné à la police.
7. Si vous en avez l'occasion, _____ (venir) me voir.
8. Si elle essaie ce bikini, elle le _____ (acheter) certainement.
9. Nous _____ (avoir) mal à l'estomac si nous mangeons tous ces oignons!
10. Si j'avais pu goûter ce plat avant, je le _____ (commander).

Sujets de discussion ou de composition

1. Quel est, à votre avis, le stéréotype du Français et de la Française typiques? de l'Américain et de l'Américaine typiques? Est-ce que ces stéréotypes sont vrais ou faux? Expliquez.
2. Est-ce que les États-Unis importent beaucoup de produits français? Dressez une liste de tous les produits français que vous employez.
3. Avez-vous jamais fait un voyage en France? Si oui, quelles différences essentielles avez-vous remarquées entre la vie française et la vie américaine?
4. À votre avis, est-ce que la France a exercé une grande influence sur la vie américaine? Expliquez.
5. Est-ce que la France a bonne réputation actuellement aux États-Unis? À votre avis, pourquoi ou pourquoi pas?

8

Relative pronouns and demonstratives

Chapter 8 at a glance

relative pronouns

I. Remplacez les tirets par **qui** ou **que**.

1. Comment! Nous avons perdu les chèques de voyage _____ étaient dans nos valises?
2. Voilà la belle étrangère _____ nous avons vue à Versailles.

II. Remplacez les tirets par **ce qui** ou **ce que**.

1. Expliquez-nous _____ vous avez vu à Haïti.
2. Quel gourmand! La cuisine française est tout _____ l'intéresse!

III. Remplacez les tirets par **qui** ou une forme de **lequel**.

1. Je vous présente Anne-Marie, la femme avec _____ je compte visiter le Sénégal.
2. Voici l'argent avec _____ je vais acheter les souvenirs.

IV. Remplacez les tirets par **où** ou **quoi**.

1. Je suis fatiguée et il n'y a rien sur _____ je puisse m'asseoir!
2. Elle m'a dit «Bonjour» au moment _____ elle m'a vu.

V. Remplacez les tirets par **dont** ou **ce dont**.

1. Voici le touriste désagréable _____ je parlais.
2. C'est _____ il est si fier!

VI. Traduisez en français les mots entre parenthèses en employant le **pronom interrogatif** ou le pronom **relatif** convenable.

1. Il est francophone? _____ *(What)* cela signifie?
2. Voici _____ *(what)* on a trouvé dans sa chambre!
3. Voilà cette femme bizarre _____ *(whom)* j'ai rencontrée au Louvre.
4. _____ *(Whom)* avez-vous vu pendant les vacances?

VII. Remplacez les tirets par **n'importe qui** ou **n'importe quoi**.

1. Idiot! _____ pourrait lire cette carte!
2. Ce francophile ferait _____ pour visiter la Martinique.

demonstratives

VIII. Remplacez les tirets par **ce, cet, cette** ou **ces**. Employez **-ci** et **-là** s'il y a lieu.

1. _____ dame
2. _____ étranger
3. _____ coutumes nous sont familières mais _____ coutumes nous sont étrangères.
4. _____ livre
5. _____ maisons

IX. Remplacez les tirets par **celui, celle, ceux** ou **celles**. Employez **-ci** ou **là** s'il y a lieu.

1. _____ qui a l'esprit ouvert n'aura pas de problèmes.
2. Geneviève et Marguerite sont des touristes très différentes: _____ est gentille tandis que _____ est insolente!
3. Quelles photos préférez-vous, _____ sur la carte postale ou _____ de Marc?

X.   Remplacez les tirets par **ceci** ou **cela (ça).**

1.   _____ m'est égal.
2.   Faisons un échange! Si vous me donnez _____ , je vous donne _____ !

XI.   Remplacez les tirets par **ce, il, elle, ils** ou **elles.**

1.   Sont- _____ françaises ou canadiennes?
2.   _____ est une excursion qu'il faut faire!
3.   _____ sont les beaux souvenirs dont nous avons parlé.

XII.   Remplacez le premier tiret par **c'est** ou **il est** et le deuxième par **à** ou **de.**

1.   _____ intéressant _____ comparer deux cultures différentes.
2.   Vous êtes-vous jamais senti tout seul? —Oui, et _____ difficile _____ supporter!

XIII.   Complétez en traduisant l'expression entre parenthèses.

1.   Nous avons rendu visite à nos parents _____ *(that morning).*
2.   Nous passons _____ *(this month)* à la Guadeloupe.
3.   Il est parti _____ *(the next day).*
4.   Moi, je pars _____ *(tomorrow).*

Vocabulaire du thème: Le voyage à l'étranger

Touristes et voyageurs
Préparatifs

rêver de	*to dream of*
faire des projets	*to make plans*
l' agence de voyages (f)	*travel bureau*
l' agent de voyages(m)	*travel agent*
le chèque de voyage	*traveler's check*
le passeport	*passport*
le visa	*visa*
la carte d'identité	*I.D. card*
faire les prépara-tifs	*to make preparations*
faire sa valise	*to pack one's suitcase*

La douane

passer la douane	*to pass through customs*
le douanier	*customs officer*
fouiller	*to search (a person, a suitcase, etc.)*
avoir quelque chose à déclarer	*to have something to declare*

Activités

faire un voyage	*to take a trip*
faire une excur-sion accompa-gnée	*to take a guided tour*
prendre des pho-tos	*to take pictures*
rendre visite à	*to visit (a person)*
visiter	*to visit (a place)*
l' appareil (appareil-photo) (m)	*camera*
la carte	*map, menu*

le guide	guide, guidebook
le séjour	stay
le souvenir	souvenir

Étrangers et indigènes

la patrie	homeland
l' étranger (m), l'étrangère (f)	foreigner
l' indigène (m, f)	native
francophone	French-speaking
francophile	French-loving
francophobe	French-hating

Aspects positifs

agréable	pleasant
complaisant	accommodating
avoir l'esprit ouvert (fermé)	to have an open (closed) mind
l' hospitalité (f)	hospitality
accueillir chaleureusement	to welcome warmly
accueillant	hospitable

être bien reçu	to be well received
s' adapter aux coutumes (aux habitudes) d'un peuple	to adapt to the customs (habits) of a people
se débrouiller	to get along, to manage
se fier à	to trust
se sentir à l'aise	to feel at ease
souhaiter la bienvenue à quelqu'un	to welcome someone

Aspects négatifs

désagréable	unpleasant
dépaysé	out of one's element, lost
condescendant	condescending
être mal reçu	to be badly received
avoir le mal du pays	to be homesick
se méfier de	to distrust
se sentir mal à l'aise, dépaysé, etc.	to feel ill at ease, lost, etc.
exploité	exploited

Relative pronouns

A relative pronoun is a word that joins (relative = relates) a noun or pronoun to a subordinate clause. A subordinate clause that begins with a relative pronoun is called a relative clause. The English relative pronouns are *who, whom, whose, that, which, what.*

L'étudiant qui a perdu son passeport a l'air dépaysé.
The student who lost his passport seems lost.
   relative clause: **qui a perdu son passeport**

L'étranger que j'ai rencontré à Paris s'appelle Paul.
The foreigner whom I met in Paris is named Paul.
   relative clause: **que j'ai rencontré à Paris**

The noun or pronoun that precedes the relative pronoun, and to which the relative pronoun refers, is called the antecedent. In the above examples,

l'étudiant and **l'étranger** are antecedents of **qui** and **que**, respectively. Relative pronouns may be used as the subject or direct object of a relative clause, or as the object of a preposition.

Relatives used as subject or direct object of a relative clause

antecedent	subject		direct object	
person	qui	*who*	que[1]	*whom*
things	qui	*that, which*	que[1]	*that, which*
indeterminate	ce qui	*what*	ce que[1]	*what*

To determine whether a relative pronoun is the subject or the direct object of a relative clause, it is first necessary to recognize the verb of the relative clause, as distinguished from that of the main clause.

Sentence 1:   Le touriste **qui habite chez nous** vient de France.
The tourist who lives at our house comes from France.

Sentence 2:   L'île **que nous avons explorée** était pittoresque.
The island that we explored was picturesque.

In these two sentences, the verbs in the relative clauses are **habite** and **avons explorée**. Knowing this, one must then determine whether the relative pronouns are used as the subject or direct object of these verbs. In sentence 1, **qui** is the subject of the verb **habite**. In sentence 2, **que** is the direct object of the verb **avons explorée** (whose subject is **nous**).

qui and que

Qui is the subject and **que** is the direct object, when the antecedent is a person or a specified thing.

Comment s'appelle la jeune fille qui nous a accueillis?
What is the name of the girl who welcomed us?

Voilà l'agent de voyages que nous avons engagé.
Here is the travel agent (whom) we hired.

---

[1]**Que** changes to **qu'** before a vowel or mute **h**.

Tahiti est l'île que je trouve la plus charmante.
Tahiti is the island (that) I find the most charming.

Voilà un pays qui me plaît!
There's a country that pleases me!

Note that although the direct object relative pronoun is often omitted in English, its counterpart **que** must always be used in French.

EXERCICES

A.   Imaginez que vous allez visiter un pays étranger. Naturellement, vous voudriez un guide qui parle la langue du pays. Répondez en employant **qui** et une des langues dans la colonne de droite, selon le modèle.

> **Modèle**   Vous allez en France.
> **Je voudrais un guide qui parle français**.

Vous allez...

1.	en Espagne.	russe
2.	en Angleterre.	japonais
3.	aux États-Unis.	français
4.	en Allemagne.	anglais
5.	au Japon.	espagnol
6.	en Chine.	chinois
7.	au Canada.	allemand
8.	en Russie.	italien
9.	au Mexique.	
10.	en Italie.	

B.   Imaginez que vous êtes un(e) touriste infatigable. Chaque fois que vous visitez un pays étranger, vous achetez une carte postale avec le portrait d'un personnage célèbre qui vient de ce pays. Identifiez les pays en employant **que** selon le modèle.

> **Modèle**   Quel beau portrait de Sophia Loren!
> **C'est le portrait que j'ai acheté en Italie**.

1.   Quel beau portrait de Mao!
2.   Quel beau portrait du président Kennedy!
3.   Quel beau portrait de Karl Marx!
4.   Quel beau portrait de Jeanne d'Arc!
5.   Quel beau portrait de Picasso!
6.   Quel beau portrait de Goethe!
7.   Quel beau portrait de Michel-Ange!
8.   Quel beau portrait de l'empereur Hiro-Hito!
9.   Quel beau portrait de Margaret Thatcher!

C.   Formulez une phrase en employant **qui** ou **que** selon le modèle.

> **Modèle**   Voilà un souvenir. Il coûte cher!
> **Voilà un souvenir qui coûte cher**!
> Voilà une jeune fille. Je l'adore!
> **Voilà une jeune fille que j'adore**!

1. Voilà un chèque de voyage. Je l'ai volé!
2. Voilà une étrangère. Elle se débrouille très bien!
3. Voilà le voyageur. Je l'ai aidé.
4. Voilà une robe. Elle est indécente!
5. Voilà un guide. Il est condescendant.
6. Voilà une belle photo. Je l'ai prise hier.
7. Voilà un indigène. Il se moque de moi!
8. Voilà la touriste. Elle a le mal du pays.
9. Voilà le touriste. Il n'a pas de visa.

D.   Complétez en employant **qui** ou **que** selon le modèle.

> **Modèle**   Un oiseau est un animal...
> **Un oiseau est un animal qui vole**.
> *ou:*   **Un oiseau est un animal qu'on voit dans les arbres**.

1. Un francophile est une personne...
2. Un bikini est un vêtement...
3. Un francophobe est une personne...
4. Le vin est une boisson...
5. Un douanier est une personne...
6. Un souvenir est un objet...

ce qui and ce que

Ce qui is the subject and **ce que** is the direct object when the antecedent is indeterminate: that is, something other than a person or a specified thing (e.g., an idea or an unspecified thing).

Dites-moi tout de suite ce qui vous gêne!
Tell me right away what is bothering you!

Le guide ne sait pas ce que les touristes veulent voir.
The guide doesn't know what the tourists want to see.

Note that **tout ce qui** and **tout ce que** are used to express *all that* or *everything that*.

L'étude de la poésie africaine est tout ce qui l'intéresse.
The study of African poetry is all that interests her.

Montrez-moi tout ce que vous avez acheté pendant votre voyage.
Show me everything that you bought during your trip.

EXERCICES

A. Faites l'exercice B à la page 181 en employant **ce que** selon le modèle.

> **Modèle**   Quel beau portrait de Sophia Loren!
> **C'est ce que j'ai acheté en Italie.**

B. Imaginez que vous avez perdu la mémoire. La police vous a trouvé(e) sur une belle plage à la Martinique, mais vous ne savez pas comment ou pourquoi vous vous y trouvez. Les médecins pensent que vous avez l'amnésie *(amnesia)*, et ils vous posent des questions. Répondez en employant **ce que** ou **ce qui** selon le modèle.

> **Modèle**   Qu'est-ce que vous faisiez?
> **Je ne me rappelle pas ce que je faisais.**
> Qu'est-ce qui vous intéresse dans la vie?
> **Je ne me rappelle pas ce qui m'intéresse.**

1. Qu'est-ce que vous avez mangé hier?
2. Qu'est-ce qui vous trouble?
3. Qu'est-ce que vous avez dit à la police?
4. Qu'est-ce que vous avez fait la semaine dernière?
5. Qu'est-ce qui vous rend content(e)? (triste)?
6. Qu'est-ce qui vous amuse?

C. Remplacez les tirets par **qui**, **que**, **(tout) ce qui** ou **(tout) ce que**.

1. Comment s'appelle ce monsieur _____ vient d'entrer?
2. L'étudiante _____ parle si bien français est africaine.
3. Savez-vous _____ nous allons faire en Suisse?
4. Les gens _____ parlent deux langues sont bilingues.
5. L'hôtel _____ elle a recommandé est vraiment remarquable!
6. Dites-moi _____ vous avez vu au Canada!
7. C'est un poète célèbre _____ est aussi un homme politique au Sénégal.
8. Mlle Blake ne peut pas faire _____ vous avez fait parce qu'elle ne passe qu'une semaine à Paris.
9. Le pays _____ il choisira sera certainement un pays francophone.
10. Où avez-vous mis la carte _____ je vous ai donnée?

Relatives used with prepositions

There are two groups of relatives that are used with prepositions: one group is used with all prepositions and the other only with the preposition **de**.

relatives used with prepositions

antecedent	relative	
person	qui	*whom*
thing	lequel[1]	*which*
indeterminate	quoi	*what, which*
expression of time or place	où	*where, when*

1. **Qui** is ordinarily used to refer to persons, while **lequel** is used for specified things.

    Voilà le guide avec qui nous allons partir.
    There's the guide we're going to leave with.

    Voici la fiche sur laquelle il a écrit son nom.
    Here's the form he wrote his name on.

    Note in the above examples that the preposition often ends the sentence in English, but almost never does in French.

2. **Quoi** is used to refer to something indeterminate: something other than persons or specified things (e.g., ideas or unspecified things).

    Il a décidé de se marier, après quoi il s'est senti mal à l'aise.
    He decided to get married, after which he felt ill at ease.

    Je ne comprends pas avec quoi elle compte acheter ces souvenirs!
    I don't understand what she intends to buy these souvenirs with!

    Ce à quoi je m'intéresse ne vous regarde pas!
    What I'm interested in is none of your business!

    Note that **ce** + *preposition* + **quoi** is used to begin a sentence.

    Ce à quoi je pense n'est pas agréable.
    What I'm thinking about isn't pleasant.

3. The relative **où** is often used after expressions of time and place:

    au moment où   le jour où
    la semaine où   la maison où
    le pays où

    Sa vie a changé le jour où elle est arrivée en France.
    Her life changed the day she arrived in France.

---

[1]The form used—**lequel**, **laquelle**, **lesquels**, or **lesquelles**—depends on the number and gender of the antecedent. The forms contract normally with the prepositions **à** and **de**: **auquel**, **desquelles**, etc.

Le pays où nous allons passer nos vacances est un pays francophone.
The country where we are going to spend our vacation is a French-speaking country.

Note that the conjunction **quand** *(when)* is not a relative and cannot be used after expressions of time.

EXERCICES

A. À qui ou à quoi pensez-vous? Répondez en employant **une personne à qui** ou **une chose à laquelle** selon le modèle.

> **Modèle** l'injustice
> **C'est une chose à laquelle je pense souvent (rarement, constamment, etc.).**
> François Mitterrand
> **C'est une personne à qui je ne pense jamais (je pense souvent, je pense de temps en temps, etc.).**

1. faire un voyage à Tahiti
2. avoir le mal du pays
3. l'amour
4. la femme du président
5. la mort
6. la reine d'Angleterre
7. votre petit(e) ami(e)
8. épouser une belle Française (un beau Français)

B. Préparez deux noms de choses ou de personnes comme ceux de l'exercice A.

C. Remplacez les tirets par **qui**, **lequel (laquelle**, etc.), **quoi** ou **où**.

1. Je me suis sentie à l'aise le jour _____ j'ai quitté ce pays étranger.
2. Ces touristes à _____ je viens de parler ont l'air agréables.
3. Les habitants du village _____ nous avons passé la nuit se méfiaient de nous.
4. Les indigènes à _____ j'ai parlé n'ont pas compris mon accent.
5. Les Français avec _____ j'ai dîné ont commandé des escargots formidables!
6. Je ne comprends pas avec _____ il compte ouvrir ses valises!
7. Nous avons senti une odeur délicieuse au moment _____ nous sommes entrés dans ce restaurant français.
8. Elle a passé la douane, après _____ sa famille l'a accueillie.
9. Ce guide n'était pas si vulgaire à l'époque _____ je l'ai connu!
10. Cette blonde vous a-t-elle dit à _____ elle s'intéresse?
11. Elle a perdu l'appareil avec _____ elle avait pris de si merveilleuses photos!

relatives *dont* and *ce dont*

antecedent	relative	
person	dont	*of whom, whom, whose*
thing	dont	*of which, which, that, whose*
indeterminate	ce dont	*of which, what*

The relatives **dont** and **ce dont** are generally used in two cases: with verbs and verbal expressions ending in **de**, and with the possessive construction.

1. Verbs and expressions ending in **de**:

parler de	il s'agit de	être content de
se méfier de	rêver de	avoir peur de
avoir envie de	avoir besoin de	se souvenir de

Dont has an immediate antecedent—a person or a thing—to which it refers. **Ce dont**, on the other hand, does not have an immediate antecedent and refers to something other than persons (e.g., ideas or things).

Voici l'étranger mystérieux dont elle se méfie!
Here is the mysterious foreigner (whom) she distrusts!

Avez-vous trouvé la carte dont j'ai besoin?
Have you found the map (that) I need?

Je ne regrette pas ma décision. C'est précisément ce dont je suis si fier!
I don't regret my decision. That's precisely what I'm so proud of!

Un voyage à Paris? Voilà ce dont j'ai besoin!
A trip to Paris? That's what I need!

Keep in mind that the preposition **de** in French verbal expressions often has no specific equivalent in English: **avoir besoin de**, *to need;* **se méfier de**, *to distrust.*

2. The possessive construction: **dont** meaning *whose*

Sentence 1: La jeune touriste dont les valises étaient lourdes marchait lentement.
The young tourist whose suitcases were heavy was walking slowly.

Sentence 2: Mon ami dont le père est douanier est d'origine africaine.
My friend whose father is a customs official is of African origin.

Sentence 3: Le guide dont j'ai remarqué la mauvaise humeur gênait tout le monde.
The guide whose bad mood I noticed bothered everybody.

Sentence 4: L'amie dont j'ai cassé l'appareil s'est fâchée.
The friend whose camera I broke got angry.

Note the position of **dont** and *whose* in the preceding sentences. In sentences 1 and 2, **dont** and *whose* are both immediately followed by the subject of the relative clause. In sentences 3 and 4, however, though **dont** is again immediately followed by the subject of the relative clause, *whose* is followed by the direct object. **Dont** is always immediately followed by the subject of the relative clause. As a practical guide, substitute *of whom* or *of which* for *whose;* the resulting word order will always be correct.

L'ami dont j'ai cassé l'appareil s'est fâché.
The friend whose camera I broke got angry.
The friend of whom I broke the camera got angry.

EXERCICES

A. De qui ou de quoi avez-vous peur? Répondez en employant **dont** selon le modèle.

Modèle   un monsieur qui apporte des fleurs
             C'est un monsieur dont je n'ai pas peur.
             un monsieur qui a un revolver
             C'est un monsieur dont j'ai peur!

1. un petit chat adorable
2. un chat méchant qui veut me mordre *(bite)*
3. un guide irritable
4. un guide sympathique
5. une personne que vous adorez
6. une personne que vous n'adorez pas et qui court après vous parce qu'elle veut vous épouser
7. un douanier qui fouille une valise où vous avez caché de la drogue
8. un douanier qui fouille une valise où vous avez mis des bonbons
9. un chien méchant
10. le chien Lassie

B. Quel groupe a probablement besoin des choses suivantes? Répondez en employant **ce dont** selon le modèle.

Modèle   un guide Michelin
             C'est ce dont les touristes (les guides) ont besoin.

1. un passeport
2. un revolver
3. un dictionnaire
4. du travail
5. du lait
6. beaucoup d'argent
7. une carte d'identité

C.   Deux jeunes et jolies étudiantes décident de passer leurs vacances à Paris. Les parents d'une des étudiantes sont riches, tandis que ceux de l'autre étudiante sont pauvres. Identifiez l'étudiante en employant **dont** selon le modèle.

Modèle   Elle habite dans un hôtel élégant.
C'est l'étudiante dont les parents sont riches.
Elle habite dans un hôtel très modeste.
C'est l'étudiante dont les parents sont pauvres.

1.   Elle achète des vêtements chez Dior.
2.   Elle n'achète rien.
3.   Elle boit du vin ordinaire.
4.   Elle boit seulement du champagne.
5.   Elle va partout en taxi.
6.   Elle va partout à pied.
7.   Elle dîne dans des restaurants self-service.
8.   Elle dîne chez le Président de la République.

D.   Traduisez en français les mots entre parenthèses.

1.   Cet étranger n'a pas compris _____ (*what the guide was talking about*).
2.   Montrez-moi les photos _____ (*that you're so proud of*).
3.   L'indigène _____ (*whom I distrust*) m'a invité chez lui.
4.   Je me méfie des touristes _____ (*whose attitude is condescending*).
5.   Voici le type _____ (*whose car we are going to take*).
6.   Oui, c'est précisément _____ (*what I'm afraid of*)!
7.   Voici les voyageurs _____ (*whose suitcases*) contiennent de la contrebande.
8.   Cherchez l'étranger _____ (*whose passport we found*).
9.   C'est un voyage _____ (*that I have dreamed of*).
10. J'ai demandé à l'agent de voyages _____ (*what I needed*) pour mon voyage.

E.   Révision: Remplacez les tirets par **qui, que, lequel, quoi, où, dont** ou **ce dont** dans l'histoire suivante.

1.   Marie travaillait dans un bureau _____ elle s'ennuyait terriblement.
2.   Sa mère lui a suggéré un voyage aux États-Unis _____ habitaient son oncle et sa tante.
3.   Marie a décidé de faire le voyage pendant _____ elle pourrait peut-être rencontrer son prince charmant!
4.   Marie est allée au grand magasin _____ elle a acheté tout _____ elle avait besoin.
5.   Avant son départ elle a acheté un cadeau _____ elle comptait présenter à son oncle et sa tante.
6.   Elle s'est beaucoup amusée sur le bateau _____ elle a rencontré Mike _____ elle a apprécié le sens de l'humour, et Jim _____ le sourire l'a charmée.
7.   Elle a souri à la Statue de la Liberté _____ semblait lui souhaiter la bienvenue.

8. À la douane elle a vu son oncle _____ l'a accueillie chaleureusement.
9. Elle a été impressionnée par la ville de New York _____ elle a trouvée vivante.
10. Malheureusement, Marie n'a pas trouvé le prince charmant _____ elle cherchait.
11. Elle a commencé à travailler dans un bureau à New York _____ elle s'ennuyait plus qu'à Paris!
12. Après six mois elle a dit au revoir à son oncle et sa tante _____ l'avaient traitée comme leur propre fille.
13. Elle est partie pour le Canada _____ elle a continué à chercher son prince charmant.
14. Maintenant Marie est très vieille, hélas, et elle n'a jamais trouvé le prince _____ elle avait rêvé.

Review of interrogative and relative pronouns

This is a brief review for comparison. Students are referred to Chapter 5 for additional information on interrogative pronouns.

who (subject)

1. Interrogative: **qui**?, **qui est-ce qui**?

    Qui veut voyager à l'étranger?
    Qui est-ce qui veut voyager à l'étranger?
    Who wants to travel abroad?

2. Relative: **qui**

    Ces gens qui sortent du Louvre sont des touristes.
    These people who are leaving the Louvre are tourists.

whom (direct object)

1. Interrogative: **qui**?

    Qui avez-vous vu à Rome?
    Whom did you see in Rome?

2. Relative: **que**

    Delacroix est le peintre que nous préférons.
    Delacroix is the painter (whom) we prefer.

of whom, whom (with *de*)

1. Interrogative: **de qui**?

   De qui parliez-vous quand je suis entré?
   Whom were you talking about when I entered?

2. Relative: **dont**

   Voici le type dont je me méfie.
   Here's the fellow (whom) I distrust.

what (subject and direct object)

1. Interrogative: **qu'est-ce qui**? (subject), **que**?, **qu'est-ce que**? (direct object)

   Qu'est-ce qui se passe actuellement en France?
   What's going on now in France?

   Qu'est-ce que vous avez rapporté d'Afrique?
   Qu'avez-vous rapporté d'Afrique?
   What have you brought back from Africa?

2. Relative: **ce qui** (subject), **ce que** (direct object)

   Dites-moi ce qui se passe actuellement en France.
   Tell me what's going on now in France.

   Montrez-moi ce que vous avez rapporté d'Afrique.
   Show me what you brought back from Africa.

of what, what (with *de*)

1. Interrogative: **de quoi**?

   De quoi a-t-on besoin pour aller à l'étranger?
   What does one need to go abroad?

2. Relative: **ce dont**

   Il ne m'envoie jamais ce dont j'ai besoin!
   He never sends me what I need!

EXERCICES

A. Traduisez en français les mots anglais.

1. De _____ (whom) le guide se moque-t-il, de vous ou de moi?
2. Comment s'appelle ce Français _____ (who) se sent si dépaysé?

3. De _____ *(what)* s'agit-il dans ce roman?
4. Je n'aime pas _____ *(what)* ces touristes ont l'intention de faire!
5. Il est francophile? _____ *(What)* cela signifie?
6. _____ *(What)* m'intéresse le plus, ce sont ses manières cultivées.
7. Mon ami ne sera jamais capable de me donner _____ *(what)* j'ai envie.
8. Voici _____ *(what)* vous avez laissé chez moi.
9. De _____ *(what)* a-t-elle besoin pour s'amuser à Paris?
10. Cette touriste _____ *(of whom)* ils parlent n'était pas très agréable.
11. _____ *(What)* a-t-on trouvé à la douane?
12. La cuisine dans le restaurant _____ *(which)* nous avons choisi était très bonne.
13. _____ *(Who)* est ce monsieur qui a l'air si condescendant?
14. _____ *(What)* vous impressionne dans la cuisine française?
15. _____ *(What)* je me souviens n'est pas amusant.

B. Dialogue: À la douane. Remplacez les tirets par le pronom interrogatif approprié, puis jouez le dialogue.

A: _____ vous avez à déclarer, Mademoiselle?
B: Rien, Monsieur. Je n'ai rien acheté.
A: _____ il y a dans votre valise?
B: Des vêtements, c'est tout.
A: À _____ avez-vous rendu visite?
B: À ma vieille tante.
A: _____ vous allez faire ce soir, Mademoiselle?
B: Ça ne vous regarde pas, Monsieur!

related expressions

n'importe + qui, quoi, où, quand

The expression **n'importe** (lit., *no matter*) is used with **qui**, **quoi**, **où**, and **quand** to express a lack of discrimination.

n'importe qui	anyone (at all)
n'importe quoi	anything (at all)
n'importe où	anywhere (at all)
n'importe quand	any time (at all)

Chérie, je te suivrai n'importe où.
Darling, I will follow you anywhere (at all).

Mon frère prend des photos de n'importe quoi!
My brother takes pictures of anything!

Il sort avec n'importe qui!
He goes out with just anybody!

EXERCICES

A. Remplacez les tirets par **n'importe qui**, **quoi**, **où** ou **quand**.

1. Vous pouvez me téléphoner le matin ou le soir, enfin _____ .
2. Elle vous adore tellement qu'elle irait _____ avec vous.
3. Il ferait _____ pour gagner assez d'argent pour aller à la Martinique.
4. Il ne respecte pas beaucoup les guides; il croit que _____ pourrait être guide!
5. Puisqu'elle parle si bien français, elle pourra se débrouiller _____ en France.

B. Remplacez les tirets par **n'importe qui**, **quoi**, **où** ou **quand**, puis jouez le dialogue.

A: Mais où vas-tu, chéri(e)?
B: _____ !
A: Mais avec qui vas-tu rester?
B: Avec _____ !
A: Mais qu'est-ce que tu vas faire?
B: _____ !
A: Mais quand est-ce que nous allons nous marier, alors, _____ ?
B: Non! Jamais!

Demonstratives

Demonstrative adjectives and pronouns are used to point something out.

The demonstrative adjective

	masculine	feminine	
singular	ce, cet	cette	*this, that*
plural	ces	ces	*these, those*

Like all adjectives, the demonstrative adjective agrees in number and gender with the noun it modifies. The masculine singular has two forms: **ce** is used before a noun or adjective beginning with a consonant; **cet** is used before a noun or adjective beginning with a vowel or mute *h*.

Cette autoroute est très dangereuse!
This highway is very dangerous!

Ces cathédrales sont célèbres.
Those cathedrals are famous.

Ce Français aime faire des excursions accompagnées.
This Frenchman likes to take guided tours.

Cet énorme monument tombe en ruine!
That enormous monument is falling into ruin!

It is not usually necessary to distinguish between *this* and *that* in French. However, when a contrast is desired, **-ci** *(this)* and **-là** *(that)* are added to the noun with a hyphen.

Que pensez-vous de ce parfum-ci?
What do you think of this perfume?

J'ai aimé toutes tes cartes postales, mais cette carte-là était laide!
I liked all your postcards, but that card was ugly!

EXERCICES

A. Créez une phrase originale en employant **ce**, **cet** ou **cette**, selon le modèle.

Modèle passeport
Où avez-vous obtenu ce passeport?

1. souvenir
2. excursion
3. hôtel
4. valise
5. étranger
6. étrangère
7. douanier
8. pays

B. Remplacez les tirets par l'**adjectif démonstratif** convenable. Employez **-ci** ou **-là** s'il y a lieu.

1. Donnez-moi _____ appareil et gardez l'autre.
2. Je me méfie du patron de _____ restaurant.
3. Je vais me renseigner sur _____ hôtel de luxe.
4. _____ agent de voyages a fait mille erreurs!
5. Je suis très impressionné par _____ touristes bilingues.
6. J'ai visité beaucoup de monuments, mais pas _____ monument.
7. Comment peuvent-ils s'habituer à _____ coutumes bizarres?
8. Qui osera avouer qu'il a pris _____ photo?
9. _____ passeport est en règle mais _____ passeport ne l'est pas!
10. Heureusement _____ douanier n'a pas trop fouillé mes valises.

The definite demonstrative pronoun

	masculine	feminine
singular	celui	celle
plural	ceux	celles

The definite demonstrative pronoun agrees in number and gender with the noun to which it refers. Never used alone, it is always followed by **-ci** or **-là**, a relative pronoun, or a preposition.

followed by *-ci* or *-là*

The English equivalents are *this one, that one, these, those.*

Cet appareil-ci est peut-être joli, mais celui-là marche mieux.
This camera may be attractive, but that one works better.

Cet hôtel-ci est bon marché mais celui-là est mieux situé.
This hotel is cheap, but that one is better situated.

Celui-là can also mean *the former*, and **celui-ci**, *the latter.*

On peut visiter soit les cabarets soit les monuments historiques. —Ceux-ci m'ennuient, ceux-là me passionnent.
We can visit either the cabarets or the historical monuments. —The former excite me, the latter bore me.

Note that in French, contrary to English, the sentence begins with **ceux-ci** *(the latter)*. This is because the second noun in the first sentence **(monuments)** is closer to the second sentence, and is therefore referred to first **(ceux-ci =** *these***)**.

followed by a relative pronoun

The English equivalents often are *he (she) who, the one(s) who, those who.*

Celui qui s'ennuie chez lui va probablement s'ennuyer à l'étranger.
He who gets bored at home will probably get bored abroad.

Voilà celui qui a volé mon passeport!
There's the one who stole my passport!

followed by a preposition

The English equivalent is often *the one* or *the ones*.

Voyez-vous ces deux femmes? La blonde est celle avec qui je suis sorti hier soir.
Do you see those two women? The blond is the one I went out with last night.

Les membres de notre groupe sont vraiment ennuyeux. Ceux avec qui nous avons fait notre dernière excursion étaient bien plus intéressants.
The members of our group are really boring. The ones we made our last trip with were much more interesting.

Note that the construction **celui** + **de** is equivalent to the English possessive expressed by *'s*.

Aimez-vous cette chambre? —Non, je préfère celle de Nancy.
Do you like this room? —No, I prefer Nancy's.

Nous avons de bons guides. Que pensez-vous de ceux de l'autre groupe?
We have good guides. What do you think of the other group's?

the indefinite demonstrative pronouns

ceci	*this*	
cela, ça	*that*	

Unlike the definite demonstrative pronouns, which refer to a noun that they agree with in number and gender, the indefinite demonstrative pronouns refer to things without number and gender, such as facts or ideas. **Cela** often means both *this* and *that*, except when a contrast is desired. **Ça** is a familiar form of **cela**.

Cela (Ça) m'intéresse beaucoup.
That (this) interests me very much.

Prenez ceci; laissez cela.
Take this; leave that.

Je n'aurais jamais pensé à cela!
I'd never have thought of that!

EXERCICES

A. Répondez en employant la forme correcte de **celui de** + *personne* selon le modèle.

Modèle Quels sont vos films préférés?
Ceux de Fellini (de Woody Allen, d'Altman, etc.).

1. Quelles symphonies préférez-vous?
2. Quels romans (poèmes) préférez-vous?
3. Quelles sont vos chansons préférées?
4. Quels tableaux préférez-vous?
5. Quel(s) cours préférez-vous?

B. Formulez des proverbes en employant **celui qui** selon le modèle.

Modèle   Si on voyage, on apprendra beaucoup.
   Celui qui voyage apprendra beaucoup.

1. Si on travaille, on sera content.
2. Si on ne risque rien, on n'aura rien.
3. Si on s'excuse, on s'accuse.
4. Si on va lentement, on va sûrement.
5. Si on boit trop de vin, on titubera.

C. Préparez deux phrases personnelles (sérieuses? amusantes? bizarres?) comme celles de l'exercice B et demandez à un(e) autre étudiant(e) de formuler des proverbes.

D. Remplacez les tirets par **celui, celle, ceux, celles, ceci** ou **cela (ça)**. Employez **-ci** ou **-là** s'il y a lieu.

1. On parle français en Belgique et à la Guadeloupe. _____ est plus éloignée de la France que _____ .
2. Je ne peux pas accepter ce chèque-ci, monsieur, mais je peux accepter _____.
3. Il ne faut pas s'excuser! _____ ne fait rien!
4. _____ qui travaille dur va probablement réussir.
5. Le costume des touristes fait souvent contraste avec _____ des indigènes.
6. Comment pouvez-vous préférer ces cadeaux à _____ que je vous ai donnés?
7. Comment puis-je décider entre la cuisine et la mode? _____ coûte trop cher et _____ me fait grossir!
8. Je comprends mieux vos habitudes que _____ des Dupont-Seymour.
9. Vous êtes très gentil d'avoir dit _____ à mon ami.
10. J'ai trop à faire! Je n'en peux plus! —Alors, terminez _____ et laissez _____.

E. Traduisez en français.

1. He who adapts himself to the customs of a foreign country will get along very well.
2. He liked neither Marcel nor Marceline. The former seemed too warm and the latter too cold.
3. This trip will be more interesting than last year's.
4. Take this and run!

5. There's the one I distrust.
6. Paul is the one who comes from Canada.
7. If you give me this, I will give you that.
8. This camera is more expensive than the one we bought two years ago.
9. Americans welcome warmly those who seem pleasant and accommodating.
10. She likes neither France nor the United States. The former is too old and the latter too modern.

The demonstrative pronoun ce

Ce is most frequently used with the verb **être: c'est, ce sont.** It is rendered in English by *he, she, it, they, that.*

ce or subject pronoun with être

Should **ce** or the subject pronouns **il, elle, ils, elles** be used as the subject of **être**? As a general rule, if what follows **être** makes sense grammatically as its subject, **ce** is used. If what follows **être** could not be its subject, a subject pronoun is used.

1. **Ce** is used when **être** is followed by a noun, a pronoun, or a superlative. **C'est** is used for all persons except the third person plural, for which **ce sont** is generally preferred.

   Qui vient de débarquer? —C'est votre frère Paul.
   Who just got off the boat? —It's your brother Paul.

   Que fait votre fils actuellement? —C'est une bonne question!
   What is your son doing now? —That's a good question!

   Qui est là? —C'est moi.
   Who's there? —I am!

   C'est la plus belle île du monde!
   It's the most beautiful island in the world!

   Qui a volé nos valises? —Ce sont eux!
   Who stole our suitcases? —They did!

   In the above sentences, what follows the verb **être** also makes sense as its subject.

Votre frère Paul est...	La plus belle île du monde est...
Une bonne question est...	Eux sont...
Moi, je suis...	

2. The subject pronouns **il**, **elle**, **ils**, **elles** are used when **être** is followed by an adjective, an adverb, a preposition, or a phrase—none of which could serve as the subject of **être**.

> Comment trouvez-vous les Français? —Ils sont très fiers.
> *How do you find the French? —They are very proud.*

> Y a-t-il beaucoup d'Américains à l'étranger? —Ils sont partout!
> *Are there a lot of Americans abroad? —They're everywhere!*

> Où est ma malle? —Elle est à côté de vous!
> *Where is my trunk? —It's next to you!*

Note that an unmodified noun of profession, nationality, political allegiance, religion, or social class is treated like an adjective.

> Quel est son métier? —Il est guide.
> *What is his trade? —He's a guide.*

> Et sa religion? —Il est protestant.
> *And his religion? —He's a Protestant.*

EXERCICES

A. Remplacez les tirets par **c'est**, **il est** ou **elle est**, puis jouez les dialogues.

1. A: Qui est la jeune fille sur la photo?
    B: _____ ma sœur Catherine.
    A: Comme _____ belle!
2. A: Connaissez-vous cet étranger?
    B: Oui, _____ le cousin de Mimi Lachaise.
    A: Comme _____ idiot!
3. A: Vous voyez cette femme?
    B: Oui, oui.
    A: Comme _____ bête!
    B: Vraiment?
    A: _____ la femme la plus bête du monde!
    B: Merci. _____ ma cousine!

B. Préparez un exercice original comme ceux de l'exercice A, puis demandez aux autres étudiants de le compléter et de le jouer.

C. Complétez par **c'est**, **il est** ou **elle est** selon le modèle.

Modèle   _____ une touriste.
          C'est une touriste.
          _____ condescendant.
          Il est condescendant.

1. _____ dangereuse.
2. _____ femme d'affaires.
3. _____ notre guide.
4. _____ moi!
5. _____ folle!
6. _____ Gisèle.
7. _____ mon passeport.

8. _____ beau.
9. _____ mon avocat.
10. _____ protestante.
11. _____ derrière nous.
12. _____ une bonne idée!
13. _____ très petite.
14. _____ sa valise.

D. Remplacez les tirets par **ce**, **il**, **elle**, **ils** ou **elles**.

1. De quelle nationalité est notre guide? — _____ est canadien, je crois.
2. Votre appareil marche-t-il bien? — _____ est le pire appareil que j'ai jamais acheté!
3. Qui est sur cette photo? — _____ est une photo d'une belle Tahitienne.
4. _____ n'est pas la première fois qu'on m'insulte ici!
5. Pourquoi ne les a-t-il pas accueillis chaleureusement? —Parce que _____ sont trop condescendants!
6. Pourquoi votre ami admire-t-il tellement Pasteur? —Probablement parce que _____ est médecin.
7. Je voudrais bien poser quelques questions à notre guide. Est- _____ encore ici?
8. Pourquoi ne veulent-elles pas nous accompagner à l'église catholique? —Je crois que _____ sont des protestantes.
9. Il ne parle pas bien, ce monsieur. —Bien sûr que non, _____ est un étranger!
10. Où se trouve votre agence de voyages? — _____ est au coin de la rue, là-bas.

c'est and *il est* + adjective referring to an idea

1. **C'est** + *adjective* is used when referring to a previously mentioned idea.

Je vais faire un voyage à la Martinique. —C'est formidable!
I'm going to take a trip to Martinique. —That's great!

J'ai commencé à me découvrir à l'étranger. —C'est normal.
I began to discover myself abroad. —That's normal.

In sentences beginning with **c'est** + *adjective*, the preposition **à** precedes an infinitive.

J'aimerais piloter un avion. —C'est facile à faire!
I would like to fly a plane. —It's easy to do!

2. **Il est** + *adjective* is used when introducing a new idea not previously mentioned; the **il** is impersonal. **C'est** may replace **il est** in informal conversational French.

Il est (C'est) parfois difficile de bien faire tous les préparatifs.
It is sometimes difficult to make all the preparations properly.

Il est (C'est) important de ne pas perdre sa carte d'identité.
It is important not to lose one's I.D. card.

Il est (C'est) intéressant de faire des voyages imaginaires!
It's interesting to take imaginary trips!

In sentences beginning with **il est (c'est)** + *adjective,* the preposition **de** precedes the infinitive.

EXERCICES

A. Complétez en employant l'expression **il est** + adjectif + **de** selon le modèle.

Modèle   S'il fait beau...
S'il fait beau, il est bon de se promener (il est bête de rester à la maison; il est agréable de sortir avec un ami; il est absurde de rester à la bibliothèque; etc.).

1. Si on est trop gros...
2. Si on voyage beaucoup...
3. Si on a le mal du pays...
4. Si on va avoir un enfant...
5. Si on perd son passeport en Russie...
6. Si on veut être bien reçu à l'étranger...

B. Répondez en employant l'expression **c'est** + adjectif + **à faire** selon le modèle.

Modèle   faire un voyage dans la lune
C'est intéressant (difficile, dangereux, etc.) à faire.

1. faire le tour du monde
2. se promener en ville à trois heures du matin
3. passer l'hiver à la Martinique
4. acheter le guide Michelin avant de faire un voyage en France
5. boire dix bouteilles de bière avant de passer un examen important
6. comprendre la théorie de la relativité

C. Remplacez le premier tiret par **c'est** ou **il est** et le deuxième par **à** ou **de**, s'il y a lieu.

1. _____ amusant _____ essayer de comprendre le créole, la langue d'Haïti.
2. Elle a fait un voyage en Afrique et elle ne veut pas rentrer; _____ difficile _____ comprendre.

3. Mon fils sourit constamment à la serveuse! — _____ normal!
4. _____ extraordinaire _____ ne pas se sentir dépaysé après avoir vécu à l'étranger.
5. _____ plus facile _____ imaginer les voyages que de les faire.
6. La cuisine française a-t-elle influencé la cuisine américaine? — _____ possible.
7. Je ne comprends pas pourquoi _____ si nécessaire _____ faire des projets avant de faire un voyage.
8. J'allais passer ma troisième année universitaire à l'étranger, mais _____ impossible maintenant.
9. _____ intéressant _____ comparer deux cultures différentes.
10. _____ presque impossible _____ se sentir tout à fait à l'aise dans un pays étranger.

Related expressions

the demonstrative adjective *ce* followed by a temporal expression

The demonstrative adjective **ce** is often used with temporal expressions that indicate the present or the past.

---

ce + temporal expression

present		**past**	
cette année	*this year*	cette année-là	*that year*
cet après-midi	*this afternoon*	cet après-midi-là	*that afternoon*
ce matin	*this morning*	ce matin-là	*that morning*
cette semaine	*this week*	cette semaine-là	*that week*
ce soir	*tonight*	ce soir-là	*that night*
ce mois-ci	*this month*	ce mois-là	*that month*
aujourd'hui	*today*	ce jour-là	*that day*
en ce moment	*at this time, now*	à ce moment-là	*at that time, then*

---

1. When **ce (cet, cette)** precedes a temporal expression of the present, it usually means *this*. Note that the suffix **-ci** must be added to the noun **mois.**

   Où allez-vous ce matin?
   Where are you going this morning?

   Elle a passé ce mois-ci à la Guadeloupe.
   She spent this month in Guadeloupe.

2. When **ce (cet, cette)** precedes a temporal expression of the past, however, **-là** must be added to the expression. The English equivalent is *that*.
   En ce moment changes to **à ce moment-là** in the past.

   Où êtes-vous allé ce matin-là?
   Where did you go that morning?

   J'avais l'intention de visiter le Louvre ce jour-là.
   I intended to visit the Louvre that day.

   Elle a passé ce mois-là à la Guadeloupe.
   She spent that month in Guadeloupe.

   Pourquoi avez-vous ri à ce moment-là?
   Why did you laugh then?

demain, hier, le lendemain, la veille

Demain *(tomorrow)* and **hier** *(yesterday)* are used relative to a point in the
present. The equivalent expressions, relative to a point in the past, are **le
lendemain** *(the next day)* and **la veille** *(the day before)*.

Je fais mes valises demain.
I'm packing tomorrow.

J'ai fait mes valises le lendemain.
I packed the next day.

J'ai retrouvé ma carte d'identité hier.
I found my I.D. card yesterday.

J'avais retrouvé ma carte d'identité la veille.
I had found my I.D. card the day before.

EXERCICES

A. Mettez les phrases au **passé**. Faites attention aux expressions temporelles.

Modèle Je pars aujourd'hui.
            Je suis parti(e) ce jour-là.

1. Je téléphone de Paris en ce moment.
2. Je réserve ma chambre aujourd'hui.
3. Cet après-midi nous allons déjeuner dans un restaurant français.
4. Nous passons ce mois-ci à Haïti.
5. Demain nous passons la douane!
6. Ils ont visité[1] Québec hier.

[1]Use the pluperfect tense.

7. Ce matin je vais prendre dix photos.
8. Nous faisons tous les préparatifs cette semaine.
9. Elle se débrouille très bien en ce moment.
10. Nous allons explorer cette petite île aujourd'hui.

B. Traduisez en français.

1. I didn't feel at ease that day.
2. We passed through customs that morning.
3. She lost her traveler's checks that afternoon.
4. That week was the best week of my life!
5. The next day I took a guided tour.
6. I was homesick at that time.
7. We had arrived the day before.

Exercices d'ensemble

I. Traduisez les mots anglais en français et complétez avec imagination.

1. _____ *(He who)* visite un pays étranger pour la première fois...
2. Vous savez que _____ *(it)* est nécessaire _____ *(to)*... avant de faire un long voyage.
3. Les Français, _____ *(who)* sont fiers de leur passé, ont exercé une influence considérable dans le domaine de...
4. Si vous êtes un Français _____ *(who)* parle bien anglais, les Américains vont...
5. L'étudiant _____ *(who)* a passé sa troisième année universitaire à l'étranger, et _____ *(whose)* la vie en a été transformée, va... quand il rentrera aux États-Unis.
6. Ce touriste _____ *(whose)* la langue est impeccable est probablement...
7. Un touriste agréable est _____ *(he who)*...
8. Pourquoi voudriez-vous visiter _____ *(this)* pays exotique? —J'ai envie de...
9. En passant la douane _____ *(it)* est important, me semble-t-il, _____ *(to)*...
10. Le genre de guide _____ *(whom)* je trouve insupportable est _____ *(he who)*...

II. Traduisez en français.

1. That foreigner gets along very well with the natives!
2. How did she get used to the customs of that country?
3. Is it really important to make preparations if one is going to take a short trip?
4. I found that guide condescending, demanding, and totally unpleasant!
5. When I went through customs, one customs officer searched this suitcase and another searched that one.

6. He adapted so well to life in that country that he wanted to stay there.
7. She decided to spend a year in that small African country.
8. It isn't necessary to open your trunk; I trust you.
9. John is the one I was talking about; he has already lost his traveler's checks and his camera!
10. They felt free the day they arrived.
11. My boyfriend is homesick, and I feel out of my element in this strange country.

Sujets de discussion ou de composition

1. Racontez un vrai voyage que vous avez fait. Si vous n'avez rien d'intéressant à raconter, inventez un voyage imaginaire à l'étranger. Racontez, par exemple:
   a. le voyage le plus culturel
   b. le voyage le plus comique
   c. le voyage le plus désastreux que vous pouvez imaginer
2. Vous êtes douanier. Racontez vos difficultés avec deux des personnes suivantes:
   a. une dame impossible
   b. une riche capitaliste désagréable
   c. un gangster international
   d. un autre voyageur pittoresque de votre choix
   e. une jeune Française séduisante
3. Arrivé en Europe, vous comptez faire un magnifique voyage en auto-stop *(hitchhiking)*. Vous n'avez qu'un seul blue-jean très usé *(worn)*, un sac au dos, un beau sourire et peu d'argent. La police vous arrête *(stop)* à la première frontière et vous demande vos intentions. Racontez.

The subjunctive

Chapter 9 at a glance

subjunctive

I. Mettez les verbes au **présent du subjonctif.**

1. parler:
   - **a.** que je _____
   - **b.** que tu _____
   - **c.** qu'elle _____
   - **d.** que nous _____
   - **e.** que vous _____
   - **f.** qu'elles _____
2. que je _____ (faire)
3. que tu _____ (réfléchir)
4. qu'il _____ (répondre)
5. que nous _____ (crier)
6. que vous _____ (venir)
7. qu'ils _____ (venir)

II. Mettez les verbes au **passé du subjonctif.**

1. causer:
   - **a.** que j' _____
   - **b.** que tu _____
   - **c.** qu'elle _____
   - **d.** que nous _____
   - **e.** que vous _____
   - **f.** qu'elles _____

2. partir:
    a. que je _____
    b. que tu _____
    c. qu'elle _____

    d. que nous _____
    e. que vous _____
    f. qu'elles _____

III. Mettez les verbes entre parenthèses au **présent** ou au **passé du subjonctif**.

1. Faut-il que nous _____ (connaître) le français pour bien comprendre la culture française?
2. Je voudrais que vous _____ (allumer) la télé.
3. Je suis contente qu'il _____ (faire) plus beau demain.
4. Il est désolé que vous _____ (ne pas perfectionner) votre accent à Paris l'année dernière.

IV. Mettez les verbes entre parenthèses au temps convenable du **subjonctif** ou de l'**indicatif**, selon le cas. Indiquez si c'est l'indicatif ou le subjonctif que vous avez employé.

1. Je suis étonnée que vous ne _____ (comprendre) pas l'argot.
2. Elle sait que nous _____ (se fâcher) quand nous entendrons ces nouvelles!
3. Je suis triste que vous _____ (dire) du mal de moi hier.
4. Il est vrai qu'on _____ (apprécier) mieux sa propre langue après avoir étudié une langue étrangère.
5. Il faut que vous _____ (s'exprimer) lentement mais correctement.
6. Bien que nous _____ (se disputer) de temps en temps, nous nous tutoyons toujours.
7. Je suis certain que nous _____ (s'abonner) actuellement à *L'Express*.
8. Vous n'apprendrez pas une langue en une semaine, qui que vous _____ (être).
9. Il croit que chaque langue _____ (contenir) sa propre vision du monde.
10. Croyez-vous vraiment que ce journaliste _____ (être) malhonnête?
11. Y a-t-il un étudiant qui _____ (savoir) tout?
12. C'est la meilleure plaisanterie que je _____ (jamais entendre)!

V. Gardez les **infinitifs** ou mettez-les au **subjonctif**, selon le cas.

1. Je voudrais _____ (être) polyglotte un jour.
2. Je voudrais que vous _____ (lire) l'éditorial.
3. Faut-il que nous _____ (payer) la publicité?
4. Il faut _____ (manger) pour vivre et non pas vivre pour manger.
5. Parlez plus fort pour que je _____ (pouvoir) vous entendre.
6. Il est parfois important de _____ (parler) couramment une langue étrangère.

Vocabulaire du thème: La communication

Langue et langage

la **langue**	*language (of a people)*
la **langue** mater-nelle	*native language*
une **langue** vivante (morte)	*a living (dead) language*
une **langue** étrangère	*a foreign language*
le **langage**	*language (of an individual; vocabulary)*
l' **argot** (m)	*slang*
le **jargon**	*jargon*
le **dialecte**	*dialect*
un **langage** cultivé, vulgaire, populaire	*a cultivated, vulgar, popular (i.e., common) language*
l' **idiotisme** (m)	*idiom*
le **lieu** commun	*commonplace*
le **proverbe**	*proverb*
le **néologisme**	*neologism*
la **plaisanterie**	*joke*
le **barbarisme**	*barbarism*
l' **anglicisme** (m)	*Anglicism*
s' **exprimer**	*to express oneself*
s' **entendre** avec	*to get along with*
parler français comme une vache espagnole	*to murder French (lit., to speak French like a Spanish cow)*
parler bas (fort)	*to speak softly (loudly)*
se **disputer**	*to quarrel*
la **dispute**	*quarrel*
insulter	*to insult*
l' **insulte** (f)	*insult*
se **taire**	*to be quiet*
perfectionner son accent (son français)	*to improve one's accent (one's French)*
parler couram-ment	*to speak fluently*
être **bilingue**	*to be bilingual*
être **polyglotte**	*to be a polyglot, to speak many languages*

tutoyer	*to use* **tu** *with someone*
vouvoyer	*to use* **vous** *with someone*

Les mass media

la **télévision**	*television*
les **mass media** (m)	*mass media*
l' **écran** (m)	*screen*
la **chaîne**	*channel*
l' **émission** (f)	*program, telecast*
allumer le poste	*to turn on the set*
diffuser	*to broadcast*
le **journal** télévisé	*news report*
le **dessin** animé	*cartoon*
le **téléspectateur**, la **téléspecta-trice**	*television viewer*
le **speaker**, la **spea-kerine**	*commentator, speaker*
la **publicité**	*advertising*
faire de la pu-blicité	*to advertise*
la **réclame**	*advertisement*
la **presse**	*press*
le **journal**	*newspaper*
le **magazine**	*magazine*
s' **abonner** à	*to subscribe to*
les **nouvelles** (f)	*news*
l' **article** (m)	*article*
la **rubrique**	*heading*
l' **éditorial** (m)	*editorial*
l' **horoscope** (m)	*horoscope*
la **météo(rologie)**	*weather report*
les **mots** croisés (m)	*crossword puzzle*
les **petites** annonces	*classified ads*
les **sports** (m)	*sports*
le **courrier** du coeur	*lonely hearts column*
la **notice** nécrolo-gique	*obituary*
la **bande** dessinée	*cartoon, comics*
quotidien, quo-tidienne	*daily*

hebdomadaire	*weekly*	la **radio**	*radio*
mensuel, men-suelle	*monthly*	le **journal parlé**	*news report*
le, la **journaliste**	*journalist*	la **musique**	*music*
le **reporter**	*reporter*	l' **auditeur** (m), l'**auditrice** (f)	*listener*
le **lecteur**, la **lec-trice**	*reader*		

The subjunctive

The subjunctive is a mood. The term *mood* is used to define the attitude a speaker has toward a fact or action. Two of the principal moods in French are the indicative and the subjunctive. A statement in the indicative mood is considered by the speaker to be certain or objective. A statement in the subjunctive mood, on the other hand, is considered by the speaker to be uncertain, hypothetical, or emotional. The subjunctive is sometimes called the affective (emotional) mood.

Indicative

Richelieu a fondé l'Académie Française.
Richelieu founded the French Academy.
} (An objective fact.)

Je suis certain que le mot anglais «petty» vient du mot français «petit».
I am certain that the English word "petty" is derived from the French word "petit."
} (The speaker is certain.)

La radio ne marche plus.
The radio isn't working any more.
} (The speaker is certain.)

Subjunctive

Pensez-vous vraiment que Francine soit enceinte?
Do you really think Francine is pregnant?
} (The speaker is uncertain.)

Je suis étonnée que vous puissiez comprendre ça!
I'm astounded that you can understand that!
} (The speaker is surprised.)

Il est possible qu'il y ait de la vie sur la planète Mars.
It is possible that there is life on the planet Mars.
} (A hypothetical statement.)

The verbs **a fondé**, **vient**, and **marche** above are in the indicative because the statements are considered certain and objective. The verbs **soit**, **puissiez**, and **ait** above are in the subjunctive because the statements are considered uncertain, emotional, hypothetical. Note that the verb in the subjunctive is rarely the main verb in the sentence. Since its use is governed by the nature of the main verb, it is almost always found in the subordinate clause and is usually introduced by **que**.

English-speaking students sometimes find the French subjunctive difficult because it differs from modern English. Once a frequently used mood with its own distinct forms, the English subjunctive has gradually disappeared, surviving in only a few forms: *Long live the King; I wish I were dead; wherever he may be;* etc. The French subjunctive, however, is an actively used and carefully preserved mood. It has four tenses, of which only two, the present and the past, are normally used in spoken French. The imperfect and pluperfect, both literary tenses, are explained in the Appendix.

Formation of the present subjunctive

regular formations

The present subjunctive of most verbs is formed by replacing the third person plural **-ent** ending of the present indicative by the endings **-e**, **-es**, **-e**, **-ions**, **-iez**, **-ent**.

1. Group 1: infinitive ending in **-er**

---

parler (stem, **parl-**)

que je parl**e**	que nous parl**ions**
que tu parl**es**	que vous parl**iez**
qu'il / qu'elle / qu'on } parl**e**	qu'ils / qu'elles } parl**ent**

Note that verbs ending in **-ier** (e.g., **crier, étudier**) have a double **i** in first and second person plural forms: **que nous étudiions, que vous étudiiez.**

2.   Group 2: infinitive ending in **-ir**

   a.   Verbs like **finir**:

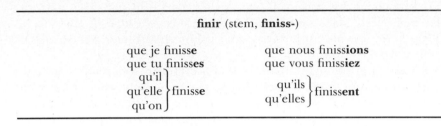

finir (stem, **finiss-**)

que je finisse	que nous finiss**ions**
que tu finiss**es**	que vous finiss**iez**
qu'il / qu'elle / qu'on } finisse	qu'ils / qu'elles } finiss**ent**

   b.   Verbs like **mentir**:

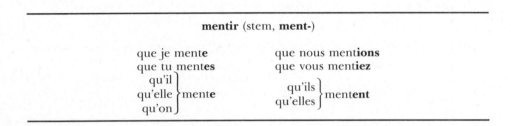

mentir (stem, **ment-**)

que je ment**e**	que nous ment**ions**
que tu ment**es**	que vous ment**iez**
qu'il / qu'elle / qu'on } ment**e**	qu'ils / qu'elles } ment**ent**

Common verbs like **mentir** are **dormir**, **partir**, **sentir**, **servir**, and **sortir**.

3.   Group 3: infinitive ending in **-re**

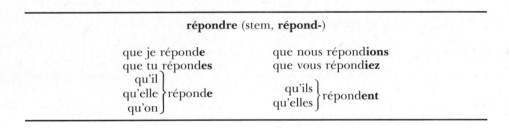

répondre (stem, **répond-**)

que je répond**e**	que nous répond**ions**
que tu répond**es**	que vous répond**iez**
qu'il / qu'elle / qu'on } répond**e**	qu'ils / qu'elles } répond**ent**

irregular formations

The present subjunctive stem of many of the commonest verbs is irregular. These verbs fall into three groups: **avoir** and **être**; verbs with one stem; and verbs with two stems. With the exception of **avoir** and **être**, the regular present subjunctive endings are added to the stems.

1. **Avoir** and **être**

avoir		être	
que j'aie	que nous ayons	que je sois	que nous soyons
que tu aies	que vous ayez	que tu sois	que vous soyez
qu'il	qu'ils	qu'il	qu'ils
qu'elle } ait	qu'elles } aient	qu'elle } soit	qu'elles } soient
qu'on		qu'on	

2. Verbs with one stem

faire (stem, **fass-**)		**pouvoir** (stem, **puiss-**)	
que je fasse	que nous fass**ions**	que je puisse	que nous puiss**ions**
que tu fass**es**	que vous fass**iez**	que tu puisses	que vous puiss**iez**
qu'il	qu'ils	qu'il	qu'ils
qu'elle } fasse	qu'elles } fass**ent**	qu'elle } puisse	qu'elles } puiss**ent**
qu'on		qu'on	

savoir (stem, **sach-**)

que je sache	que nous sach**ions**
que tu saches	que vous sach**iez**
qu'il	qu'ils
qu'elle } sache	qu'elles } sach**ent**
qu'on	

falloir (stem, **faill-**)

qu'il faille   *(3ʳᵈ person only)*

pleuvoir (stem, **pleuv-**)

qu'il pleuve   *(3ʳᵈ person only)*

3. Verbs with two stems
Some verbs have one stem for the singular and the third person plural (stem 1), and another for the first and second person plural (stem 2).

aller

stem 1	stem 2
que j'aille	que nous all**ions**
que tu aill**es**	que vous all**iez**
qu'il	
qu'elle } aille	
qu'on	
qu'ils } aill**ent**	
qu'elles	

Other common verbs with two stems:

	stem 1	stem 2
boire	que je boive	que nous buvions
croire	que je croie	que nous croyions
devoir	que je doive	que nous devions
envoyer	que j'envoie	que nous envoyions
mourir	que je meure	que nous mourions
prendre	que je prenne	que nous prenions
recevoir	que je reçoive	que nous recevions
tenir	que je tienne	que nous tenions
venir	que je vienne	que nous venions
voir	que je voie	que nous voyions
vouloir	que je veuille	que nous voulions

Formation of the past subjunctive

The past subjunctive is composed of the present subjunctive of **avoir** or **être** and the past participle.

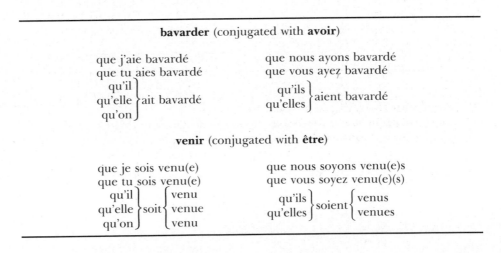

bavarder (conjugated with **avoir**)

que j'aie bavardé que nous ayons bavardé
que tu aies bavardé que vous ayez bavardé
qu'il
qu'elle } ait bavardé qu'ils
qu'on qu'elles } aient bavardé

venir (conjugated with **être**)

que je sois venu(e) que nous soyons venu(e)s
que tu sois venu(e) que vous soyez venu(e)(s)
qu'il venu
qu'elle } soit { venue qu'ils
qu'on venu qu'elles } soient { venus / venues

EXERCICES

A. Mettez les verbes au **présent du subjonctif**.

Modèle (parler) nous
que nous parlions

1. (répondre) nous, je
2. (prendre) je, vous
3. (flatter) vous, tu
4. (traduire) ils, je
5. (boire) il, nous
6. (parler) je, vous
7. (tenir) je, vous
8. (s'exprimer) nous, elle
9. (comprendre) vous, je
10. (aller) je, nous
11. (faire) ils, il
12. (étudier) nous, tu
13. (dire) elle, vous
14. (finir) je, nous
15. (devoir) tu, nous
16. (entendre) nous, elle
17. (savoir) il, vous
18. (partir) nous, je
19. (pleuvoir) il
20. (vouvoyer) vous, il
21. (s'entendre) vous, tu
22. (promettre) nous, elles
23. (insulter) ils, vous
24. (faire) nous, tu
25. (pouvoir) elle, nous
26. (vouloir) je, nous
27. (venir) il, vous
28. (mentir) nous, tu
29. (se taire) nous, elle
30. (falloir) il

B. Mettez les verbes au **passé du subjonctif**.

Modèle   (venir) ils
        qu'ils soient venus

1. (parler) nous, il
2. (s'exprimer) vous, tu
3. (demander) je, nous
4. (mentir) ils, vous
5. (partir) elles, il
6. (se taire) ils, je
7. (finir) tu, nous
8. (entendre) nous, tu
9. (regarder) elles, je
10. (aller) elle, ils
11. (s'entendre) ils, nous
12. (flatter) je, vous
13. (sortir) elles, je
14. (se tutoyer) elles, nous
15. (causer) vous, elles
16. (arriver) tu, vous

use of the present and past subjunctive

The present subjunctive is used when the action in both the subordinate clause and the main clause is in the present. If the action in the subordinate clause takes place before the action in the main clause, the past subjunctive is used.

Il est bizarre que Jeanne ne réponde pas au téléphone.
It's strange that Jean doesn't answer (isn't answering) the telephone.

Je suis heureuse que la chaîne 2 ait diffusé cette émission.
I am happy that Channel 2 broadcast that program.

It is important to note that there is no future subjunctive form. The present subjunctive is used to express the future.

Il est possible que nous allions à la plage demain.
It is possible that we'll go to the beach tomorrow.

EXERCICES

A. Traduisez les mots entre parenthèses en français en employant le **présent** ou le **passé du subjonctif**.

1. Je doute que ce speaker _____ *(knows)* la grammaire!
2. Chut! Si vous voulez m'entendre, il faut que vous _____ *(be quiet)*.
3. Je suis heureuse que mon fils _____ *(wrote)* cet article.
4. Mes amis sont étonnés que je _____ *(understood)* cet éditorial.
5. L'Académie Française ne veut pas que les Français _____ *(use)* trop d'anglicismes.
6. C'est dommage que vous _____ *(cannot)* venir.
7. Mais il est impossible que notre professeur nous _____ *(will give)* encore une composition pour demain!
8. Il est possible que ce journaliste _____ *(will say)* tout ce qu'il pense.
9. Je veux que vous _____ *(speak)* plus fort, s'il vous plaît.

B. Complétez en employant le présent ou le passé du subjonctif, puis jouez les dialogues.

1. A: Je veux que tu...
   B: Comment? Je ne peux pas faire ça!
   A: Mais si! Essaie!
2. A: Je suis heureux (heureuse) que...
   B: Moi, aussi. Il fallait le faire.
3. A: Il est possible que nous... demain.
   B: Ah, oui? Quelle bonne idée!

Expressions that always require the subjunctive

Expressions that by their very nature are uncertain, hypothetical, or emotional are always followed by the subjunctive.

expressions of will, doubt, and emotion

vouloir que
douter que
avoir peur que
craindre que
regretter que
être content, désolé, étonné, heureux, ravi, surpris, triste, etc., que

Je veux que nous sortions ensemble ce soir.
I want us to go out together tonight.

Mon professeur doute que je lise *Le Monde* tous les jours.
My professor doubts that I read Le Monde *every day.*

J'ai peur que vous ne[1] disiez des bêtises.
I am afraid you'll talk nonsense.

Il est ravi que nous nous soyons enfin mariés!
He's delighted that we got married at last!

1. The subjunctive is not used if the subject of the main and subordinate clauses is the same; the infinitive is used instead. In such cases, expressions of will are followed directly by the infinitive. Expressions of emotion require the preposition **de** before the infinitive.

    Je veux dire du bien de ce journaliste, mais je ne peux pas.
    I want to speak well of this journalist, but I can't.

    Je serais heureux de vous tutoyer, mais pas tout de suite.
    I would be happy to use the tu *form with you, but not right away.*

2. The verb **espérer** in the affirmative is followed by the indicative and not the subjunctive.

    J'espère que nous parlerons couramment français avant la fin du semestre.
    I hope we'll speak French fluently before the end of the semester.

EXERCICES

A. Que voulez-vous que je fasse dans les situations suivantes? Répondez selon le modèle.

> **Modèle**   Si j'ai froid?
> **Je veux que vous buviez du thé chaud (que vous mettiez un manteau, que vous preniez un bain chaud, etc.).**

1. Si j'ai mal à la tête?
2. Si j'ai trop chaud?
3. Si je m'ennuie?
4. Si je grossis trop?
5. Si j'ai envie de voir un bon film?
6. Si j'ai faim et je veux manger quelque chose de bon?
7. Si je suis déprimé(e)?

B. Que voulez-vous que les personnes suivantes fassent?

1. le président		5. les clochards	
2. vos parents		6. les terroristes	
3. le professeur		7. les imbéciles	
4. les millionnaires			

[1]The pleonastic **ne** is optional after expressions of fear in the affirmative. It has no negative value and is not translated.

C. Traduisez en français.

1. I want you to leave immediately!
2. We're sorry you did that.
3. We doubt he will be able to do it.
4. I'm happy we get along.
5. I hope it won't rain.
6. I am surprised he insulted you!
7. He wants you to be bilingual.
8. I'm afraid they've left.
9. I don't want us to argue.
10. I am astounded they got married!
11. She's sorry you know the truth.
12. They want you to speak louder.
13. He hopes she says what she thinks.
14. Our professor doesn't want us to murder French.
15. I'm happy this exercise is finished!

impersonal expressions

Impersonal expressions that indicate an uncertain, hypothetical, or emotional point of view are followed by the subjunctive. Among such impersonal expressions are the following:

Il est bizarre que	Il est naturel que
Il est bon que	Il est nécessaire que
C'est dommage que	Il est possible que
Il est douteux que	Il est rare que
Il est étonnant que	Il est regrettable que
Il est étrange que	Il semble que
Il faut que	Il est surprenant que
Il est honteux que	Il se peut que
Il est important que	Il vaut mieux que
Il est impossible que	

Il est regrettable que cette réclame soit si bête.
It's too bad that advertisement is so stupid.

Il est possible qu'ils soient toujours malades.
It's possible that they're still sick.

Impersonal expressions that stress a certain or objective point of view are followed by the indicative. The following are therefore followed by the indicative:

Il est certain que   Il me semble que[2]
Il est clair que   Il est sûr que
Il est évident que   Il est vrai que
Il est probable que[1]

Il est vrai que la télévision influence l'opinion publique.
It is true that television influences public opinion.

Il est évident que la presse doit rester libre.
It is evident that the press must remain free.

Note that impersonal expressions introducing general statements are followed by **de** + *infinitive*. **Il faut** and **il vaut mieux**, however, are followed directly by the infinitive.

Est-il possible de communiquer sans se servir de paroles?
Is it possible to communicate without using words?

Il faut apprendre les proverbes parce qu'ils expriment souvent la vérité.
One should learn proverbs because they often express the truth.

Il vaut mieux être oiseau de campagne qu'oiseau de cage.
It is better to be a bird in the country than a bird in a cage.

EXERCICES

A.   Imaginez que vous êtes le père ou la mère d'un(e) enfant très gâté(e). Répondez en employant **il faut que** selon le modèle.

Modèle: Enfant gâté(e): Je ne veux pas aller au lit!
        Père ou mère: Il faut que tu ailles au lit!

1. Je ne veux pas me laver!
2. Je ne veux pas faire mon lit!
3. Je ne veux pas boire mon lait!
4. Je ne veux pas sortir!
5. Je ne veux pas me taire!
6. Je ne veux pas faire mes devoirs!
7. Je ne veux pas dormir!

---

[1]Probability is considered more certain than uncertain and therefore takes the indicative.
[2]Note that **il me semble que** takes the indicative, whereas **il semble que** takes the subjunctive. The first expresses certainty and the second uncertainty on the part of the speaker.

8.   Je ne veux pas finir les légumes!
9.   Je ne veux pas te vouvoyer!
10. Je ne veux pas faire pipi!

B. Quelles rubriques faut-il que les personnes suivantes lisent?(Consultez le *Vocabulaire du thème.*) Répondez selon le modèle.

Modèle   Gisèle veut rire.
    Il faut qu'elle lise les bandes dessinées.

1.   Pierre cherche une voiture d'occasion *(used)*.
2.   Denise et Paulette veulent lire quelque chose de romantique et de sentimental.
3.   Aldo veut savoir si le grand-père de son ami est mort.
4.   Babette veut savoir l'opinion officielle du journal.
5.   Je veux savoir s'il va pleuvoir demain.
6.   Bernard veut savoir qui a gagné le match de football hier.
7.   Dorine cherche un nouvel appartement.
8.   Je veux connaître l'avenir.

C. Récrivez les proverbes en suivant le modèle. Faites tous les changements nécessaires.

Modèle   If faut vivre à Rome comme à Rome. (vous)
    Il faut que vous viviez à Rome comme à Rome.

1.   Il faut commencer par le commencement. (vous)
2.   Il ne faut pas réveiller le chat qui dort. (nous)
3.   Il ne faut pas dire du mal des absents. (elle)
4.   Il faut tourner sept fois la langue dans la bouche avant de parler. (vous)
5.   Il ne faut jamais remettre au lendemain ce que l'on peut faire le jour même. (on)
6.   Il faut prendre le temps comme il vient. (ils)
7.   Il faut manger pour vivre et non pas vivre pour manger. (vous)
8.   Il vaut mieux être seul qu'en mauvaise compagnie. (je)
9.   Il faut laver son linge sale en famille. (nous)
10. Il faut manger comme un homme en bonne santé et boire comme un malade. (vous)

D. Parlons argot! Étudiez cette liste de mots d'argot.

avoir l'estomac dans les talons *to be starving (lit., to have one's stomach in one's heels)*
avoir la gueule de bois *to have a hangover (lit., to have a wooden jaw)*
avoir la langue bien pendue *to be very talkative (lit., to have one's tongue hanging out a lot)*
bouffer *to eat like a glutton, to eat (lit., to puff out)*
faire dodo *to sleep (children's language)*
faire l'école buissonnière *to play hooky (lit., to go to school in the bushes)*

mettre les voiles *to take off, to depart (lit., to set sail)*
perdre les pédales *to be nuts (lit., to lose one's pedals)*

Maintenant, employez une expression impersonnelle avec le subjonctif selon le modèle.

Modèle: Le professeur a la gueule de bois.
Il est rare (il est honteux, il est normal, etc.) que le professeur ait la gueule de bois.

1.   Mon bébé fait dodo.
2.   Les gangsters ont mis les voiles.
3.   Bruno le cerveau a fait l'école buissonnière.
4.   Mon psychiatre a perdu les pédales!
5.   Hugo le gros a déjà bouffé.
6.   Le professeur a la langue bien pendue.
7.   Georges le clochard a l'estomac dans les talons.

E.   Traduisez en français.

1.   It's true that I lied.
2.   It's too bad you forgot the newspaper.
3.   It's impossible to be totally objective.
4.   It's clear he doesn't understand me!
5.   It's surprising you don't know the answer.
6.   It's evident you love languages.
7.   It's natural to be curious.
8.   It's easy to forget to study.
9.   It's good you write so well.
10.   You have[1] to read this editorial!
11.   It's doubtful I'll subscribe to that boring magazine.

conjunctions

Conjunctions introducing hypothetical or restrictive statements are followed by the subjunctive.

à condition que   *on condition that*
à moins que   *unless*

afin que ⎫
pour que ⎭   *in order that, so that*

avant que   *before*

bien que ⎫
quoique ⎭   *although*

[1]Use **il faut que.**

jusqu'à ce que   *until*
pourvu que   *provided that*
sans que   *without*
que... ou non   *whether . . . or not*

Notre professeur parle lentement pour que nous puissions le comprendre.
Our professor speaks slowly so that we can understand him.

Je compte la tutoyer à moins qu'elle ne[1] me vouvoie.
I intend to say tu *to her unless she says* vous *to me.*

Qu'il se mette en colère ou non, je vais lui dire la vérité.
Whether he gets angry or not, I'm going to tell him the truth.

If the subject of the main and subordinate clauses is the same, certain conjunctions are replaced by a corresponding preposition and followed by an infinitive. Thus the subjunctive is not used.

conjunction	**preposition**
à condition que	à condition de
à moins que	à moins de
afin que	afin de
avant que	avant de
pour que	pour
sans que	sans

Comment comptez-vous être au courant des affaires internationales sans lire le journal?
How do you intend to keep up on international affairs without reading the paper?

Mon amie Jacqueline me téléphone uniquement pour bavarder.
My friend Jacqueline calls me only to chat.

The conjunctions **bien que**, **quoique**, **jusqu'à ce que**, and **pourvu que** do not have corresponding prepositions. Even when there is no change of subject these conjunctions must be used, repeating the subject of the main clause. As always, they are followed by a verb in the subjunctive.

J'aime beaucoup mon cours de français bien que (quoique) je sois toujours en retard!
I like my French course a lot, although I'm always late!

Je vais continuer à étudier cette langue jusqu'à ce que je la connaisse!
I'm going to keep on studying this language until I know it!

---

[1]The pleonastic **ne** is optional after the conjunctions **à moins que** and **avant que.** It has no negative value and is not translated.

A.   Mettez les infinitifs entre parenthèses au **subjonctif** s'il y a lieu.

1. L'Académie Française a été établie pour _____ (défendre) la langue française.
2. Voulez-vous rester ici jusqu'à ce que je _____ (revenir)?
3. Il faut toujours réfléchir avant de _____ (parler).
4. Quoique le français _____ (être) sa langue maternelle, il a du mal à prononcer le *u*.
5. Je vous aiderai avec les mathématiques pourvu que vous me _____ (aider) avec l'espagnol!
6. Bien qu'il en _____ (comprendre) tous les mots, il ne sait pas la signification de cet idiotisme!
7. Cet étudiant paresseux essaie d'écrire des compositions sans _____ (consulter) le dictionnaire.
8. Nancy allume le poste pour _____ (regarder) une émission culturelle.
9. Sa camarade de chambre, Gertrude, étudie les réclames afin de mieux _____ (comprendre) la publicité.
10. Il continue à employer des mots d'argot bien que son père _____ (se mettre) en colère.

B.   Traduisez en français.

1. Speak more slowly so that I can understand you.
2. We won't quarrel unless he puts the television set on!
3. Although she has never gone to France, she speaks French fluently.
4. You will never know what is going on *(se passer)* unless you watch the news.
5. I'll be quiet, provided you tell me the joke.

C.   Complétez avec imagination.

1. Adèle, je me marierai avec toi pourvu que...
2. Je resterai au bar jusqu'à ce que...
3. J'achèterai ce magazine de mode bien que...
4. Je vais allumer le poste pour...
5. Il faut entendre la météo avant de...
6. Vite! Ferme la porte avant que...

expressions of concession

Expressions of concession are followed by the subjunctive.

| qui que | *whoever* |
| où que | *wherever* |

si + *adjective* + que	*however*
quel que	*whatever*
quoi que	*whatever*

Qui que vous soyez, vous avez les mêmes droits que les autres.
Whoever you are (may be), you have the same rights as others.

Si intelligente qu'elle soit, elle n'apprendra pas tous ces idiotismes en un jour!
However intelligent she is (may be), she will not learn all those idioms in one day!

Note that **quel que** and **quoi que** both mean *whatever*. **Quel que** is used when an adjective is called for (i.e., **quel** always agrees with a noun), and **quoi que** when a pronoun is called for.

Quelles que soient vos raisons, vous ne devriez pas vous disputer.
Whatever your reasons are (may be), you shouldn't quarrel.

Quoi que je fasse, je ne peux pas plaire à mon patron.
Whatever I do, I can't please my boss.

EXERCICES

A. Remplacez les tirets par **qui que**, **où que**, **quoi que**, ou la forme correcte de **quel que**.

1. Vous ne pouvez pas désobéir à la loi, _____ vous soyez!
2. _____ soient ses raisons, à l'âge de trente ans il ne devrait pas lire les bandes dessinées!
3. Les idiots se trouvent partout. _____ j'aille, je les vois!
4. Je vais dire la vérité, _____ vous fassiez!
5. _____ soient vos objections, elle continuera à regarder la télé.
6. Il ne vous acceptera pas, _____ vous fassiez.
7. Je peux trouver du coca-cola _____ j'aille.

B. Traduisez en français.

1. Wherever we go in France, we hear franglais![1]
2. I'll learn that language, however difficult it is.
3. They watch television wherever they go.
4. Whatever you tell him, he'll keep his word.
5. We like to learn the language wherever we travel.
6. Please try to tell the truth, whatever you do!
7. Whatever your true intentions may be, try to hide them!
8. However honest they are, they cannot keep a secret.
9. Whatever the speaker does, he can't please his listeners.

[1]The neologism *franglais* describes the highly Anglicized French spoken by many French people today. The term was popularized by the scholar Étiemble's book *Parlez-vous franglais?* (1964), which attacks the use of such jargon.

C. Traduisez en français, puis jouez les dialogues.

1. A: I will follow you wherever you go!
   B: Thanks, but I'm staying home.
2. A: Whatever you do, be prudent.
   B: However stupid I am, I'll try.
3. A: Whoever you are, go away!
   B: Whatever you do, I'll stay!

Expressions that sometimes require the subjunctive

Some expressions that are not inherently uncertain, hypothetical, or emotional become so in certain cases because of the attitude of the speaker. In these cases they take the subjunctive.

verbs of thinking and believing

Affirmative verbs of thinking and believing (e.g., **penser**, **croire**, **trouver**) are always followed by the indicative. Negative and interrogative verbs of thinking and believing, however, are followed by the subjunctive when there is considerable doubt in the mind of the speaker. But if the doubt in the mind of the speaker is negligible, or if a future action is expressed, the indicative is normally used.

Affirmative:

Je trouve qu'il est raisonnable.
I find that he is reasonable.

Je crois que ce journal est très bon.
I think this paper is very good.

Negative and interrogative:

Je ne pense pas que vous $\left\{ \begin{array}{l} \text{ayez compris} \\ \text{avez compris} \end{array} \right\}$ cette question.

I don't think you've understood this question.

Croyez-vous que je $\left\{ \begin{array}{l} \text{suis} \\ \text{sois} \end{array} \right\}$ enceinte?

Do you think I'm pregnant?

Trouvez-vous que ce reporter $\begin{Bmatrix} \text{est} \\ \text{soit} \end{Bmatrix}$ sérieux?

Do you find that this reporter is serious?

Croyez-vous que David sera ici demain?
Do you think David will be here tomorrow?

EXERCICES

A. Mettez les verbes entre parenthèses à l'**indicatif** ou au **subjonctif**, selon le cas.

1. Je crois que mon amie _____ (mentir) quand elle m'a parlé hier.
2. Pensez-vous que ce commentateur fou _____ (dire) toujours la vérité?
3. Je crois que la vie à la campagne _____ (être) plus tranquille que la vie en ville.
4. Pensez-vous que Paul, ce grand menteur, _____ (être) vraiment sincère?
5. Notre professeur trouve que nous _____ (s'exprimer) très bien.
6. Je ne pense pas que cette émission ridicule _____ (pouvoir) m'intéresser.
7. Croyez-vous vraiment que je _____ (sortir) avec elle demain soir?
8. Je ne pense pas du tout que vous _____ (perfectionner) votre accent l'année passée!
9. Pensez-vous que ma vie _____ (être) heureuse?
10. Je ne pense pas qu'elle _____ (venir) ce soir.

B. Traduisez en français.

1. Robert doesn't think he'll be able to finish the article.
2. I don't believe we have enough money to buy a new TV.
3. Do you really think that advertisement is artistic?
4. I don't think that journalist knows what he's doing!
5. Do you think they'll speak fluently after only one course?
6. I don't think it will rain tomorrow.

C. Traduisez en français, puis jouez le dialogue.

A: M. (Mme) Tête is so serious!
B: Do you think he (she) reads the lonely hearts column?
A: *(Ironic)* Every day. Do you think he (she) also reads the funnies?
B: *(Laughter)* For sure *(Certainement)!* I think he (she) reads the editorials, drinks a glass of milk, and goes to bed!

relative clauses

Verbs in relative clauses are normally in the indicative. The subjunctive is generally used, however, if the speaker doubts or denies the existence or attainability of the antecedent. In such cases the verb in the main clause is often in the negative or interrogative.

Indicative:

Je connais plusieurs étudiants qui sont complè-
tement bilingues.
I know several students who are completely bilingual.
(An objective statement of fact.)

Nous avons trouvé un reporter qui sait parler ja-
ponais.
We have found a reporter who can speak Japanese.
(An objective statement of fact.)

Subjunctive:

Je ne connais personne qui puisse parler latin.
I don't know anyone who can speak Latin.
(The speaker doesn't know of such a person.)

Y a-t-il une réclame qui soit tout à fait objective?
Is there an ad that is completely objective?
(The speaker questions the existence of such an ad.)

A. Traduisez en français.

1. You really have a friend who is famous?
2. I don't know a journalist who knows everything.
3. I don't know a reporter who can speak Chinese, Japanese, and Russian.
4. Is there a crossword puzzle he can't do?
5. I don't know anyone who can do that.
6. I know several people who lived in that apartment.
7. Is there a newspaper that pleases everyone?

B. Complétez avec imagination en employant l'**indicatif** ou le **subjonctif**.

1. Y a-t-il une chaîne...
2. Nous voulons trouver un appartement...
3. Il n'y a pas de professeur...
4. Je ne connais pas de Français...
5. Il n'y a pas de journaliste...

the superlative

Verbs in relative clauses following superlative expressions and the adjectives **premier**, **dernier**, and **seul** are in the indicative when the speaker states a certain or objective fact. They are normally followed by the subjunctive, how-ever, when the speaker expresses a subjective feeling, a personal opinion, or a doubtful attitude.

Indicative:

Robert est le plus jeune étudiant qui a réussi à l'examen.
Robert is the youngest student who passed the exam. (An objective statement of fact.)

Je suis sûr que le Brésil est le plus grand pays qu'ils ont visité.
I am sure that Brazil is the biggest country they visited. (The speaker is certain.)

Indicative or subjunctive:

Est-ce vraiment la meilleure plaisanterie que vous ayez jamais entendue?
Is this really the best joke you've ever heard? (The speaker is doubtful, surprised.)

Est-ce le seul étudiant qui sache ce que c'est qu'un néologisme?
Is he the only student who knows what a neologism is? (The speaker is surprised.)

EXERCICE

Traduisez en français.

1. That's the worst news report I've ever seen!
2. Boston is the largest city we visited.
3. Is that the only thing you can say?
4. Is that the best newspaper you have ever read?
5. Is Jean-Marc the only reporter who knows how to write?
6. I'm the only American who lives here.
7. That's the most beautiful accent I have ever heard!
8. She's the only person who saw the accident.

Exercices d'ensemble

I. Mettez les verbes entre parenthèses au **subjonctif** ou à l'**indicatif**, s'il y a lieu.

1. Est-il nécessaire de _____ (traduire) ces phrases françaises en anglais?
2. Il ne faut pas que nous _____ (insulter) les auditeurs.
3. C'est dommage que vous _____ (flatter) ces imbéciles.
4. Nous doutons que notre fils _____ (pouvoir) comprendre cette émission politique.
5. Nous croyons que la langue écrite _____ (être) plus précise que la langue parlée.
6. Il est probable qu'ils _____ (arriver) hier soir.
7. Je crois que vous _____ (pouvoir) me tutoyer dès maintenant.
8. Qui que vous _____ (être), vous serez obligé de travailler comme les autres!
9. Je cherche un sage qui _____ (savoir) la réponse à toutes les questions!
10. Croyez-vous que je _____ (devoir) punir mon petit frère gâté?
11. Il a beaucoup étudié les langues étrangères parce qu'il _____ (vouloir) devenir polyglotte.
12. Il est vrai que le mot anglais «too-da-loo» _____ (venir) de l'expression française «tout à l'heure».

II. Complétez avec imagination.

1. Je vais vous poser des questions jusqu'à ce que...
2. Nous espérons que ce criminel violent...
3. Pour se libérer véritablement, il faut que les femmes...
4. Je doute que le terrorisme...
5. Trouvez-vous que l'amour...
6. Nous avons peur que la civilisation américaine...
7. Je ne crois pas qu'un vrai révolutionnaire...
8. Si vous voulez scandaliser le monde, il faut que vous...
9. Ils sont contents que ce vieux fou...
10. Il voudrait devenir millionnaire sans...

Sujets de discussion ou de composition

1. Quels journaux et quels magazines aimez-vous lire? À quels journaux et à quels magazines vous abonnez-vous? Avez-vous des rubriques préférées? Quelles rubriques n'aimez-vous pas? Pouvez-vous recommander un journal ou un magazine aux autres étudiants? Pourquoi voulez-vous qu'ils le lisent?

2. Que pensez-vous de la publicité? Qui, à votre avis, est influencé par la publicité? Avez-vous des réclames préférées à la télé ou dans le journal? Y en a-t-il que vous détestez? Expliquez pourquoi. Préparez une réclame en employant des verbes au subjonctif et présentez-la à la classe.

3. La télévision et vous. Que pensez-vous de la télévision? La regardez-vous souvent? Pourquoi ou pourquoi pas? Avez-vous des émissions préférées? Pourquoi les préférez-vous? Y en a-t-il que vous trouvez offensantes, ou bêtes, ou ennuyeuses? Si oui, lesquelles et pourquoi? Quel est, selon vous, le rôle que la télévision peut jouer dans le monde moderne? Est-il probable que la télévision devienne de plus en plus importante?

4. Malheureusement, les gens ne s'entendent pas toujours très bien. Parfois ils se disputent ouvertement. Pourquoi les gens ont-ils du mal à s'entendre? Quelles sont, à votre avis, les barrières à la communication? Est-il possible, à votre avis, de remédier à ce manque de communication?

5. Les Français ont dénoncé les emprunts *(borrowings)* à l'anglais qu'ils appellent le franglais. Les Américains, au contraire, n'ont pas dénoncé les nombreux emprunts au français (par ex., *de rigueur, chic, détente, comme il faut*). Pensez-vous que les Américains et les Français ont des attitudes différentes à l'égard de leur langue?

Possessives and prepositions

Chapter 10 at a glance

possessives

I. Traduisez en français les mots entre parenthèses.

1. *(my)* livre
2. *(her)* maison
3. *(his)* imagination
4. *(our)* bibliothèque
5. *(your)* romans
6. *(their)* idées

II. Traduisez en français les possessifs en employant l'**adjectif possessif** ou l'**article défini**.

1. Cette actrice ne se lave jamais _____ *(her)* cheveux!
2. _____ *(His)* poète favori est Baudelaire.

III. Traduisez en français **les pronoms possessifs**.

    1. L'imagination de cet écrivain est moins riche que _____ *(yours)*.

    2. Cet auteur aime bien critiquer les romans des autres, mais il ne veut pas qu'on critique _____ *(his)*.

IV. Traduisez en français en employant **être à**.

    1. Voyons! Ce roman policier _____ *(is not yours)!*

    2. Mais si! Il _____ *(is mine)!*

V. Traduisez en français en employant une expression avec **de**.

    1. _____ *(Racine's play)* est une tragédie.

    2. _____ *(Your friends' ideas)* me scandalisent.

VI. Traduisez en français en employant **être malade** ou **avoir mal à**.

    1. Je crois qu'elle _____ *(has a headache)*.

    2. L'acteur n'a pas joué parce qu'il _____ *(was sick)*.

prepositions

VII. Traduisez en français.

    1. behind the tree

    2. against the house

    3. between us

    4. in the middle of the book

    5. near the library

VIII. Traduisez en français les mots entre parenthèses.

    1. Mon livre est _____ *(on the table next to the window)*.

    2. Je peux lire ce best-seller _____ *(in one hour)!*

    3. Cette actrice charmante _____ *(with brown eyes)* est très gentille.

IX. Remplacez les tirets par **à** ou **de** s'il y a lieu.

    1. Nous avons _____ lire trois romans cette semaine.

    2. Ce romancier a essayé _____ scandaliser le public mais il n'a pas réussi _____ le faire.

    3. Voulez-vous _____ assister au spectacle avec moi?

    4. Dans ce roman il s'agit d'un homme qui refuse _____ mentir.

    5. Mon ami m'a conseillé _____ suivre un cours de littérature.

X.   Traduisez en français les mots entre parenthèses.

1.   Je _____ *(am looking for)* un livre de poche intéressant.
2.   _____ *(We are interested in)* la littérature moderne.
3.   Les spectateurs _____ *(laugh at)* vous parce que vous _____ *(resemble)* Charlie Chaplin!

XI.   Remplacez les tirets par **à** ou **de**.

1.   Que pensez-vous _____ Balzac?
2.   Un acteur pense toujours _____ son public.
3.   La littérature pornographique manque souvent _____ valeur artistique.
4.   Juliette manque beaucoup _____ Roméo.

XII.   Remplacez les tirets par **à**, **en** ou **dans**.

1.   Ils vont au spectacle _____ bicyclette.
2.   Nous allons au festival d'Avignon _____ bateau.

Vocabulaire du thème: La scène et les lettres

La scène: la pièce de théâtre

l' auteur dramatique (m)	*playwright*
le metteur en scène	*director*
l' acteur (m)	*actor*
l' actrice (f)	*actress*
la troupe	*troupe*
jouer un rôle	*to play or act a role*
savoir (oublier) son texte, son rôle	*to know (forget) one's lines*
l' interprétation (f)	*interpretation*
la répétition	*rehearsal*
répéter	*to rehearse*
la scène	*stage, scene*
le costume	*costume*
le décor	*decor, scenery*
le maquillage	*make-up*

la pièce	*play*
le spectacle	*show*
la tragédie	*tragedy*
la comédie	*comedy*
la représentation	*performance*
représenter	*to perform*
la mise en scène	*production, staging*
le héros	*hero*
l' héroïne (f)	*heroine*
le personnage	*character (in a play, book, etc.)*
l' intrigue (f)	*plot*
l' orchestre (m)	*orchestra*
l' entracte (m)	*intermission*

La critique et le public

la critique	*criticism*
le critique	*critic*
critiquer	*to criticize*
le public	*audience*

le **spectateur**	*spectator*
assister à	*to attend*
applaudir frénéti-quement	*to applaud wildly*
siffler	*to hiss, to boo*
louer	*to praise*
le **succès**	*hit*
le **four**	*flop (theater)*
scandaliser	*to scandalize, to shock*

Les lettres: écrivains et lecteurs

l' **écrivain** (m)	*writer*
le **lecteur**, la **lectrice**	*reader*
le **poète**	*poet*
l' **essayiste** (m)	*essayist*
le **conteur**, la conteuse	*short-story writer*
le **romancier**, la ro-mancière	*novelist*
raconter une his-toire	*to tell a story*

la **lecture**	*reading*
décrire	*to describe*
l' **éditeur**, l'**éditrice**	*publisher*

Le livre

le **bouquin** (colloq.)	*book*
l' **ouvrage** (m)	*work*
les **écrits** (m)	*writings*
le **conte**	*short story*
la **poésie**	*poetry*
l' **essai** (m)	*essay*
le **roman policier**	*mystery (novel)*
le **roman d'aventures**	*adventure story*
le **roman d'amour**	*love story*
le **roman**	*novel*
le **livre de chevet**	*bedside book*
le **manuel**	*textbook*
le **best-seller**	*best seller*
le **livre de poche**	*paperback*
le **style**	*style*
le **ton**	*tone*
le **thème**	*theme*

Possessives

Possessives are used to indicate that something belongs to someone. Four common constructions express possession in French: possessive adjectives, possessive pronouns, **être à**, and **de** + *noun*.

Adjective: Zut! J'ai perdu mon manuel!
Darn it! I lost my textbook!

Pronoun: Sers-toi du mien pour le moment. Le voici.
Use mine for the time being. Here it is.

être à: Ce manuel n'est pas à vous! Il est à moi! Mon prénom est écrit sur la première page!
This text isn't yours! It's mine! My name is written on the first page!

de + *noun*: Idiot! C'est l'ancien bouquin de mon frère Jean! Il a le même prénom que toi!
Idiot! It's my brother John's old book! He has the same first name as you!

Possessive adjectives

masculine	feminine	plural	
mon	ma (mon)	mes	*my*
ton	ta (ton)	tes	*your*
son	sa (son)	ses	*his, her, its*
notre	notre	nos	*our*
votre	votre	vos	*your*
leur	leur	leurs	*their*

agreement

Like all adjectives, the possessive adjectives agree in number and gender with the noun they modify.

Singular	**Plural**
notre roman	nos romans
our novel	*our novels*
leur place	leurs places
their seat	*their seats*
mon ouvrage	mes ouvrages
my work	*my works*

Note that the feminine singular has two forms. **Ma**, **ta**, and **sa** are used before feminine singular nouns or adjectives beginning with a consonant or aspirate *h*. **Mon**, **ton**, and **son** are used before feminine singular nouns or adjectives beginning with a vowel or mute **h**.

ma bibliothèque	mes bibliothèques
my library	*my libraries*
ma hache	mes haches
my ax	*my axes*
ton autre nouvelle	tes autres nouvelles
your other short story	*your other short stories*
mon héroïne	mes héroïnes
my heroine	*my heroines*
son actrice	ses actrices
his (her) actress	*his (her) actresses*

French possessive adjectives are repeated before each noun; this is usually not the case in English.

Il oublie toujours son manuel et son cahier.
He always forgets his text and notebook.

the definite article expressing possession

1. The definite article is often used to express possession with parts of the body.

   Elles ont fermé les yeux pour ne pas voir.
   They shut their eyes in order not to see.

   Il a les cheveux roux.
   He has red hair. or: *His hair is red.*

   Elle a levé la tête pour mieux voir la scène.
   She raised her head to see the stage better.

2. When the subject performs an action on a part of his or her own body, a reflexive verb is used.

   Elle se lave les cheveux le matin et le soir.
   She washes her hair in the morning and at night.

   Remember that in such constructions the part of the body is the direct object and the reflexive pronoun is the indirect object. Therefore, there is no agreement with the past participle in compound tenses, since the past participle does not agree with preceding indirect objects.

   Elles se sont lavé les cheveux.
   They washed their hair.

EXERCICES

A. Traduisez en français et créez une phrase originale en employant les expressions dans la colonne de droite.

1.	My costume	est meilleur que mon livre de chevet.
2.	Her writings	ne marche plus.
3.	Their opinions	est belle.
4.	Our car	est bien organisée.
5.	Your bedside book	adore la littérature.
6.	Their ideas	est trop simple.
7.	My girlfriend	sont difficiles à comprendre.
8.	Her essay	a confiance en eux.
9.	Our roles	sont faciles à jouer.
10.	Your interpretation	est originale.
11.	His poetry	sont toujours intéressantes.
12.	My troupe	a gagné un prix littéraire.

B. Remplacez les mots entre parenthèses par un **adjectif possessif** ou l'**article défini**.

1. Bien que cet acteur joue bien _____ *(his)* rôles, je n'aime pas le caractère de _____ *(his)* personnages!

2. Ils se promènent le long de la Seine en parlant de _____ *(their)* poètes préférés.

3. Cette actrice sera obligée de se laver soigneusement _____ *(her)* visage pour enlever _____ *(her)* maquillage.

4. Comment! Les spectateurs s'ennuyaient pendant la représentation de _____ *(his)* pièce!

5. Je relis souvent _____ *(my)* pièce et _____ *(my)* roman favoris.

6. Ils iront au théâtre avec vous pourvu que vous payiez _____ *(their)* places.

7. J'admire beaucoup cette danseuse! Elle lève _____ *(her)* mains et baisse _____ *(her)* tête avec tant de grâce!

8. Ce romancier s'identifie avec _____ *(his)* héros et avec _____ *(his)* héroïne.

9. _____ *(Our)* professeur et _____ *(our)* parents trouvent que ce roman érotique n'a pas de valeur littéraire.

C. Demandez à un(e) autre étudiant(e) ou au professeur...

1. quelle est sa pièce de théâtre préférée.
2. s'il (si elle) a un critique de théâtre préféré.
3. combien de fois par semaine il (elle) se lave les cheveux (les oreilles).
4. s'il (si elle) est écrivain. Si oui, demandez-lui ce qu'il (elle) écrit (poèmes? essais? romans? contes?).
5. de quelle couleur sont ses yeux (les yeux du professeur).
6. quel est son acteur préféré.
7. quelle est son actrice préférée.
8. quel est son écrivain (poète? romancier? auteur dramatique? conteur?) préféré.
9. où se trouve la villa de ses parents.
10. s'il (si elle) s'est lavé les cheveux (s'est brossé les dents) ce matin.

D. Répondez à chaque question en employant une des expressions de la colonne de droite. Répondez par une phrase complète.

Que fait-on avec:

1. une brosse à dents?	se calmer les nerfs
2. une petite main en plastique?	se couper les ongles
3. des ciseaux à ongles *(nail clippers)*?	s'essuyer le front
	se teindre les cheveux
4. un shampooing (ʃɑ̃pwɛ̃)?	se gratter le dos
5. une barre de savon?	se brosser les dents
6. un oreiller *(pillow)*?	se laver le visage
7. un calmant *(tranquilizer)*?	se reposer la tête
8. un couteau, si on ne fait pas attention?	se laver les cheveux
	se couper le doigt
9. de la teinture *(dye)*?	
10. un mouchoir, s'il fait chaud?	

E. Refaites l'exercice précédent en répondant à cette question: Qu'avez-vous fait avec cette brosse à dents (cette petite main en plastique, etc.)? Employez le passé composé dans vos réponses.

Possessive pronouns and the expression être à

the possessive pronoun

singular		plural		
masculine	**feminine**	**masculine**	**feminine**	
le mien	la mienne	les miens	les miennes	*mine*
le tien	la tienne	les tiens	les tiennes	*yours*
le sien	la sienne	les siens	les siennes	*his, hers, its*
le nôtre	la nôtre	les nôtres	les nôtres	*ours*
le vôtre	la vôtre	les vôtres	les vôtres	*yours*
le leur	la leur	les leurs	les leurs	*theirs*

Like the possessive adjectives, possessive pronouns agree in number and gender with the object possessed. The definite article contracts normally with **à** and **de**.

Sa place est bien plus confortable que la mienne!
His (her) seat is much more comfortable than mine!

Leurs manuels coûtent moins cher que les nôtres.
Their texts cost less than ours.

Elle s'intéresse plus à votre problème qu'au sien.
She's more interested in your problem than in his (hers).

être à + noun or disjunctive pronoun

The expression **être à** followed by a *noun* or *disjunctive pronoun* is used frequently to express ownership. It may be translated by a possessive pronoun or by the verb *to belong*.

Ce livre de poche est-il à vous ou à votre camarade de chambre?
Does this paperback belong to you or your roommate?

Ce roman policier est probablement à lui.
This mystery is probably his.

Note that **appartenir à** is a synonym of **être à**, and that it takes an indirect object pronoun.

Ce bouquin ne m'appartient pas; il lui appartient.
This book doesn't belong to me; it belongs to her (him).

EXERCICES

A. Répondez par une phrase complète en employant l'expression **être à**.

1. À qui est le chien Snoopy?
2. À qui est le cheval Silver?
3. À qui est le costume rouge et bleu décoré d'une grande lettre S?
4. À qui est le singe Cheetah?
5. À qui est la voiture que vous conduisez?

B. Préparez deux questions originales comme celles de l'exercice A et posez-les à un(e) autre étudiant(e).

C. Répondez par une phrase complète en employant un pronom possessif.

1. Mon livre de français est dans mes mains. Où est celui de Jean?
2. Les romans policiers sont mes romans préférés. Quels sont les vôtres?
3. Ma maison est très petite. Comment est la maison de vos parents?
4. Ma boisson préférée est le vin. Quelle est la vôtre?
5. Mon auteur préféré est Molière. Quel est le vôtre?
6. Ma pauvre voiture est au garage! Où est la vôtre?
7. Mon portefeuille, hélas, est vide! Comment est le vôtre?

D. Traduisez en français les mots entre parenthèses en employant un **pronom possessif** ou l'expression **être à**.

1. Je viens d'acheter deux billets pour la nouvelle représentation à la Comédie-Française. Celui-ci _____ *(is yours)* et celui-là _____ *(is mine)*.
2. Je m'occuperai de mes affaires si vous _____ *(attend to yours)*.
3. Leur classe va analyser les poèmes de Verlaine ce semestre. Quel auteur _____ *(is ours going to analyze)*?
4. Il semble toujours oublier que les livres qu'il sort de la bibliothèque _____ *(don't belong to him)*.
5. Que préférez-vous, la littérature française ou _____ *(ours)*?
6. En revenant du théâtre j'ai remarqué que les idées critiques de mon ami étaient beaucoup plus simples que _____ *(mine)*.
7. Dans le roman que je lis actuellement, il s'agit d'une femme rêveuse qui décide de se suicider. De quoi s'agit-il dans _____ *(yours)*?
8. J'ai oublié mon livre de chevet. Est-ce que votre amie veut me prêter _____ *(hers)*?

the expression *de* + noun

The structure **de** + *noun* is equivalent to the English expression *noun* + *'s* or.*s'*. The preposition **de** contracts normally with a definite article.

Comment s'appelle la pièce de Sartre qui contient l'expression «l'enfer, c'est les autres»?
What's the name of Sartre's play that contains the expression, "Hell is other people"?

Marcel Proust est l'auteur préféré de mes parents.
Marcel Proust is my parents' favorite author.

Note that **chez** + *noun* or *disjunctive pronoun* means *at the home of* or *at the place of*. When referring to artists, it often means *in the works of*.

Avant d'aller au théâtre, nous dînons souvent chez les Dupont.
Before going to the theater, we often dine at the Duponts'.

Chez Balzac il y a plus de deux mille personnages!
In Balzac's works there are more than two thousand characters!

EXERCICES

A. Transformez le modèle.

> **Modèle** Cet auteur a des idées scandaleuses!
> **Les idées de cet auteur sont scandaleuses!**
> Le spectacle a un décor splendide!
> **Le décor du spectacle est splendide!**

1. L'héroïne a des costumes merveilleux!
2. Cet acteur a des amis cultivés.
3. Les Racine ont un fils extraordinaire.
4. Bruno a un succès mérité.
5. Le roman policier a un ton mystérieux.
6. Blondine a les cheveux blonds.
7. La pièce a une intrigue idiote!

B. Préparez deux phrases originales comme celles de l'exercice A.

C. Traduisez en français.

1. Do you know the title of Proust's famous novel?
2. If there is a rehearsal at the Smiths' tonight, I want to go.
3. Let's rehearse at our place.
4. The audience applauded the performance of Shakespeare's play *Hamlet*.
5. What is the hero's name?
6. The plays' characters don't interest me.
7. If an author's imagination is lively *(vif)*, he will probably write interesting works.

8. Flaubert's novel *Madame Bovary* shocked its readers.
9. Style is very important in that essayist's writings.
10. That new playwright's production is really bad!

Related expressions

avoir mal à

The expression **avoir mal à** is used to indicate the precise part of the body that is sick. It is followed by the *definite article + the part of the body*. The preposition **à** contracts normally with the definite article.

Après avoir terminé sa lecture, il avait mal aux yeux.
After he had finished his reading, his eyes hurt.

Si les acteurs continuent à parler trop fort, j'aurai mal à la tête.
If the actors continue to speak too loudly, I'll have a headache.

Some common parts of the body:

la **bouche** *mouth*   la **jambe** *leg*
le **bras** *arm*   le **menton** *chin*
les **cheveux** (m) *hair*   le **nez** *nose*
la **dent** *tooth*   l'**œil** (m), les **yeux** (pl.) *eye*
le **derrière** *behind*   l'**oreille** (f) *ear*
le **doigt** *finger*   le **pied** *foot*
le **dos** *back*   la **tête** *head*
l'**estomac** (m) *stomach*   le **visage** *face*

être malade

The expression **être malade** means *to be sick*. It does not indicate a precise part of the body.

Elle a manqué la répétition parce qu'elle était malade.
She missed the rehearsal because she was sick.

EXERCICES

A. Répondez en employant l'expression **avoir mal à**.

Où aurez-vous mal...

1. si vous courez trop?
2. si vous essayez de lever un objet trop lourd?
3. si vous vous asseyez trop longtemps dans la même position?

4. si vous entendez un bruit très aigu *(shrill)?*
5. si vous regardez le soleil en face?
6. si vous buvez trop de bière?
7. si vous mangez comme un cochon?
8. si vous dansez toute la soirée?
9. si vous vous battez avec un type très fort?
10. si vous mangez des bonbons tous les jours?

B. Créez deux situations originales comme celles dans l'exercice A et demandez aux étudiants de répondre en employant l'expression **avoir mal à**.

C. Traduisez en français.

1. He has a stomachache because he drank five Cokes *(le Coca)* last night.
2. The actress who forgot her lines was probably sick.
3. The audience booed so frequently that I got[1] a headache.
4. I can't go tonight because I'm very ill.
5. We rehearsed for *(pendant)* eight hours. My feet, my back, and my legs hurt!

Prepositions

French prepositions often have exact English equivalents.

Qui a caché mon livre de poche **sous** la table?
*Who hid my paperback **under** the table?*

Elle est allée **avec** lui.
*She went **with** him.*

But the use of many prepositions differs significantly from English. In some cases a preposition is used in French where none is used in English, and vice versa. In other cases, the same verb requires one preposition in French and another one in English.

Ce jeune romancier refuse de se critiquer.
This young novelist refuses to criticize himself.

Voulez-vous m'attendre ici?
Do you want to wait for me here?

Comme elle joue bien! Elle tient de sa mère!
How well she acts! She takes after her mother!

[1]Use the *passé composé.*

In French, prepositions may be followed by nouns, pronouns, or verbs. Phrases composed of a *preposition + noun* or *pronoun* are called prepositional phrases.

Prepositions followed by nouns or pronouns

simple prepositions

à	*to, at, in*	avant	*before*
après	*after*	avec	*with*
contre	*against*	par	*by*
chez	*at the home, at the place of*	parmi	*among*
dans	*in, into*	pour	*for*
de	*of, from*	sans	*without*
derrière	*behind*	sauf	*except*
dès	*from + temporal expression + on*	selon	
devant	*in front of*	suivant	*according to*
entre	*between*	d'après	
malgré	*in spite of*	sous	*under*
		sur	*on*

Si je m'assieds derrière cette colonne, je ne verrai pas la scène.
If I sit behind this column, I won't see the stage.

Selon les critiques, la nouvelle pièce à la Comédie-Française est un four.
According to the critics, the new play at the Comédie Française is a flop.

Dès maintenant je vais lire un livre par semaine.
From now on I'm going to read one book a week.

compound prepositions

à cause de	*because of*	autour de	*around*
à côté de	*beside*	en dépit de	*despite*
à l'égard de	*regarding, about*	en face de	*opposite*
au sujet de		jusqu'à	*as far as, until*
		le long de	*along*
à l'insu de	*unknown to, without the knowledge of*	loin de	*far from*
		près de	*near*
		quant à	*as for*
au-delà de	*beyond*		
au lieu de	*instead of*		
au milieu de	*in the middle of*		

The end prepositions **de** and **à** contract normally with the definite article.

Est-il possible de trouver une place au milieu de la salle de théâtre?
Is it possible to find a seat in the middle of the theatre?

Elle va se faire actrice en dépit des protestations de ses parents!
She is going to become an actress despite her parents' protests!

Do not confuse the preposition **à cause de**, meaning *because of,* with the conjunction **parce que**, meaning *because.* The preposition **à cause de** is followed by a noun or pronoun, whereas **parce que** is followed by a clause.

J'aime ce roman à cause de son intrigue intéressante.
I like this novel because of its interesting plot.

J'aime ce roman parce que son intrigue est intéressante.
I like this novel because its plot is interesting.

EXERCICES

A. Traduisez en français les mots entre parenthèses.

1. Il a beaucoup aimé le théâtre d'Ionesco _____ (*because of its themes*).
2. Quelle chance! Il s'est assis _____ (*between two beautiful girls*)!
3. J'admire tous les personnages dans ce roman _____ (*except the hero*).
4. _____ (*Unknown to my best friends*), j'étais hypocrite!
5. Mon professeur est _____ (*against*) la littérature uniquement «artistique».
6. J'étais assis si _____ (*far from the stage*) que je n'ai entendu que des murmures.
7. Le monsieur _____ (*next to me*) sifflait si souvent que j'ai dû lui demander de se taire.
8. Dans cette farce il y avait des acteurs partout _____ (*on stage, in front of the stage, behind the stage, and under the stage*)!
9. Les acteurs répètent leurs rôles dans une salle _____ (*opposite the theater*).
10. Cet écrivain a des idées originales _____ (*regarding his writings*).
11. Cette troupe réussira _____ (*because*) elle est vraiment exceptionnelle.
12. Je ne comprends pas pourquoi le metteur en scène a choisi ce mauvais acteur _____ (*instead of you*)!
13. Mon frère, qui se passionne pour le théâtre, compte suivre cette troupe _____ (*as far as Paris*).
14. Dans ce spectacle, l'action a lieu _____ (*among the spectators*).

B. Traduisez en français.

1. We didn't come because it was raining.
2. She likes Balzac because of his passion.
3. I read the novel because of you.
4. The audience applauded wildly because the play was excellent.
5. He won't read it because he doesn't like love stories.

C.   Traduisez les mots entre parenthèses, puis jouez le dialogue.

A: *(According to)* ce critique, ma nouvelle pièce est *(without)* valeur.
B: *(Between us),* ce critique est bête! Il possède toutes les qualités *(except)* l'intelligence!
A: C'est vrai, mais *(because)* de lui ma pièce ne réussira pas.
B: Mais non! Elle réussira *(despite)* lui!

D.   Créez un dialogue original en employant au moins trois prépositions (page 240) et des mots et expressions dans le *Vocabulaire du thème*.

French equivalents of English prepositions

In some cases, two or more French prepositions may be used to render one English preposition.

1. **Avec, de, à** meaning *with*
   a.   **Avec** means *with* in most cases.

   Pourquoi êtes-vous allé au théâtre avec ma meilleure amie?
   Why did you go to the theater with my best friend?

   b.   **De** means *with* after expressions of satisfaction and dissatisfaction, and after certain past participles.

content de	*satisfied with*	couvert de	*covered with*
satisfait de	*satisfied with*	entouré de	*surrounded with (by)*
mécontent de	*dissatisfied with*	rempli de	*filled with*
chargé de	*loaded with*		

   Cette pièce est remplie d'humour.
   That play is filled with humor.

   Quel succès! L'actrice est entourée d'admirateurs!
   What a hit! The actress is surrounded with (by) admirers!

   c.   **à** + *definite article* means *with* in expressions denoting distinguishing characteristics.

   Cette actrice aux longs cheveux noirs a l'air séduisante.
   This actress with long black hair looks attractive.

   Ce monsieur au chapeau gris est mon père.
   That gentleman with (in) the gray hat is my father.

2. **En** and **dans** meaning *in* with temporal expressions
   a.   **En** stresses the duration of time needed to perform an action.

   Robert compte terminer ce roman en un jour!
   Robert intends to finish that novel in one day!

b.   **Dans** stresses the moment an action is to begin. In this usage it is synonymous with **après**.

La pièce va commencer dans cinq minutes (après cinq minutes).
The play is going to begin in five minutes.

3.   **Pendant** and **depuis** meaning *for*
   a.   **Pendant** expresses duration. It means *for* in the sense of *during* and, like *for* in English, it is often omitted in French.

J'ai attendu (pendant) dix minutes.
I waited (for) ten minutes.

Pour usually replaces **pendant** after verbs of motion.

Cette troupe est venue pour une semaine seulement.
This troupe has come for one week only.

   b.   **Depuis** means *for* when used with verbs in the present perfect and past perfect: *I have (had) been reading for . . .* (see pages 25, 92). It expresses continuous duration.

Nous sommes dans cette librairie depuis deux heures et vous n'avez rien acheté!
We've been in this bookstore for two hours and you've bought nothing!

Je le lisais depuis dix minutes quand je me suis endormi.
I had been reading it for ten minutes when I fell asleep.

EXERCICES

A.   Traduisez en français les mots entre parenthèses.

1.   Cette jeune actrice charmante _____ *(with blue eyes)* me plaît énormément.
2.   Comment! Ne pouvez-vous pas lire ce petit bouquin _____ *(in one hour)*?
3.   Le public n'est pas du tout satisfait _____ *(with his performance)*.
4.   J'ai assisté à quatre représentations théâtrales _____ *(during my stay)* à Londres.
5.   Il devrait être très content _____ *(with his hit)*.
6.   J'ai mal aux oreilles parce que les spectateurs ont applaudi _____ *(for five minutes)*!
7.   J'ai eu peur _____ *(during the reading)* des nouvelles de Poe.
8.   La Comédie-Française va venir aux États-Unis _____ *(for two months)*.
9.   Comment s'appelle le personnage _____ *(with a long nose)* qui n'ose pas déclarer son amour pour Roxane?
10.   On prétend que Balzac a écrit *Le Père Goriot* _____ *(in three weeks)* environ.
11.   Le texte de la pièce était rempli _____ *(with errors)*.
12.   La musique de cette comédie musicale ne va pas du tout _____ *(with the decor)*.
13.   Est-elle satisfaite _____ *(with)* son rôle?

B.   Demandez à un(e) autre étudiant(e) ou au professeur...

1. si sa vie est remplie de désastres (de surprises, de complications).
2. s'il (si elle) préfère les jeunes filles (les jeunes gens) aux cheveux blonds (aux yeux bleus).
3. si la classe va se terminer dans dix minutes.
4. de quoi il (elle) est content(e) (ou mécontent/e).
5. s'il (si elle) peut lire un roman de deux cent pages en un jour.
6. s'il (si elle) peut préparer sa leçon de français en une heure.

Prepositions following verbs

Two kinds of verbs are followed by prepositions in French: verbs that are followed by **à** or **de** before an infinitive (though many verbs take no preposition at all), and verbs that require certain prepositions before a noun or pronoun.

verbs followed by *à* before an infinitive

aider à *to help*	encourager à *to encourage*
s'amuser à *to amuse oneself, to have fun*	enseigner à *to teach*
	s'habituer à *to get used to*
apprendre à *to learn, to teach*	hésiter à *to hesitate*
arriver à *to succeed*	inviter à *to invite*
avoir à *to have (to do something)*	se mettre à *to begin*
commencer à[1] *to begin*	recommencer à *to begin again*
consentir à *to consent*	réussir à *to succeed*
continuer à[1] *to continue*	songer à *to think, to dream*
	tarder à *to delay*

Invitons les Mercier à dîner chez nous.
Let's invite the Merciers to dinner at our place.

Elle n'a pas réussi à terminer le nouveau best-seller.
She didn't succeed in finishing the new best seller.

verbs followed by *de* before an infinitive

s'agir de *to be a question of*	essayer de *to try*
avoir peur de *to be afraid of*	finir de *to finish*
cesser de *to stop*	oublier de *to forget*
commencer de[1] *to begin*	refuser de *to refuse*
continuer de[1] *to continue*	regretter de *to regret*

[1]The verbs **commencer** and **continuer** may be followed by **à** or **de**.

craindre de *to fear*	remercier de *to thank*
décider de *to decide*	tâcher de *to try*
se dépêcher de *to hurry*	

Il s'agit de lire très attentivement.
It's a question of reading very closely.

Elle a décidé de sortir deux livres de la bibliothèque.
She decided to take out two books from the library.

verbs that take no preposition before an infinitive

Many common verbs require neither **à** nor **de** before an infinitive. These
verbs are followed directly by the infinitive.

aimer *to like*	entendre *to hear*
aimer mieux *to prefer*	espérer *to hope*
aller *to go*	faire *to do, to make*
compter *to intend*	falloir *to be necessary*
croire *to believe*	laisser *to leave, to let*
désirer *to desire, to wish*	oser *to dare*
devoir *to have to, ought*	paraître *to appear*
pouvoir *to be able, can*	venir *to come*
préférer *to prefer*	voir *to see*
savoir *to know, to know how*	vouloir *to want, to wish*
sembler *to seem*	

Savez-vous critiquer une pièce?
Do you know how to criticize a play?

Cet auteur préfère vivre dans son imagination.
This author prefers to live in his imagination.

EXERCICES

A. Examinez-vous les un(e)s les autres! En choisissant parmi les trois groupes de
verbes ci-dessus *(above)*, chaque étudiant(e) prépare une liste de dix verbes qu'il
(qu'elle) apporte en classe. Un(e) étudiant(e) lit ses verbes, un à un, à un(e) autre
étudiant(e) qui répond *le plus vite possible* par «**à**», «**de**» ou «**rien**». Tous les livres
sont fermés pendant l'exercice.

B. Traduisez en français les verbes entre parenthèses. Ajoutez **à** ou **de** s'il y a lieu.

1. Il _____ *(decided)* sortir un roman de Camus de la bibliothèque.
2. Elle _____ *(hopes)* assister à la nouvelle pièce d'Ionesco.
3. Cet auteur célèbre _____ *(continues)* scandaliser le public avec ses romans
   pornographiques.
4. Il _____ *(prefers)* lire les biographies parce qu'il aime les histoires vraies.
5. Zut! Je _____ *(forgot)* demander le nom du type que j'ai rencontré au spectacle!

6. Nous _____ *(will begin)* applaudir dès que le deuxième acte sera terminé.
7. L'intrigue _____ *(ceased)* m'intéresser au moment où elle est devenue trop compliquée.
8. La troupe _____ *(will finish)* répéter demain ou après-demain.
9. Est-ce que la littérature _____ *(should)* plaire ou enseigner?
10. Cet auteur _____ *(didn't succeed)* créer l'illusion de la vie réelle dans son nouveau roman.
11. À l'université il _____ *(learned)* lire des pièces mais il _____ *(didn't learn)* les critiquer.
12. Je _____ *(tried)* trouver la pièce *Le Cid* de Corneille à la bibliothèque municipale.
13. Elle _____ *(hesitated)* acheter le nouveau best-seller parce que les critiques ne l'avaient pas recommandé.
14. Je suis contente que le public _____ *(refused)* applaudir ce four!
15. Il _____ *(had to)* lire une pièce de Sartre pour son cours de littérature française.
16. Elle _____ *(dared)* me dire que la littérature est plus intéressante que la télévision!
17. _____ *(Let's hurry)* trouver nos places avant le commencement de la pièce!
18. Je vous _____ *(will help)* bien critiquer la littérature si vous me promettez de lire plus attentivement.
19. Notre professeur nous _____ *(encouraged)* lire les pièces et les romans de Samuel Beckett.
20. _____ *(Would you like)* aller voir cette comédie musicale avec moi la semaine prochaine?

C. Demandez à un(e) autre étudiant(e) ou au professeur...

1. s'il (si elle) oublie de faire ses devoirs (son lit, la vaisselle).
2. s'il (si elle) aurait peur de jouer dans une pièce.
3. s'il (si elle) a jamais essayé d'écrire de la poésie (des contes, des pièces de théâtre).
4. s'il (si elle) va inviter le professeur à dîner ce soir.
5. s'il (si elle) refuse de manger les escargots (de critiquer les autres, de lire les romans interminables).
6. s'il (si elle) a beaucoup de choses à faire ce soir. Si oui, quelles choses?
7. s'il (si elle) arrive à comprendre un film français.

verbs followed by *à* + noun and *de* + infinitive

Some French verbs that are followed by **de** + *infinitive* also take an indirect object.

conseiller à quelqu'un de   *to advise someone to*
défendre à quelqu'un de   *to forbid someone to*

demander à quelqu'un de   *to ask someone to*
dire à quelqu'un de   *to tell someone to*
écrire à quelqu'un de   *to write someone to*
ordonner à quelqu'un de   *to order someone to*
permettre à quelqu'un de   *to permit someone to*
promettre à quelqu'un de   *to promise someone to*
téléphoner à quelqu'un de   *to telephone someone to*

Son professeur de chimie a conseillé à Jean de suivre au moins un cours de littérature française.
His chemistry professor advised John to take at least one French literature course.

Mon ami m'a demandé d'acheter un billet.
My friend asked me to buy a ticket.

Je lui ai promis de ne pas fumer.
I promised him (her) not to smoke.

EXERCICES

A.   Qu'est-ce que vous conseillez aux personnes suivantes de faire ou de ne pas faire?
Répondez selon le modèle.

   Modèle   à quelqu'un qui va se marier
               Je lui conseille de se marier.
         ou: **Je lui conseille de ne pas se marier**.

   1.   à quelqu'un qui suit un régime?
   2.   à un menteur?
   3.   à un alcoolique?
   4.   à quelqu'un qui a mal à la tête (à l'estomac)?
   5.   à quelqu'un qui a beaucoup d'imagination?
   6.   à quelqu'un qui a joué au tennis pendant deux heures?
   7.   à un acteur nerveux?
   8.   à un auteur qui vient de gagner un prix littéraire?
   9.   à un plombier qui veut devenir poète?

B.   Répondez par une phrase complète.

   1.   Qu'est-ce que vous demandez à une serveuse de faire?
   2.   Permettez-vous à vos amis d'emprunter vos vêtements (vos livres, votre voi-
        ture, vos idées brillantes)?
   3.   Qu'est-ce qu'on défend aux enfants de faire?
   4.   Qu'est-ce que vos parents vous demandent de faire (de ne pas faire)?

C.   Traduisez en français.

   1.   Ask your French professor to recommend a good bedside book.
   2.   Promise them to listen attentively.

3. I advise you to rehearse every day.
4. My parents forbid me to read the novels of the Marquis de Sade!
5. The director ordered the actor to begin.
6. If you permit me to play the main (*principal*) character in your play, it will be a hit.
7. If I criticize her poetry, she tells me to shut up.
8. I'm asking you to write plays that are more believable (*croyable*)!

some other verbs and prepositions

1. Some common verbs take a preposition in English but none in French.

attendre	*to wait for*	écouter	*to listen to*
chercher	*to look for*	payer	*to pay for*
demander	*to ask for*	regarder	*to look at*

Allez-vous écouter l'opéra de Berlioz à la radio ce soir?
Are you going to listen to the Berlioz opera on the radio tonight?

Je vous attends depuis deux heures!
I have been waiting for you for two hours!

EXERCICES

A. Demandez à un(e) autre étudiant(e) ou au professeur...

1. s'il (si elle) paie toujours ses dettes.
2. s'il (si elle) attend le professeur quand le professeur est en retard. Si oui, demandez-lui combien de temps il (elle) l'attend.
3. s'il (si elle) cherche des disputes (le bonheur, un dentiste, une nouvelle bicyclette).
4. avec qui il (elle) aime regarder la lune.

B. Traduisez en français.

1. I'm asking for a good novel.
2. The police are looking for you.
3. She listens to her professor's ideas.
4. We've been waiting for them for three hours.
5. That girl refuses to pay for her books.
6. Look at that!
7. Listen to your friends.

2. Some common verbs take a preposition in French but none in English.

s'approcher de   *to approach*
assister à   *to attend*
changer de   *to change (one thing for an-
          other)*
douter de   *to doubt*
se douter de   *to suspect (the existence of)*
entrer dans   *to enter*
se fier à   *to trust*
se marier avec   *to marry*

se méfier de   *to distrust*
obéir à   *to obey*
plaire à   *to please*
se rendre compte de   *to realize*
répondre à   *to answer*
résister à   *to resist*
ressembler à   *to resemble*
se servir de   *to use*
se souvenir de   *to remember*

The end prepositions **de** and **à** contract normally with the definite article.

Je ne peux pas entrer dans une librairie sans acheter au moins un ouvrage de science-fiction.
I can't enter a bookstore without buying at least one work of science fiction.

Elle n'a pas répondu à sa dernière lettre.
She didn't answer his last letter.

Elle ne veut pas assister aux représentations de cette troupe.
She doesn't want to attend the performances of that troupe.

EXERCICES

A.   Demandez à un(e) autre étudiant(e) ou au professeur...

1.   avec quelle sorte de personne il (elle) aimerait se marier.
2.   avec quelle sorte de personne il (elle) n'aimerait pas se marier.
3.   à quelle(s) tentation(s) il (elle) ne peut pas résister.
4.   quelle sorte de romans lui plaisent.
5.   s'il (si elle) assiste régulièrement à tous ses cours.
6.   s'il (si elle) se fie à ses meilleurs amis.
7.   s'il (si elle) doute quelquefois de son talent.
8.   à qui il (elle) ressemble.
9.   s'il (si elle) se sert de ses mains pour manger.
10.   s'il (si elle) obéit à sa conscience (aux agents de police).
11.   s'il (si elle) se souvient de son premier amour (des Beatles, de Rudolph Valentino).

B.   Traduisez en français.

1.   I'm going to marry the man who resembles my father.
2.   I distrust him and I doubt his sincerity.
3.   I suspected it!
4.   Can a writer please everyone? I doubt it.

3. Some common verbs take one preposition in French and another in English.

dépendre de   *to depend on*
se mettre en colère contre   *to get angry with*
s'intéresser à   *to be interested in*
s'occuper de   *to busy oneself with, to attend to*
remercier de, remercier pour   *to thank for*
rire de   *to laugh at*
tenir de   *to take after (resemble)*

Je m'intéresse beaucoup à la philosophie de Sartre.
I'm very interested in Sartre's philosophy.

Je vous remercie du bouquin que vous m'avez donné comme cadeau.
I thank you for the book that you gave me as a gift.

Allez-vous vous occuper des costumes?
Are you going to attend to the costumes?

EXERCICES

A.   Répondez par une phrase complète.

1. De qui ou de quoi les personnes suivantes s'occupent-elles: les infirmières? les parents? les jardiniers? les acteurs? les auteurs?
2. De qui ou de quoi riez-vous (ne riez-vous pas)?
3. Tenez-vous de votre mère (de votre père)?
4. De qui dépendez-vous?
5. Vous mettez-vous quelquefois en colère contre le gouvernement (l'université, le destin)? Si oui, pourquoi?
6. Nommez trois choses auxquelles vous vous intéressez.

B.   Traduisez les mots entre parenthèses en faisant tous les autres changements nécessaires.

Modèle   Elle _____ *(is interested in)* la poésie.
          Elle s'intéresse à la poésie.

1. Vous ne devriez pas _____ *(be angry with him)* tout simplement parce qu'il est stupide, impoli et vulgaire!
2. Ce type à côté de moi _____ *(is laughing at)* toutes les actions sérieuses dans cette tragédie!
3. La qualité de la lecture _____ *(depends on)* la qualité du lecteur.
4. Vous _____ *(don't take after)* votre mère qui dévorait les romans!
5. Il _____ *(will thank you for)* votre avis.
6. On _____ *(is interested in)* le théâtre parce qu'on a l'habitude de jouer des rôles dans la vie.

7. _____ *(Don't be angry with)* moi si je vous dis que vous êtes un critique insolent et bête.

8. Moi, je _____ *(attend to)* le décor tandis que lui _____ *(attends to)* les costumes.

C. Traduisez en français, puis jouez le dialogue.

A: Do you take after your father or your mother?
B: That depends.
A: That depends on what?
B: On my parents. When my father gets angry with me, I take after my mother, and when my mother gets angry with me, I take after my father!

4. Some common French verbs may be followed by either **à** or **de**.
   a. The verb **jouer à** means *to play a game;* **jouer de** means *to play a musical instrument.*

Vous ne devriez pas jouer au bridge pendant la répétition!
You shouldn't play bridge during rehearsal!

C'est mon frère qui joue de la guitare dans la comédie musicale.
It's my brother who plays the guitar in the musical.

   b. The verb **manquer à** means *to miss someone, to feel the absence of someone.* When the French sentence is translated into English, subject and object are reversed.

Juliette manque à Roméo.
Romeo misses Juliet. (lit., Juliet is lacking to Romeo.)

Il m'a beaucoup manqué.
I missed him very much. (lit., He was very much lacking to me.)

Manquer de means *to lack something.*

Ce jeune auteur manque d'argent.
This young author lacks money.

But when **manquer** is followed directly by a direct object, it means *to miss* in the sense of *not to catch or hit.*

J'ai manqué le dernier métro.
I missed the last subway.

Il a lancé un œuf qui m'a manqué!
He threw an egg that missed me!

   c. The verb **penser à** means *to think of* in the sense of *to reflect about.*

À quoi pensez-vous? —Je pense à mon prochain succès!
What are you thinking about? —I'm thinking about my next hit!

But **penser de** means *to think of* in the sense of *to have an opinion about.*

Que pensez-vous de cette actrice? —Je la trouve brillante et sincère.
What do you think of that actress? —I find her brilliant and sincere.

EXERCICES

A. De quel instrument ou à quel sport les personnes suivantes jouent-elles (ont-elles joué)?

1. Babe Ruth
2. Liberace
3. Wilt Chamberlain
4. Benny Goodman
5. Louis Armstrong
6. Jimmy Connors
7. Joe Namath
8. Glen Campbell

B. Préparez une liste de trois personnes comme celles de l'exercice A.

C. Traduisez en français les mots entre parenthèses en faisant tous les autres changements nécessaires.

1. Cet acteur _____ (plays the piano and the guitar).
2. Que _____ (do you think of) la représentation de *Phèdre* à la Comédie-Française?
3. Voudriez-vous _____ (to play tennis) avec moi?
4. Quand je commence à _____ (to think about) ce spectacle, j'ai envie de crier!
5. Dites-moi franchement ce que _____ (you think of) ma poésie.
6. _____ (Let's play cards) ce soir.
7. Ce critique de théâtre _____ (lacks) respect pour nos acteurs.

D. Traduisez en français en employant **manquer** ou **manquer à.**

1. Mary misses John.
2. John misses Mary.
3. I miss you a lot.
4. We missed the plane.
5. Will you miss me tomorrow?
6. Do you miss your parents this semester?
7. Fortunately the tomato (*la tomate*) missed me!

Related expressions

expressions of means of locomotion

As a rule, the preposition **à** is used if one rides *on* the means of locomotion, and **par** or **en** if one rides *in* it.

à bicyclette   *by bicycle*
à cheval   *on horseback*

en (par) avion   *by plane*
en bateau   *by boat*

à (en) moto *by motorcycle*
à pied *on foot*
à vélo *by bike*
en autobus *by bus*
en autostop *by hitchhiking*

en métro *by subway*
en taxi *by taxi*
par le train *by train*
en voiture *by car*

EXERCICES

A. Comment iriez-vous aux endroits suivants? Répondez selon le modèle.

Modèle: Pour aller en France?
J'irais par avion (en bateau).

1. Pour aller à l'université?
2. Pour aller au théâtre à New York?
3. Pour rendre visite à un ami qui habite dans la même rue?
4. Pour aller faire un pique-nique à la campagne?
5. Pour aller en Angleterre?
6. Pour visiter des monuments à Paris?
7. Pour aller en Californie en 1700? en 1849? en 1950?

B. Répondez par une phrase complète.

1. Où allez-vous à bicyclette?
2. Où allez-vous par avion?
3. Où allez-vous en autobus?
4. Où allez-vous à pied?
5. Où allez-vous en autostop?

C. Si on veut faire un long voyage, quel est le moyen de transport le moins cher? le moyen de transport le plus snob? le plus sain? le moins dangereux? le plus reposant? celui qui fait le moins de pollution? le plus de bruit?

Exercices d'ensemble

I. Répondez en français par une phrase complète.

1. Quel est votre acteur favori?
2. Pouvez-vous nommer une pièce de Molière?
3. Quand avez-vous mal à la tête?
4. Invitez-vous souvent vos amis chez vous? Pourquoi ou pourquoi pas?
5. Avez-vous été souvent malade ce semestre?
6. Aimez-vous mieux les notes de votre camarade de chambre ou les vôtres?
7. La voiture que vous conduisez actuellement est-elle à vous ou à vos parents?

8. Quel est votre livre de chevet en ce moment?
9. Quelle est votre pièce favorite? votre roman favori?

II. Répondez en français par une phrase complète.

1. Combien avez-vous payé vos livres ce semestre?
2. De quel instrument jouez-vous?
3. À quel sport jouez-vous le mieux?
4. À qui ressemblez-vous?
5. Qu'est-ce qui vous manque le plus ce semestre? Qu'est-ce qui vous manque le moins?
6. De qui tenez-vous?
7. De quoi vous servez-vous pour écrire une composition?
8. En combien de temps pouvez-vous lire un roman de trois cents pages?
9. Pendant combien de temps comptez-vous rester à l'université?

III. Remplacez les tirets par **à** ou **de** s'il y a lieu.

1. A-t-il essayé _____ jouer?
2. Elle commence _____ critiquer ma conduite.
3. Ose-t-il _____ parler au président?
4. Ils n'ont pas fini _____ applaudir.
5. N'oubliez pas _____ le faire!
6. Elle s'amuse _____ lire son roman.
7. Il a réussi _____ jouer un rôle difficile.
8. Ils refusaient _____ partir.
9. Nous aurons peur _____ demander cela.
10. Je dois _____ cesser _____ mentir!

IV. Traduisez en français.

1. His last role lacked life, but it wasn't totally dull *(ennuyeux)*.
2. The book on the table in your room belongs to me.
3. The actress's face was covered with make-up.
4. My professor permitted me to read one of Voltaire's books instead of another novel.
5. His essays *(essais)* pleased me so much that I decided to ask for them at the bookstore.
6. I go to the theater because I can't resist it!
7. I had to read Hugo's novel very attentively because the style was difficult.
8. The play was a flop for many reasons: the plot was not believable, the actors didn't know their lines, and the scenery and costumes lacked style.
9. I liked the actress with black hair and blue eyes!
10. Pierrette washed her hair because she had a date with Pierrot.

Sujets de discussion ou de composition

1. Résumez une pièce ou un roman dont vous admirez le thème, les personnages, l'action, l'intrigue, le décor, les costumes, le style, etc.
2. Vrai ou faux? Ceux qui lisent et écrivent des romans veulent échapper *(escape)* à la vie réelle.

Passive voice, present participle, and causative construction

Chapter 11 at a glance

the passive voice

I. Traduisez en français les verbes entre parenthèses.

    1. Cette chanson folklorique _____ *(is sung by)* un groupe sensationnel.
    2. Le morceau de Debussy _____ *(will be played by)* un pianiste américain.
    3. Cette farce _____ *(was written)* au moyen âge.

II. Mettez les phrases à la **voix passive**.

    1. Ce documentaire violent a scandalisé le grand public.
    2. Cet acteur jouera deux rôles.

III. Mettez les phrases actives à la **voix passive** en employant **on** comme sujet.

    1. Les bonbons et le pop-corn ont été mangés en deux minutes!
    2. Comment! Le dessin animé de Disney a été censuré?

IV. Traduisez en français en employant **se faire** et **se dire**.

    1. That is done only in the movies!
    2. That isn't said in French.

the present participle

V. Mettez les verbes au **participe présent**.

    1. écouter   4. faire
    2. finir   5. avoir
    3. vendre

VI. Traduisez en français les mots entre parenthèses en employant le **participe présent**. Employez **en** s'il y a lieu.

    1. _____ *(Being)* un amateur de musique, il est allé au concert.
    2. Ce compositeur buvait de la bière _____ *(while composing)* une chanson à boire!
    3. Ce musicien est devenu célèbre _____ *(by practicing)* tous les jours.

VII. Traduisez en français les verbes entre parenthèses.

    1. Il passe plus de temps à _____ *(looking at)* les westerns à la télévision qu'à _____ *(studying)*.
    2. Comment peut-elle regarder ce film _____ *(without laughing)*?
    3. Je l'ai entendu _____ *(singing)* une chanson osée au cabaret.

the causative construction

VIII. Traduisez en français en employant la construction **faire** + *infinitif*.

    1. He is having his car sold.   3. He had his friend leave.
    2. Is he having it done right away?

Vocabulaire du thème: Chanson et cinéma

La chanson: musiciens

le chanteur, la chanteuse	singer
le compositeur	composer
composer	to compose
le chansonnier	chansonnier: a composer and singer of risqué and/or satirical songs who is somewhat akin to the American folk singer
le musicien, la musicienne	musician
jouer (de la guitare, du piano, etc.)	to play (the guitar, the piano, etc.)
le débutant	beginner
le concert	concert
la discothèque	discothèque

L'enregistrement

l' enregistrement (m)	recording
enregistrer	to record
la bande	tape
le magnétophone	tape recorder
le disque	record (music)
la stéréo	stereo

L'art de la chanson

l' harmonie (f)	harmony
la mélodie	melody, tune
les paroles (f)	words, lyrics
le rythme	rhythm
le jazz	jazz
le rock	rock music
le blues	the blues
la musique classique	classical music
la musique populaire	popular music
la musique folklorique	folk music

Le cinéma: le film

le cinéma	movies, cinema; movie theater
cinématographique	cinematographic
le film	film
filmer	to film
la caméra	camera (movie)
le magnétoscope	videocassette recorder (VCR)
tourner un film	to make a film
le plan	shot (film)
la piste sonore	soundtrack
le navet	flop
le scénario	script, scenario
le réalisateur	film director
la vedette	(movie) star
le dénouement heureux	happy ending
en version originale	in the original
le sous-titre	subtitle
sous-titrer	to subtitle (a film)
doubler	to dub (a film)
l' écran (m)	screen
le film d'épouvante	horror film
le film de science-fiction	science-fiction film
le western	western
le documentaire	documentary
le dessin animé	cartoon
le film d'aventures	adventure film
le film de guerre	war film
la comédie musicale	musical comedy

Le public

le, la cinéphile	movie fan
le grand public	the general public
apprécier	to appreciate
censurer	to censor
faire la queue	to wait in line
siffler	to whistle, to boo
se passionner pour	to be crazy about

The passive voice

Like English verbs, most French verbs possess an active and a passive voice. A verb is in the active voice if the subject acts, and in the passive voice if the subject is acted upon.

Active voice: Un débutant a composé cette chanson folklorique.
A beginner composed this folk song.

Jean analyse les films de Truffaut dans son cours de cinéma.
John analyzes Truffaut's films in his cinema course.

Passive voice: Cette chanson folklorique a été composée par un débutant.
This folk song was composed by a beginner.

Le nouveau film d'Altman sera discuté par toute la classe.
Altman's new film will be discussed by the entire class.

Formation of the passive

The passive sentence is composed of: *subject + passive verb (+ agent).*

Le rôle principal sera joué par un acteur inconnu.
The main role will be played by an unknown actor.

Ce film d'épouvante a été beaucoup discuté.
This horror film has been discussed a lot.

Note that, as in the second example, the agent is not always expressed.

the passive verb

A verb in the passive is composed of two parts: a tense of **être** + *past participle*. The past participle agrees in number and gender with the subject.

Ces disques cassés ont été vendus par un vendeur malhonnête!
These broken records were sold by a dishonest salesman!

Les paroles seront écrites par la chanteuse elle-même.
The lyrics will be written by the singer herself.

the agent

The person or thing that performs the action on the subject is called the agent. The preposition **par** is normally used to introduce the agent.

Le scénario a été écrit par un romancier célèbre.
The script was written by a famous novelist.

Tout le pop-corn a été mangé par ma camarade de chambre!
All the popcorn was eaten by my roommate!

EXERCICES

A. Traduisez en français les mots entre parenthèses en employant la **voix passive**.

1. Cette chanson sentimentale _____ *(was composed by)* un chansonnier célèbre et _____ *(was sung by)* Edith Piaf.
2. Ce film comique français _____ *(was dubbed by)* un type qui ne connaît pas le français!
3. Vous êtes venu trop tard! Tous les disques de Piaf _____ *(have already been sold)*.
4. La musique moderne _____ *(was influenced by)* le jazz américain.
5. Ces concerts à la télévision _____ *(will be seen by)* beaucoup de spectateurs.
6. Comment! Est-il possible que ce film documentaire _____ *(will be censored by)* le gouvernement?
7. Ce morceau de musique harmonieux _____ *(was composed by)* un débutant.
8. Elle préfère les films d'amour qui _____ *(were made by)* les grands réalisateurs d'Hollywood parce qu'elle aime les dénouements heureux.

B. Traduisez en français, puis jouez le dialogue.

A: This song was composed by Brel.
B: It was sung by Brel, but it was composed by Moustaki.
A: No! It was sung by Brel and it was composed by Brel also.
B: It was sung by Brel and it was composed by Moustaki!
A: It was sung by Brel and it was composed by Brel!
B: It's beautiful, isn't it?
A: So what? *(Et alors?)*
B: So *(Alors)* let's shut up and listen to it!

Use of the passive

The passive voice is used only with verbs that normally take a direct object (i.e., transitive verbs). As a rule of thumb, the direct object of an active verb becomes the subject of a passive verb, and the subject of an active verb becomes the agent of a passive verb.

Active voice   **Passive voice**
Jean a tourné le film.   Le film a été tourné par Jean.
John made the film.   *The film was made by John.*

Marie chante la chanson.   La chanson est chantée par Marie.
Mary sings the song.   *The song is sung by Mary.*

Note that reflexive verbs and verbs that take only indirect objects cannot be made passive in French.

Tout le monde s'est amusé à la soirée.
Everyone had a good time at the party.
A good time was had by all at the party.

No passive possible: **s'amuser** is a reflexive verb.

Cette musique plaît à Nancy.
This music pleases Nancy.
Nancy is pleased by this music.

No passive possible: **plaire (à)** takes only an indirect object.

EXERCICES

A.   Par qui les morceaux de musique, les ouvrages et les films suivants ont-ils été composés, écrits ou réalisés? Répondez selon le modèle.

Modèle: le film *Huit et demi*
            Il a été réalisé par Fellini.
            la chanson *Boléro*
            Elle a été composée par Ravel.
            la pièce *Hamlet*
            Elle a été écrite par Shakespeare.

1. le conte *Candide*
2. le roman *Le Vieil Homme et la mer*
3. l'opéra *Carmen*
4. la pièce *Un Tramway nommé Désir*
5. le roman *L'Étranger*
6. l'opéra *La Traviata*
7. le film *Jules et Jim*
8. le poème *La Divine Comédie*

B.   Préparez une liste personnelle de trois morceaux de musique, ouvrages ou films et demandez à un(e) étudiant(e) ou au professeur par qui ils ont été composés, écrits ou réalisés.

C. Mettez les phrases actives à la **voix passive**.

> **Modèle:**   Les étudiants ont chanté une chanson.
> **Une chanson a été chantée par les étudiants**.

1. Ce film a scandalisé le public.
2. Brel a composé cette chanson.
3. Moustaki a écrit les paroles.
4. Aznavour a chanté cette chanson.
5. Toute la famille a apprécié ce film.
6. Truffaut a réalisé ce film.
7. Un amateur a doublé ce film!
8. Le public a sifflé le chansonnier.

The active voice as an alternative to the passive

The French tend to prefer the active voice to the passive voice.

1. If a passive sentence has an agent expressed, the passive verb may be put into the active voice with the passive agent as subject.

   Passive: La Marseillaise a été chantée par les spectateurs.
   The Marseillaise *was sung by the spectators.*

   Active: Les spectateurs ont chanté la Marseillaise.
   The spectators sang the Marseillaise.

2. If the passive sentence has no agent expressed, the passive verb is put into the active voice with the indefinite pronoun **on** as subject. **On** may be translated in English by *we, they,* or *one,* or more often by the English passive voice.

   Passive: La glace a été mangée en cinq minutes.
   The ice cream was eaten in five minutes.

   Active: On a mangé la glace en cinq minutes.
   We (they) ate the ice cream in five minutes.   or: *The ice cream was eaten in five minutes.*

   Passive: Une audition m'a été accordée.
   I was granted an audition.

   Active: On m'a accordé une audition.
   They granted me an audition.   or: *I was granted an audition.*

Note that **on** is used as a subject only if the unexpressed agent is a person. Otherwise, the sentence remains in the passive voice.

Le cinéma a été totalement détruit en deux minutes.
The movie theater was totally destroyed in two minutes.
(It was destroyed by a natural disaster.)

3. English may use the passive voice to state general facts or actions. This English construction is often rendered in French by a reflexive verb. Some of the most common reflexives used in this way are **se faire**, **se dire**, **se comprendre**, **se voir**, **se vendre**, and **s'acheter**.

Tapes are sold everywhere.
Les bandes se vendent partout.

That is not easily understood.
Ça ne se comprend pas facilement.

EXERCICES

A. Transformez les phrases suivantes à la **voix active** en employant **on** selon le modèle.

Modèle: Le film a été condamné.
On a condamné le film.

1. La vedette a été critiquée.
2. Le pop-corn a été dévoré!
3. Le navet a été satirisé.
4. Le réalisateur a été sifflé.
5. La stéréo a été volée!
6. Le film de guerre a été apprécié.
7. Le secret a été révélé.
8. Le psychiatre a été consulté.
9. Nina a été menacée!
10. Le public a été choqué.

B. Imaginez que vous êtes dans une salle de cinéma à l'université. Les étudiants qui regardent le film sont très animés. Quelle serait la réaction du public dans les situations suivantes? Répondez en employant les verbes **siffler** ou **applaudir** selon le modèle.

Modèle: Si le film était un navet?
On le sifflerait!
Si les acteurs étaient sensationnels?
On les applaudirait!

1. Si le héros arrêtait le bandit?
2. Si la vedette était très mauvaise?
3. Si le héros embrassait passionnément l'héroïne?
4. Si le scénario était bête?
5. Si le film était mal doublé?
6. Si le film avait un dénouement heureux?
7. Si l'orchestre jouait mal?
8. Si le professeur payait vos billets?

C. Répondez en employant l'expression **Ça se voit** et un genre de film (voir *Vocabulaire du thème*) selon le modèle.

Modèle: des cowboys qui se battent
Ça se voit dans les westerns.

1. des personnages comme Mickey la souris et Donald le canard qui font des actions amusantes	4. des monstres qui font des actions grotesques
2. des voyages interplanétaires	5. des acteurs qui chantent et dansent
3. des soldats qui se battent	

D. Préparez deux questions originales comme celles de l'exercice C.

E. Traduisez en français.

1. Wine is not sold here.
2. That is not done here.
3. Rock-and-roll music sells better than classical music.
4. That's easily understood.
5. That's seen only in the movies.
6. That isn't said any more.

The present participle

The present participle is called a verbal adjective because it can be used as both a verb and an adjective. The present participle in English ends in -ing: *acting, singing, interesting.*

Formation of the present participle

The French present participle is formed by dropping the **-ons** ending of verbs in the present tense and adding **-ant**.

chanter:	**nous chantons**	→ **chantant**	*singing*
applaudir:	**nous applaudissons**	→ **applaudissant**	*applauding*
mentir:	**nous mentons**	→ **mentant**	*lying*
vendre:	**nous vendons**	→ **vendant**	*selling*

The present participles of **avoir**, **être**, and **savoir** are irregular.

avoir:	**ayant**	*having*
être:	**étant**	*being*
savoir:	**sachant**	*knowing*

Note that with verbs ending in **-cer** and **-ger**, **c** changes to **ç** (**c cédille**) and **g** to **ge** before the ending **-ant**: **commençant, nageant**.

Changez les infinitifs en **participes présents**.

1.	interpréter	6.	insulter	11.	rire	16.	fouiller
2.	applaudir	7.	apprécier	12.	critiquer	17.	tourner
3.	être	8.	mentir	13.	changer	18.	finir
4.	choisir	9.	savoir	14.	réfléchir	19.	commencer
5.	exploiter	10.	gagner	15.	partir	20.	vendre

Use of the present participle

the participle used as a verb

1. When used as a verb, the present participle is invariable. Like all verbs, it may indicate an action or a state of being.

    J'ai rencontré quelques musiciens sifflant une mélodie.
    I met some musicians whistling a tune.

    Se sentant bien seul, il est allé au cinéma.
    Feeling very lonely, he went to the movies.

2. The expression **en** + *present participle* is used to indicate that two actions are somewhat simultaneous. When **en** is so used, its English equivalent is often *while, on,* or *upon.* The expression generally refers to the subject of the sentence.

    Se promenant dans le parc, il a rencontré un accordéoniste.
    Walking in the park, he met an accordionist.

    En touchant la main de la belle chanteuse, il s'est évanoui.
    Upon touching the beautiful singer's hand, he fainted.

    Tout is placed before **en** to stress the idea of simultaneity and/or opposition.

    Ce réalisatur tournait un film d'amour tout en écrivant le scénario d'un documentaire.

    This director was making a romantic film while at the same time writing the script of a documentary.

    Ce morceau moderne est harmonieux tout en étant discordant.
    This modern piece is harmonious even while being discordant.

3. The expression **en** + *present participle* is also used to indicate a relationship of manner with the verb in the main clause. The English equivalent is *by.*

Je me rase en employant un rasoir électrique.
I shave by using an electric shaver.

Il est devenu célèbre en imitant Elvis.
He became famous by imitating Elvis.

EXERCICES

A. Faites une seule phrase en employant **en** + *participe présent* selon le modèle.

Modèle   Je dîne. Je regarde la télé en même temps.
Je dîne en regardant la télé.

1. Je regarde le film. Je rêve en même temps.
2. Nous jouons du piano. Nous chantons en même temps.
3. Vous riez. Vous pleurez en même temps.
4. Je mets un chapeau. Je cours en même temps.
5. Je me regarde dans le miroir. Je souris en même temps.
6. Marie parle au téléphone. Elle mange une sardine en même temps.
7. Céleste joue de la harpe. Elle pense au paradis en même temps.
8. Jean-Pierre embrasse Tina. Il ferme les yeux en même temps.

B. Complétez avec imagination en employant **en** + **participe present**.

1. Je buvais de la bière...   3. Je prenais mon petit déjeuner...
2. J'écoutais la stéréo...   4. Je jouais de la guitare...

C. Répondez en employant des parties du corps (les pieds, les mains, les bras, le nez, la bouche, les jambes, les yeux, etc.) selon le modèle.

Modèle   Comment joue-t-on du piano?
On joue du piano en employant les doigts et les pieds.

1. Comment joue-t-on de la cla-   5. Comment appuie-t-on sur l'accé-
    rinette?   lérateur?
2. Comment fait-on de la pein-   6. Comment mange-t-on de la
    ture?   soupe?
3. Comment lance-t-on une balle   7. Comment sent-on du parfum?
    de football?   8. Comment découvre-t-on l'origina-
4. Comment se lave-t-on les   lité d'une grande peinture?
    oreilles (le visage)?

D. Mettez les verbes entre parenthèses au **participe présent**. Employez **en** ou **tout en** s'il y a lieu.

1. Il sifflait _____ (se promener) dans la rue.
2. Mon fils, vous ne composerez des morceaux magnifiques que _____ (travailler) tous les jours!
3. Je ne sais pas comment elle peut danser _____ (chanter)!
4. Elle a perfectionné son rythme _____ (enregistrer) sa voix.
5. Le cinéma joue un rôle social important _____ (montrer) une image fidèle de la société moderne.
6. _____ (Trouver) le concert formidable, Sylvie a demandé à l'artiste de signer son programme.
7. Ce réalisateur est devenu l'idole des cinéphiles _____ (refuser) de compromettre son art.
8. Cette actrice est un paradoxe! Elle est très admirée _____ (être) très critiquée.

The English present participle and the French infinitive

It is often necessary to render an English present participle by an infinitive in French.

commencer par and finir par + infinitive

The verbs **commencer** and **finir** require **par** + *infinitive* instead of **en** + *present participle*.

Le réalisateur a commencé par filmer un plan tranquille et il a fini par filmer un plan violent.
The director began by filming a quiet shot and finished by filming a violent shot.

Il a fini par accepter le rôle.
He finally accepted the role.

passer du temps à + infinitive

When the verb **passer** means *to spend time,* the expression **à** + *infinitive* must be used to render the English present participle.

Nous avons passé une heure à chercher un bon film dans le journal.
We spent one hour looking for a good film in the newspaper.

avant de, sans, and après + infinitive

The prepositions **avant de** and **sans** followed by the infinitive render the English *before* and *without* + *present participle.*

Il faut répéter beaucoup avant de chanter devant le public.
It is necessary to rehearse a lot before singing before the public.

Il est allé voir le film sans savoir que c'était un navet!
He went to see the film without knowing it was a flop!

Note that the preposition **après** must be followed by the past infinitive (**avoir** or **être** + *past participle*). Its most frequent English equivalent is *after* + *present participle.*

Il a décidé d'aller voir le film après en avoir lu une critique favorable.
He decided to go see the film after reading a favorable criticism of it.

Après être rentrés, ils ont bu du vin.
After returning home, they drank some wine.

verbs of perception + infinitive

In French, a progressive action is often expressed by an infinitive after a verb of perception like:

apercevoir	regarder
écouter	sentir
entendre	voir

The infinitive is rendered in English by the present participle.

Je l'ai vu parler avec elle il y a cinq minutes.
I saw him speaking with her five minutes ago.

Passant devant le cabaret, j'ai entendu chanter mon chansonnier favori.
Passing in front of the cabaret, I heard my favorite chansonnier singing.

J'ai vu construire le nouveau cinéma.
I saw the new movie theater being built.

This construction may also be used to state a fact, rather than to express a progressive action.

Je l'ai entendu chanter beaucoup de fois.
I heard him sing many times.

The idiomatic expression **entendre parler de** means *to hear of.* It may be followed by a noun or a disjunctive pronoun. The expression **entendre dire que** means *to hear that* and is followed by an entire clause that serves as the direct object.

Avez-vous jamais entendu parler de Gérard Depardieu?
Have you ever heard of Gérard Depardieu?

Oui, j'ai entendu parler de lui.
Yes, I've heard of him.

J'ai entendu dire que Gérard Depardieu est un très bon acteur.
I've heard that Gérard Depardieu is a very good actor.

EXERCICES

A. Répondez par une phrase complète.

1. Combien de temps passez-vous à prendre une douche (à faire votre toilette le matin, à faire vos devoirs de français)?
2. De quels réalisateurs (écrivains) français avez-vous entendu parler?
3. Qu'est-ce que vous faites avant de sortir sous la pluie (avant d'aller à la plage, avant de vous coucher)?
4. Qu'est-ce que les personnes suivantes ont passé beaucoup de temps à faire: James Joyce? François Truffaut? Segovia? Andy Williams? Chris Evert Lloyd? Laurence Olivier? Mae West?
5. Qu'est-ce que vous faites après avoir passé un examen très important (après avoir mangé des sardines)?
6. De quels actrices ou acteurs français avez-vous entendu parler?

B. Complétez en employant **avant de** selon le modèle.

Modèle   Je prends mon petit déjeuner...
   Je prends mon petit déjeuner avant de sortir (avant de me coucher).

1. Je me lave les mains...
2. J'ai mis un manteau...
3. J'ai mis mes lunettes de soleil...
4. Je suis allé(e) à la banque...

C. Traduisez en français, puis jouez le dialogue.

A: Have you ever heard of Georges Brassens?
B: Yes. I've heard he's a very good French folk singer.
A: I've heard him sing a few times.
B: Is he really good?
A: He's fantastic!

D. Traduisez en français les mots entre parenthèses.

1. Le professeur de cinéma a commencé _____ *(by describing)* le film et il a fini _____ *(by discussing)* sa signification profonde.
2. Ils lisent toujours des critiques _____ *(before going to see)* un film.
3. Elle a passé toute la soirée _____ *(listening to)* ses nouveaux disques.
4. Quelle chance! Nous avons vu un grand réalisateur _____ *(making)* un film.

5. Les spectateurs ont commencé _____ *(by applauding)* et ils ont fini _____ *(by booing)*.

6. Pendant sa jeunesse, ce musicien américain a passé beaucoup de temps ____ *(composing)* de la musique populaire.

7. Ils étaient plus impressionnés quand ils l'ont vu _____ *(singing)* le blues en personne que quand ils l'ont entendu _____ *(singing)* le blues à la radio.

8. _____ *(After finishing)* son exécution parfaite du morceau de Bach, la violoniste s'est assise.

9. Cet acteur comique a fini _____ *(by playing)* un rôle sérieux dans un film de guerre.

10. Mon frère vient de passer cinq heures _____ *(rehearsing)* pour son concert demain.

11. Elle ne peut pas aller voir un film _____ *(without dreaming)* qu'elle en est la vedette!

12. _____ *(After eating)* des bonbons, mon amie a commencé à manger de la glace!

13. Je pouvais passer des heures _____ *(watching)* cet acteur _____ *(playing)* son rôle favori.

The causative construction

The causative construction is used to express the idea of *having someone do something* or *having something done*. It is composed of two parts: a tense of **faire** + *infinitive*.

Je ferai réparer ma stéréo.
I will have my stereo repaired.

Comme il fait travailler ses acteurs!
How he has (makes) his actors work!

The causative construction may have one or two objects.

The causative with one object

When the causative has only one object, the object is a direct object.

Chut! Le patron fait enregistrer votre voix!
Quiet! The boss is having your voice taped!

Il fait partir les journalistes.
He has (makes) the reporters leave.

Note that the objects follow the infinitive in French, but come between the two verbs in English.

The causative with two objects

When the causative has two objects, one object is usually a person and the other a thing. The person is the indirect object and the thing the direct object.

Il fait analyser le film aux étudiants.
He has the film analyzed by the students.   or: *He has the students analyze the film.*

Nous avons fait composer la piste sonore à un musicien de première qualité.
We had the soundtrack composed by a first-rate musician.   or: *We had a first-rate musician compose the soundtrack.*

Object pronouns with the causative

position

Direct and indirect objects are placed before **faire**.

Je le fais envoyer demain.   Je la lui fais composer.
I'm having it sent tomorrow.   *I'm having it composed by him.*

agreement of past participle

The past participle **fait** is invariable in the causative construction.

Je les ai fait venir.
I had them come.   or: *I made them come.*

EXERCICES

A. Répondez à chaque question en employant une des expressions de la colonne de droite, ou une autre expression de votre choix.

Modèle Qu'est-ce qu'une comédie vous fait faire?
Elle me fait rire.

<table>
<tr><td>1.</td><td>Qu'est-ce qu'un film d'épouvante vous fait faire?</td><td>sourire</td></tr>
<tr><td>2.</td><td>un film de science-fiction?</td><td>danser</td></tr>
<tr><td>3.</td><td>un film policier?</td><td>rêver</td></tr>
<tr><td>4.</td><td>un film tragique?</td><td>rire</td></tr>
<tr><td>5.</td><td>un film de guerre?</td><td>penser à l'avenir</td></tr>
<tr><td>6.</td><td>un film de propagande?</td><td>réfléchir longuement</td></tr>
<tr><td>7.</td><td>une comédie musicale?</td><td>pleurer</td></tr>
<tr><td>8.</td><td>le rock?</td><td>tenir la main de mon ami(e)</td></tr>
<tr><td>9.</td><td>une chanson sentimentale?</td><td>bâiller (to yawn)</td></tr>
<tr><td>10.</td><td>un western?</td><td>crier (to scream)</td></tr>
</table>

frissonner *(to shudder)*
chanter
sursauter *(to jump)*
perdre la tête

B. À quel acteur, à quelle actrice, ou à quel réalisateur est-ce que la musique ou les films suivants vous font penser? Répondez selon le modèle.

Modèle   le jazz
  Le jazz me fait penser à Al Hirt (Count Basie, Ella Fitzgerald, etc.).

1. le rock
2. les comédies musicales
3. les films d'épouvante
4. les films de guerre
5. les chansons sentimentales
6. les films de science-fiction

C. Traduisez en français.

1. We are having the movie dubbed in France.
2. The director had the chansonnier play the guitar.
3. What! They're having that bad actress play this difficult role?
4. Our professor is having us analyze Truffaut's film *Jules et Jim*.
5. The director had the movie criticized before filming the last shot.
6. He has the fans come in.
7. We'll have the soundtrack composed by a young composer.
8. The director had one of the actors write the scenario.
9. She is having the class listen to the tape.
10. The government had the movie censored.

Exercices d'ensemble

I. Répondez en employant une ou deux phrases complètes.

1. Avez-vous jamais été scandalisé par un film?
2. Avez-vous jamais fait la queue pendant des heures?

3. Allez-vous voir des films avant d'en lire les critiques dans le journal?
4. Avez-vous jamais vu tourner un film?
5. Avez-vous jamais vu jouer votre musicien favori (vos musiciens favoris) en personne?
6. Qu'est-ce qui ou qui est-ce qui vous fait rire?
7. Pouvez-vous bien étudier en écoutant la musique à la radio ou en regardant la télévision?
8. Est-ce que la musique vous fait changer d'humeur?
9. Qu'est-ce que vous aimez faire après avoir vu un film le samedi soir?
10. Préférez-vous la musique moderne ou la musique classique?
11. Avez-vous jamais quitté un cinéma sans voir le film jusqu'au bout? Si oui, pourquoi?
12. Avez-vous une collection intéressante de disques ou de bandes? Quels sont vos disques préférés (vos bandes préférées)?

II. Traduisez en français.

1. The composer spent only one hour composing this song.
2. The movie will be made by a very famous French director.
3. I've heard she likes to hear the audience applaud.
4. We entertained ourselves by singing sentimental old songs.
5. Instead of jazz, rock-and-roll was being played in that night club.
6. While waiting in line, I saw the director of the film go in.
7. The new cinematographic techniques in that film will certainly be applauded by movie fans.
8. The musicians spent the evening (*la soirée*) recording the song.
9. Our professor had us analyze the meaning (*la signification*) of the film.
10. He began to appreciate music after studying harmony and rhythm.
11. I'm surprised you've heard of Belmondo.

Sujets de discussion ou de composition

1. Décrivez un film que vous avez vu (genre, réalisateur, acteurs, personnages, intrigue, atmosphère, etc.). Faites deviner (*guess*) le titre du film aux autres étudiants.
2. Quel rôle la musique joue-t-elle dans votre vie? Quel genre préférez-vous— le rock, le blues, le jazz, la musique classique, folklorique, populaire, etc.? Qui sont vos musiciens et vos compositeurs préférés? Où et quand aimez-vous écouter de la musique?
3. Remarquez-vous une différence entre les films américains et les films étrangers? Expliquez.

Appendix

Useful expressions

Numbers

CARDINAL NUMBERS

1	un/une	22	vingt-deux	71	soixante et onze
2	deux	23	vingt-trois	72	soixante-douze
3	trois	24	vingt-quatre	80	quatre-vingts
4	quatre	25	vingt-cinq	81	quatre-vingt-un
5	cinq	26	vingt-six	82	quatre-vingt-deux
6	six	27	vingt-sept	90	quatre-vingt-dix
7	sept	28	vingt-huit	91	quatre-vingt-onze
8	huit	29	vingt-neuf	92	quatre-vingt-douze
9	neuf	30	trente	100	cent
10	dix	31	trente et un	101	cent un
11	onze	32	trente-deux	200	deux cents
12	douze	40	quarante	201	deux cent un
13	treize	41	quarante et un	1000	mille
14	quatorze	42	quarante-deux	1001	mille un
15	quinze	50	cinquante	1700	dix-sept cents, mille sept cents
16	seize	51	cinquante et un	1720	dix-sept cent vingt, mille sept cent vingt
17	dix-sept	52	cinquante-deux	5000	cinq mille
18	dix-huit	60	soixante	10,000	dix mille
19	dix-neuf	61	soixante et un	100,000	cent mille
20	vingt	62	soixante-deux	1,000,000	un million
21	vingt et un	70	soixante-dix	1,000,000,000	un milliard

1. The numbers *81* and *91* do not take **et**.
2. **Quatre-vingts** and multiples of **cent** require **s** except when followed by another number: **quatre-vingts, quatre-vingt-un; deux cents, deux cent un. Mille** never takes **s: cinq mille.**
3. The decimal point and comma are reversed in English and French: *10,000* in English = **10.000** in French; *1.5* in English = **1,5** in French.

ORDINAL NUMBERS

Ordinal numbers are formed by adding the suffix **-ième** to cardinal numbers. The ordinal numbers **premier (première), cinquième,** and **neuvième** are exceptions. If a cardinal number ends in mute **e**, the **e** is dropped before adding the suffix.

premier/première	*first*	septième	*seventh*
deuxième	*second*	huitième	*eighth*
troisième	*third*	neuvième	*ninth*
quatrième	*fourth*	dixième	*tenth*
cinquième	*fifth*	vingtième	*twentieth*
sixième	*sixth*	vingt et unième	*twenty-first*
		centième	*one hundredth*

COLLECTIVE NUMBERS

Collective numbers indicate approximate value. They are equivalent to the expression *about, around* + number in English. Collective numbers are formed by adding the suffix **-aine** to cardinal numbers (the number **dizaine** is an exception). If a cardinal number ends in mute **e**, the **e** is dropped before adding the suffix. Collective numbers are feminine with the exception of **un millier** (*about, around a thousand*).

une dizaine	*about, around 10*
une vingtaine	*about, around 20*
une cinquantaine	*about, around 50*
une centaine	*about, around 100*
un millier	*about, around 1,000*

FRACTIONS

1/2 la moitié, demi(e)	**1/5** un cinquième
1/3 un tiers	**1/6** un sixième
1/4 un quart	**7/8** sept huitièmes
3/4 trois quarts	**3/10** trois dixièmes

Note that 1/2 used as a noun is expressed by **la moitié** and as an adjective by **demi(e):** la moitié de la classe, une demi-heure.

Dates

Days		Months			
lundi	*Monday*	janvier	*January*	juillet	*July*
mardi	*Tuesday*	février	*February*	août	*August*
mercredi	*Wednesday*	mars	*March*	septembre	*September*
jeudi	*Thursday*	avril	*April*	octobre	*October*
vendredi	*Friday*	mai	*May*	novembre	*November*
samedi	*Saturday*	juin	*June*	décembre	*December*
dimanche	*Sunday*				

Quel jour sommes-nous aujourd'hui?
What is the day today?

C'est aujourd'hui { lundi, le 15 septembre.
{ le lundi 15 septembre.

Today is Monday, September 15.

Quand êtes-vous né?
When were you born?

Je suis né(e) le 2 août 1963.

Je suis né(e) le deux août, { dix-neuf cent soixante-trois.
{ mil neuf cent soixante-trois.

I was born on August 2, 1963.

1. Days and months are masculine in gender and are written in small letters in French.
2. In dates the form **mil** (not **mille**) is used: **en mil soixante-six**.
3. Dates of the month are expressed by cardinal numbers except *first*, which requires the ordinal number: **le premier janvier**, **le deux janvier**.

Weather expressions

WEATHER EXPRESSIONS WITH *FAIRE*

Il fait beau.	*The weather is fine.*	Il fait du soleil.	*It is sunny.*
Il fait mauvais.	*The weather is bad.*	Il fait jour.	*It is daylight.*
Il fait chaud.	*It is warm.*	Il fait nuit.	*It is dark.*
Il fait frais.	*It is cool.*	Il fait clair.	*It is clear.*
Il fait doux.	*It is mild.*	Il se fait tard.	*It is getting late.*
Il fait sec.	*It is dry.*	Il fait glissant.	*It is slippery.*
Il fait humide.	*It is humid.*	Il fait de l'orage.	*It is stormy.*
Il fait bon.	*It is nice.*	Il fait brumeux.	*It is misty.*
Il fait du vent.	*It is windy.*		

WEATHER EXPRESSIONS WITH OTHER VERBS

Il neige.	*It is snowing.*	Il gèle.	*It is freezing.*
Il pleut.	*It is raining.*	Il grêle.	*It is hailing.*
Il tonne.	*It is thundering.*		

Seasons

été *summer*	en été *in the summer*
automne *fall*	en automne *in the fall*
hiver *winter*	en hiver *in the winter*
printemps *spring*	au printemps *in the spring*

Note that the seasons are masculine in gender and are written in small letters in French.

Time

Quelle heure est-il?
What time is it?

1 h.

Il est une heure.

1h.35

Il est deux heures moins vingt-cinq.

1h.05

Il est une heure cinq.

1h.45

Il est deux heures moins le quart.

1h.15

Il est une heure et quart.

1h.53

Il est deux heures moins sept.

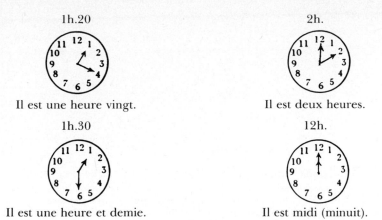

1h.20

Il est une heure vingt.

2h.

Il est deux heures.

1h.30

Il est une heure et demie.

12h.

Il est midi (minuit).

Note that A.M. and P.M. are expressed by **du matin** *(in the morning),* **de l'après-midi** *(in the afternoon),* and **du soir** *(in the evening).*

Verbs

Literary tenses

In addition to the **passé simple** (p. 11), French possesses three other literary tenses: the *past anterior,* the *imperfect subjunctive,* and the *pluperfect subjunctive.* These literary tenses, which almost never appear in the spoken language, are presented here so that students will be able to recognize them in the literature they read.

PAST ANTERIOR

formation of the past anterior

passé simple of the auxiliary + past participle

parler	venir
j'eus parlé	je fus venu(e)
tu eus parlé	tu fus venu(e)
il / elle / on eut parlé	il venu / elle fut venue / on venu
nous eûmes parlé	nous fûmes venu(e)s
vous eûtes parlé	vous fûtes venu(e)(s)
ils / elles eurent parlé	ils venus / furent / elles venues

use of the past anterior

The *pluperfect tense* (p. 164) is usually used to express a past action that precedes another past action. The past anterior, however, is used to express a past action that immediately precedes another past action which is expressed by the **passé simple**. It usually appears after the conjunctions **quand, lorsque, dès que, aussitôt que** and **après que.**

Dè que le criminel eut commis le crime, on l'arrêta.
As soon as the criminal had committed the crime, he was arrested.

Nous commençâmes à bavarder après que le professeur fut sorti.
We began to chat after the professor had gone out.

Note that the past anterior and the pluperfect have the same English translation.

IMPERFECT SUBJUNCTIVE

formation of the imperfect subjunctive

The *imperfect subjunctive* is formed by dropping the endings of the **passé simple** and adding the imperfect subjunctive endings. Like the **passé simple**, the imperfect subjunctive has three sets of endings. The pairings below show the corresponding **passé simple** and imperfect subjunctive endings.

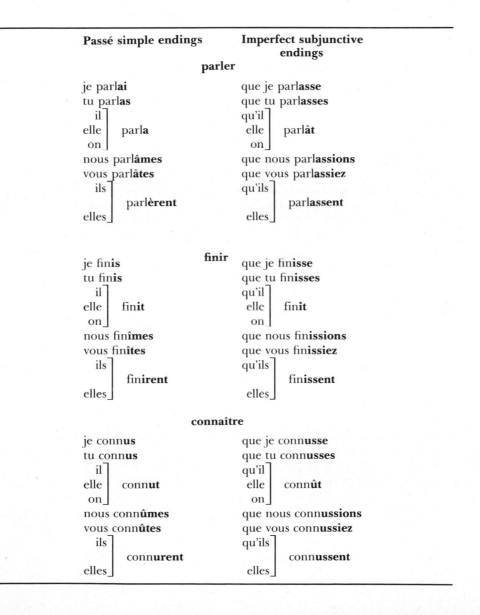

Passé simple endings	Imperfect subjunctive endings
parler	
je parl**ai**	que je parl**asse**
tu parl**as**	que tu parl**asses**
il / elle / on parl**a**	qu'il / elle / on parl**ât**
nous parl**âmes**	que nous parl**assions**
vous parl**âtes**	que vous parl**assiez**
ils / elles parl**èrent**	qu'ils / elles parl**assent**
finir	
je fin**is**	que je fin**isse**
tu fin**is**	que tu fin**isses**
il / elle / on fin**it**	qu'il / elle / on fin**ît**
nous fin**îmes**	que nous fin**issions**
vous fin**îtes**	que vous fin**issiez**
ils / elles fin**irent**	qu'ils / elles fin**issent**
connaître	
je conn**us**	que je conn**usse**
tu conn**us**	que tu conn**usses**
il / elle / on conn**ut**	qu'il / elle / on conn**ût**
nous conn**ûmes**	que nous conn**ussions**
vous conn**ûtes**	que vous conn**ussiez**
ils / elles conn**urent**	qu'ils / elles conn**ussent**

use of the imperfect subjunctive

The *imperfect subjunctive* corresponds, in the indicative, to the *imperfect indicative* and the *present conditional*.

Indicative: Je savais qu'elle venait me rendre visite.
I knew she was coming to visit me.

Subjunctive: Je doutais qu'elle vînt me rendre visite.
I doubted that she was coming to visit me.

Indicative: Nous savions qu'il se sentirait à l'aise en France.
We knew that he would feel at ease in France.

Subjunctive: Nous ne croyions pas qu'il se sentît à l'aise en France.
We didn't think that he would feel at ease in France.

In the spoken language, the *imperfect subjunctive* is usually replaced by the *present subjunctive*.

PLUPERFECT SUBJUNCTIVE

formation of the pluperfect slubjunctive

---

imperfect subjunctive of the auxiliary + past participle

---

finir	aller
que j'eusse fini	que je fusse allé(e)
que tu eusses fini	que tu fusses allé(e)
qu'il ⎤	qu'il ⎤ allé
elle ⎥ eût fini	elle ⎥ fût allée
on ⎦	on ⎦ allé
que nous eussions fini	que nous fussions allé(e)s
que vous eussiez fini	que vous fussiez allé(e)(s)
qu'ils ⎤	qu'ils ⎤ allés
⎥ eussent fini	⎥ fussent
elles ⎦	elles ⎦ allées

use of the pluperfect subjunctive

The pluperfect subjunctive corresponds, in the indicative, to the *pluperfect indicative* and the *past conditional*.

Indicative: Je savais qu'ils s'étaient mariés!
I knew they had got married!

Subjunctive:	Je craignais qu'ils ne se fussent mariés! *I was afraid that they had got married!*
Indicative:	J'étais sûr qu'on l'aurait condamné sans votre témoignage. *I was sure that he would have been convicted without your testimony.*
Subjunctive:	J'étais étonné qu'on l'eût condamné sans votre témoignage. *I was astounded that he would have been convicted without your testimony.*

The *pluperfect subjunctive* may replace the *pluperfect indicative* or the *past conditional,* or both, in conditional sentences.

Si elle avait suivi un régime, elle aurait été plus séduisante.
Si elle eût suivi un régime, elle aurait été plus séduisante.
Si elle avait suivi un régime, elle eût été plus séduisante.
Si elle eût suivi un régime, elle eût été plus séduisante.
If she had gone on a diet, she would have been more attractive.

In the spoken language, the *pluperfect subjunctive* is usually replaced by the *past subjunctive.*

Verbes réguliers
(-er, -ir, -re)

Infinitif Participes	Indicatif				
	Présent	*Imparfait*	*Passé composé*		*Futur*
parler	parle	parlais	ai	parlé	parlerai
	parles	parlais	as	parlé	parleras
	parle	parlait	a	parlé	parlera
parlant	parlons	parlions	avons	parlé	parlerons
parlé	parlez	parliez	avez	parlé	parlerez
	parlent	parlaient	ont	parlé	parleront
finir	finis	finissais	ai	fini	finirai
	finis	finissais	as	fini	finiras
	finit	finissait	a	fini	finira
finissant	finissons	finissions	avons	fini	finirons
fini	finissez	finissiez	avez	fini	finirez
	finissent	finissaient	ont	fini	finiront
perdre	perds	perdais	ai	perdu	perdrai
	perds	perdais	as	perdu	perdras
	perd	perdait	a	perdu	perdra
perdant	perdons	perdions	avons	perdu	perdrons
perdu	perdez	perdiez	avez	perdu	perdrez
	perdent	perdaient	ont	perdu	perdront

Conditionnel	Impératif	Subjonctif	Temps littéraires	
Présent		*Présent*	*Passé simple*	*Imparfait du Subjonctif*
parlerais		parle	parlai	parlasse
parlerais	parle	parles	parlas	parlasses
parlerait		parle	parla	parlât
parlerions	parlons	parlions	parlâmes	parlassions
parleriez	parlez	parliez	parlâtes	parlassiez
parleraient		parlent	parlèrent	parlassent
finirais		finisse	finis	finisse
finirais	finis	finisses	finis	finisses
finirait		finisse	finit	finît
finirions	finissons	finissions	finîmes	finissions
finiriez	finissez	finissiez	finîtes	finissiez
finiraient		finissent	finirent	finissent
perdrais		perde	perdis	perdisse
perdrais	perds	perdes	perdis	perdisses
perdrait		perde	perdit	perdît
perdrions	perdons	perdions	perdîmes	perdissions
perdriez	perdez	perdiez	perdîtes	perdissiez
perdraient		perdent	perdirent	perdissent

Verbes irréguliers

Infinitif Participes	Indicatif			
	Présent	*Imparfait*	*Passé composé*	*Futur*
acheter	achète	achetais	ai	acheté	achèterai
	achètes	achetais	as	acheté	achèteras
	achète	achetait	a	acheté	achètera
achetant	achetons	achetions	avons	acheté	achèterons
acheté	achetez	achetiez	avez	acheté	achèterez
	achètent	achetaient	ont	acheté	achèteront
admettre (voir **mettre**)				
aller	vais	allais	suis	allé(e)	irai
	vas	allais	es	allé(e)	iras
	va	allait	est	allé(e)	ira
allant	allons	allions	sommes	allé(e)s	irons
allé	allez	alliez	êtes	allé(e)(s)	irez
	vont	allaient	sont	allé(e)s	iront
apparaître (voir **paraître**)				
appeler	appelle	appelais	ai	appelé	appellerai
	appelles	appelais	as	appelé	appelleras
	appelle	appelait	a	appelé	appellera
appelant	appelons	appelions	avons	appelé	appellerons
appelé	appelez	appeliez	avez	appelé	appellerez
	appellent	appelaient	ont	appelé	appelleront

Conditionnel	Impératif	Subjonctif	Temps littéraires	
Présent		*Présent*	*Passé simple*	*Imparfait du Subjonctif*
achèterais		achète	achetai	achetasse
achèterais	achète	achètes	achetas	achetasses
achèterait		achète	acheta	achetât
achèterions	achetons	achetions	achetâmes	achetassions
achèteriez	achetez	achetiez	achetâtes	achetassiez
achèteraient		achètent	achetèrent	achetassent
irais		aille	allai	allasse
irais	va	ailles	allas	allasses
irait		aille	alla	allât
irions	allons	allions	allâmes	allassions
iriez	allez	alliez	allâtes	allassiez
iraient		aillent	allèrent	allassent
appellerais		appelle	appelai	appelasse
appellerais	appelle	appelles	appelas	appelasses
appellerait		appelle	appela	appelât
appellerions	appclons	appelions	appelâmes	appelassions
appelleriez	appelez	appeliez	appelâtes	appelassiez
appelleraient		appellent	appelèrent	appelassent

Infinitif Participes	Indicatif			
	Présent	*Imparfait*	*Passé composé*	*Futur*
apprendre (voir **prendre**)				
s'asseoir	assieds	asseyais	suis assis(e)	assiérai
	assieds	asseyais	es assis(e)	assiéras
	assied	asseyait	est assis(e)	assiéra
asseyant	asseyons	asseyions	sommes assis(es)	assiérons
assis	asseyez	asseyiez	êtes assis(e)(s)	assiérez
	asseyent	asseyaient	sont assis(es)	assiéront
atteindre (voir **peindre**)				
avoir	ai	avais	ai eu	aurai
	as	avais	as eu	auras
	a	avait	a eu	aura
ayant	avons	avions	avons eu	aurons
eu	avez	aviez	avez eu	aurez
	ont	avaient	ont eu	auront
battre	bats	battais	ai battu	battrai
	bats	battais	as battu	battras
	bat	battait	a battu	battra
battant	battons	battions	avons battu	battrons
battu	battez	battiez	avez battu	battrez
	battent	battaient	ont battu	battront
boire	bois	buvais	ai bu	boirai
	bois	buvais	as bu	boiras
	boit	buvait	a bu	boira
buvant	buvons	buvions	avons bu	boirons
bu	buvez	buviez	avez bu	boirez
	boivent	buvaient	ont bu	boiront
commencer	commence	commençais	ai commencé	commencerai
	commences	commençais	as commencé	commenceras
	commence	commençait	a commencé	commencera
commençant	commençons	commencions	avons commencé	commencerons
commencé	commencez	commenciez	avez commencé	commencerez
	commencent	commençaient	ont commencé	commenceront

Conditionnel	Impératif	Subjonctif		Temps littéraires	
Présent		Présent	Passé simple	Imparfait du Subjonctif	

assiérais		asseye	assis	assisse
assiérais	assieds-toi	asseyes	assis	assisses
assiérait		asseye	assit	assît
assiérions	asseyons-nous	asseyions	assîmes	assissions
assiériez	asseyez-vous	asseyiez	assîtes	assissiez
assiéraient		asseyent	assirent	assissent

aurais		aie	eus	eusse
aurais	aie	aies	eus	eusses
aurait		ait	eut	cût
aurions	ayons	ayons	eûmes	eussions
auriez	ayez	ayez	eûtes	eussiez
auraient		aient	eurent	eussent

battrais		batte	battis	battisse
battrais	bats	battes	battis	battisses
battrait		batte	battit	battît
battrions	battons	battions	battîmes	battissions
battriez	battez	battiez	battîtes	battissiez
battraient		battent	battirent	battissent

boirais		boive	bus	busse
boirais	bois	boives	bus	busses
boirait		boive	but	bût
boirions	buvons	buvions	bûmes	bussions
boiriez	buvez	buviez	bûtes	bussiez
boiraient		boivent	burent	bussent

commencerais		commence	commençai	commençasse
commencerais	commence	commences	commenças	commençasses
commencerait		commence	commença	commençât
commencerions	commençons	commencions	commençâmes	commençassions
commenceriez	commencez	commenciez	commençâtes	commençassiez
commenceraient		commencent	commencèrent	commençassent

Infinitif Participes	Indicatif			
	Présent	*Imparfait*	*Passé composé*	*Futur*
comprendre (voir **prendre**)				
conduire	conduis	conduisais	ai conduit	conduirai
	conduis	conduisais	as conduit	conduiras
	conduit	conduisait	a conduit	conduira
conduisant	conduisons	conduisions	avons conduit	conduirons
conduit	conduisez	conduisiez	avez conduit	conduirez
	conduisent	conduisaient	ont conduit	conduiront
connaître	connais	connaissais	ai connu	connaîtrai
	connais	connaissais	as connu	connaîtras
	connaît	connaissait	a connu	connaîtra
connaissant	connaissons	connaissions	avons connu	connaîtrons
connu	connaissez	connaissiez	avez connu	connaîtrez
	connaissent	connaissaient	ont connu	connaîtront
construire (voir **conduire**)				
courir	cours	courais	ai couru	courrai
	cours	courais	as couru	courras
	court	courait	a couru	courra
courant	courons	courions	avons couru	courrons
couru	courez	couriez	avez couru	courrez
	courent	couraient	ont couru	courront
couvrir (voir **ouvrir**)				
craindre	crains	craignais	ai craint	craindrai
	crains	craignais	as craint	craindras
	craint	craignait	a craint	craindra
craignant	craignons	craignions	avons craint	craindrons
craint	craignez	craigniez	avez craint	craindrez
	craignent	craignaient	ont craint	craindront
croire	crois	croyais	ai cru	croirai
	crois	croyais	as cru	croiras
	croit	croyait	a cru	croira
croyant	croyons	croyions	avons cru	croirons
cru	croyez	croyiez	avez cru	croirez
	croient	croyaient	ont cru	croiront

Conditionnel	Impératif	Subjonctif	Temps littéraires	
Présent		*Présent*	*Passé simple*	*Imparfait du Subjonctif*
conduirais		conduise	conduisis	conduisisse
conduirais	conduis	conduises	conduisis	conduisisses
conduirait		conduise	conduisit	conduisît
conduirions	conduisons	conduisions	conduisîmes	conduisissions
conduiriez	conduisez	conduisiez	conduisîtes	conduisissiez
conduiraient		conduisent	conduisirent	conduisissent
connaîtrais		connaisse	connus	connusse
connaîtrais	connais	connaisses	connus	connusses
connaîtrait		connaisse	connut	connût
connaîtrions	connaissons	connaissions	connûmes	connussions
connaîtriez	connaissez	connaissiez	connûtes	connussiez
connaîtraient		connaissent	connurent	connussent
courrais		coure	courus	courusse
courrais	cours	coures	courus	courusses
courrait		coure	courut	courût
courrions	courons	courions	courûmes	courussions
courriez	courez	couriez	courûtes	courussiez
courraient		courent	coururent	courussent
craindrais		craigne	craignis	craignisse
craindrais	crains	craignes	craignis	craignisses
craindrait		craigne	craignit	craignît
craindrions	craignons	craignions	craignîmes	craignissions
craindriez	craignez	craigniez	craignîtes	craignissiez
craindraient		craignent	craignirent	craignissent
croirais		croie	crus	crusse
croirais	crois	croies	crus	crusses
croirait		croie	crut	crût
croirions	croyons	croyions	crûmes	crussions
croiriez	croyez	croyiez	crûtes	crussiez
croiraient		croient	crurent	crussent

Infinitif Participes	Indicatif			
	Présent	*Imparfait*	*Passé composé*	*Futur*
décevoir (voir **voir**)				
découvrir (voir **ouvrir**)				
décrire (voir **écrire**)				
déplaire (voir **plaire**)				
détruire (voir **conduire**)				
devenir (voir **venir**)				
devoir	dois	devais	ai dû	devrai
	dois	devais	as dû	devras
	doit	devait	a dû	devra
devant	devons	devions	avons dû	devrons
dû, due	devez	deviez	avez dû	devrez
	doivent	devaient	ont dû	devront
dire	dis	disais	ai dit	dirai
	dis	disais	as dit	diras
	dit	disait	a dit	dira
disant	disons	disions	avons dit	dirons
dit	dites	disiez	avez dit	direz
	disent	disaient	ont dit	diront
disparaître (voir **paraître**)				
dormir	dors	dormais	ai dormi	dormirai
	dors	dormais	as dormi	dormiras
	dort	dormait	a dormi	dormira
dormant	dormons	dormions	avons dormi	dormirons
dormi	dormez	dormiez	avez dormi	dormirez
	dorment	dormaient	ont dormi	dormiront
écrire	écris	écrivais	ai écrit	écrirai
	écris	écrivais	as écrit	écriras
	écrit	écrivait	a écrit	écrira
écrivant	écrivons	écrivions	avons écrit	écrirons
écrit	écrivez	écriviez	avez écrit	écrirez
	écrivent	écrivaient	ont écrit	écriront

Conditionnel	Impératif	Subjonctif	Temps littéraires	
Présent		*Présent*	*Passé simple*	*Imparfait du Subjonctif*

devrais		doive	dus	dusse
devrais	dois	doives	dus	dusses
devrait		doive	dut	dût
devrions	devons	devions	dûmes	dussions
devriez	devez	deviez	dûtes	dussiez
devraient		doivent	durent	dussent
dirais		dise	dis	disse
dirais	dis	dises	dis	disses
dirait		dise	dit	dit
dirions	disons	disions	dîmes	dissions
diriez	dites	disiez	dîtes	dissiez
diraient		disent	dirent	dissent
dormirais		dorme	dormis	dormisse
dormirais	dors	dormes	dormis	dormisses
dormirait		dorme	dormit	dormît
dormirions	dormons	dormions	dormîmes	dormissions
dormiriez	dormez	dormiez	dormîtes	dormissiez
dormiraient		dorment	dormirent	dormissent
écrirais		écrive	écrivis	écrivisse
écrirais	écris	écrives	écrivis	écrivisses
écrirait		écrive	écrivit	écrivît
écririons	écrivons	écrivions	écrivîmes	écrivissions
écririez	écrivez	écriviez	écrivîtes	écrivissiez
écriraient		écrivent	écrivirent	écrivissent

Infinitif Participes	Indicatif			
	Présent	*Imparfait*	*Passé composé*	*Futur*
s'endormir (voir **dormir**)				
entretenir (voir **tenir**)				
envoyer	envoie	envoyais	ai envoyé	enverrai
	envoies	envoyais	as envoyé	enverras
	envoie	envoyait	a envoyé	enverra
envoyant	envoyons	envoyions	avons envoyé	enverrons
envoyé	envoyez	envoyiez	avez envoyé	enverrez
	envoient	envoyaient	ont envoyé	enverront
éteindre (voir **peindre**)				
être	suis	étais	ai été	serai
	es	étais	as été	seras
	est	était	a été	sera
étant	sommes	étions	avons été	serons
été	êtes	étiez	avez été	serez
	sont	étaient	ont été	seront
faire	fais	faisais	ai fait	ferai
	fais	faisais	as fait	feras
	fait	faisait	a fait	fera
faisant	faisons	faisions	avons fait	ferons
fait	faites	faisiez	avez fait	ferez
	font	faisaient	ont fait	feront
falloir	il faut	il fallait	il a fallu	il faudra
fallu				
s'inscrire (voir **écrire**)				
joindre	joins	joignais	ai joint	joindrai
	joins	joignais	as joint	joindras
	joint	joignait	a joint	joindra
joignant	joignons	joignions	avons joint	joindrons
joint	joignez	joigniez	avez joint	joindrez
	joignent	joignaient	ont joint	joindront

Conditionnel	Impératif	Subjonctif		Temps littéraires
Présent		*Présent*	*Passé simple*	*Imparfait du Subjonctif*
enverrais		envoie	envoyai	envoyasse
enverrais	envoie	envoies	envoyas	envoyasses
enverrait		envoie	envoya	envoyât
enverrions	envoyons	envoyions	envoyâmes	envoyassions
enverriez	envoyez	envoyiez	envoyâtes	envoyassiez
enverraient		envoient	envoyèrent	envoyassent
serais		sois	fus	fusse
serais	sois	sois	fus	fusses
serait		soit	fut	fût
serions	soyons	soyons	fûmes	fussions
seriez	soyez	soyez	fûtes	fussiez
seraient		soient	furent	fussent
ferais		fasse	fis	fisse
ferais	fais	fasses	fis	fisses
ferait		fasse	fit	fît
ferions	faisons	fassions	fîmes	fissions
feriez	faites	fassiez	fîtes	fissiez
feraient		fassent	firent	fissent
il faudrait		il faille	il fallut	il fallût
joindrais		joigne	joignis	joignisse
joindrais	joins	joignes	joignis	joignisses
joindrait		joigne	joignit	joignît
joindrions	joignons	joignions	joignîmes	joignissions
joindriez	joignez	joigniez	joignîtes	joignissiez
joindraient		joignent	joignirent	joignissent

Infinitif Participes	Indicatif			
	Présent	*Imparfait*	*Passé composé*	*Futur*
lire	lis	lisais	ai	lu	lirai
	lis	lisais	as	lu	liras
	lit	lisait	a	lu	lira
lisant	lisons	lisions	avons	lu	lirons
lu	lisez	lisiez	avez	lu	lirez
	lisent	lisaient	ont	lu	liront
manger	mange	mangeais	ai	mangé	mangerai
	manges	mangeais	as	mangé	mangeras
	mange	mangeait	a	mangé	mangera
mangeant	mangeons	mangions	avons	mangé	mangerons
mangé	mangez	mangiez	avez	mangé	mangerez
	mangent	mangeaient	ont	mangé	mangeront
mentir	mens	mentais	ai	menti	mentirai
	mens	mentais	as	menti	mentiras
	ment	mentait	a	menti	mentira
mentant	mentons	mentions	avons	menti	mentirons
menti	mentez	mentiez	avez	menti	mentirez
	mentent	mentaient	ont	menti	mentiront
mettre	mets	mettais	ai	mis	mettrai
	mets	mettais	as	mis	mettras
	met	mettait	a	mis	mettra
mettant	mettons	mettions	avons	mis	mettrons
mis	mettez	mettiez	avez	mis	mettrez
	mettent	mettaient	ont	mis	mettront
mourir	meurs	mourais	suis	mort(e)	mourrai
	meurs	mourais	es	mort(e)	mourras
	meurt	mourait	est	mort(e)	mourra
mourant	mourons	mourions	sommes	mort(e)s	mourrons
mort	mourez	mouriez	êtes	mort(e)(s)	mourrez
	meurent	mouraient	sont	mort(e)s	mourront
naître	nais	naissais	suis	né(e)	naîtrai
	nais	naissais	es	né(e)	naîtras
	naît	naissait	est	né(e)	naîtra
naissant	naissons	naissions	sommes	né(e)s	naîtrons
né	naissez	naissiez	êtes	né(e)(s)	naîtrez
	naissent	naissaient	sont	né(e)s	naîtront

Conditionnel	Impératif	Subjonctif	Temps littéraires	
Présent		*Présent*	*Passé simple*	*Imparfait du Subjonctif*
lirais		lise	lus	lusse
lirais	lis	lises	lus	lusses
lirait		lise	lut	lût
lirions	lisons	lisions	lûmes	lussions
liriez	lisez	lisiez	lûtes	lussiez
liraient		lisent	lurent	lussent
mangerais		mange	mangeai	mangeasse
mangerais	mange	manges	mangeas	mangeasses
mangerait		mange	mangea	mangeât
mangerions	mangeons	mangions	mangeâmes	mangeassions
mangeriez	mangez	mangiez	mangeâtes	mangeassiez
mangeraient		mangent	mangèrent	mangeassent
mentirais		mente	mentis	mentisse
mentirais	mens	mentes	mentis	mentisses
mentirait		mente	mentit	mentît
mentirions	mentons	mentions	mentîmes	mentissions
mentiriez	mentez	mentiez	mentîtes	mentissiez
mentiraient		mentent	mentirent	mentissent
mettrais		mette	mis	misse
mettrais	mets	mettes	mis	misses
mettrait		mette	mit	mît
mettrions	mettons	mettions	mîmes	missions
mettriez	mettez	mettiez	mîtes	missiez
mettraient		mettent	mirent	missent
mourrais		meure	mourus	mourusse
mourrais	meurs	meures	mourus	mourusses
mourrait		meure	mourut	mourût
mourrions	mourons	mourions	mourûmes	mourussions
mourriez	mourez	mouriez	mourûtes	mourussiez
mourraient		meurent	moururent	mourussent
naîtrais		naisse	naquis	naquisse
naîtrais	nais	naisses	naquis	naquisses
naîtrait		naisse	naquit	naquît
naîtrions	naissons	naissions	naquîmes	naquissions
naîtriez	naissez	naissiez	naquîtes	naquissiez
naîtraient		naissent	naquirent	naquissent

Infinitif Participes	Indicatif			
	Présent	Imparfait	Passé composé	Futur
offrir	offre	offrais	ai offert	offrirai
	offres	offrais	as offert	offriras
	offre	offrait	a offert	offrira
offrant	offrons	offrions	avons offert	offrirons
offert	offrez	offriez	avez offert	offrirez
	offrent	offraient	ont offert	offriront
ouvrir	ouvre	ouvrais	ai ouvert	ouvrirai
	ouvres	ouvrais	as ouvert	ouvriras
	ouvre	ouvrait	a ouvert	ouvrira
ouvrant	ouvrons	ouvrions	avons ouvert	ouvrirons
ouvert	ouvrez	ouvriez	avez ouvert	ouvrirez
	ouvrent	ouvraient	ont ouvert	ouvriront
paraître	parais	paraissais	ai paru	paraîtrai
	parais	paraissais	as paru	paraîtras
	paraît	paraissait	a paru	paraîtra
paraissant	paraissons	paraissions	avons paru	paraîtrons
paru	paraissez	paraissiez	avez paru	paraîtrez
	paraissent	paraissaient	ont paru	paraîtront
partir	pars	partais	suis parti(e)	partirai
	pars	partais	es parti(e)	partiras
	part	partait	est parti(e)	partira
partant	partons	partions	sommes parti(e)s	partirons
parti	partez	partiez	êtes parti(e)(s)	partirez
	partent	partaient	sont parti(e)s	partiront
payer	paie	payais	ai payé	paierai
	paies	payais	as payé	paieras
	paie	payait	a payé	paiera
payant	payons	payions	avons payé	paierons
payé	payez	payiez	avez payé	paierez
	paient	payaient	ont payé	paieront
peindre	peins	peignais	ai peint	peindrai
	peins	peignais	as peint	peindras
	peint	peignait	a peint	peindra
peignant	peignons	peignions	avons peint	peindrons
peint	peignez	peigniez	avez peint	peindrez
	peignent	peignaient	ont peint	peindront

Conditionnel	Impératif	Subjonctif	Temps littéraires	
Présent		**Présent**	**Passé simple**	**Imparfait du Subjonctif**
offrirais		offre	offris	offrisse
offrirais	offre	offres	offris	offrisses
offrirait		offre	offrît	offrît
offririons	offrons	offrions	offrîmes	offrissions
offririez	offrez	offriez	offrîtes	offrissiez
offriraient		offrent	offrirent	offrissent
ouvrirais		ouvre	ouvris	ouvrisse
ouvrirais	ouvre	ouvres	ouvris	ouvrisses
ouvrirait		ouvre	ouvrit	ouvrît
ouvririons	ouvrons	ouvrions	ouvrîmes	ouvrissions
ouvririez	ouvrez	ouvriez	ouvrîtes	ouvrissiez
ouvriraient		ouvrent	ouvrirent	ouvrissent
paraîtrais		paraisse	parus	parusse
paraîtrais	parais	paraisses	parus	parusses
paraîtrait		paraisse	parut	parût
paraîtrions	paraissons	paraissions	parûmes	parussions
paraîtriez	paraissez	paraissiez	parûtes	parussiez
paraîtraient		paraissent	parurent	parussent
partirais		parte	partis	partisse
partirais	pars	partes	partis	partisses
partirait		parte	partit	partît
partirions	partons	partions	partîmes	partissions
partiriez	partez	partiez	partîtes	partissiez
partiraient		partent	partirent	partissent
paierais		paie	payai	payasse
paierais	paie	paies	payas	payasses
paierait		paie	paya	payât
paierions	payons	payions	payâmes	payassions
paieriez	payez	payiez	payâtes	payassiez
paieraient		paient	payèrent	payassent
peindrais		peigne	peignis	peignisse
peindrais	peins	peignes	peignis	peignisses
peindrait		peigne	peignit	peignît
peindrions	peignons	peignions	peignîmes	peignissions
peindriez	peignez	peigniez	peignîtes	peignissiez
peindraient		peignent	peignirent	peignissent

Infinitif Participes	Indicatif			
	Présent	*Imparfait*	*Passé composé*	*Futur*
permettre (voir **mettre**)				
plaindre (voir **craindre**)				
plaire	plais	plaisais	ai	plu	plairai
	plais	plaisais	as	plu	plairas
	plaît	plaisait	a	plu	plaira
plaisant	plaisons	plaisions	avons	plu	plairons
plu	plaisez	plaisiez	avez	plu	plairez
	plaisent	plaisaient	ont	plu	plairont
pleuvoir	il pleut	il pleuvait	il a	plu	il pleuvra
pleuvant plu				
pouvoir	peux, puis	pouvais	ai	pu	pourrai
	peux	pouvais	as	pu	pourras
	peut	pouvait	a	pu	pourra
pouvant	pouvons	pouvions	avons	pu	pourrons
pu	pouvez	pouviez	avez	pu	pourrez
	peuvent	pouvaient	ont	pu	pourront
préférer	préfère	préférais	ai	préféré	préférerai
	préfères	préférais	as	préféré	préféreras
	préfère	préférait	a	préféré	préférera
préférant	préférons	préférions	avons	préféré	préférerons
préféré	préférez	préfériez	avez	préféré	préférerez
	préfèrent	préféraient	ont	préféré	préféreront
prendre	prends	prenais	ai	pris	prendrai
	prends	prenais	as	pris	prendras
	prend	prenait	a	pris	prendra
prenant	prenons	prenions	avons	pris	prendrons
pris	prenez	preniez	avez	pris	prendrez
	prennent	prenaient	ont	pris	prendront
prévoir (voir **voir**)				
produire (voir **conduire**)				
promettre (voir **mettre**)				

Conditionnel	Impératif	Subjonctif	Temps littéraires	
Présent		*Présent*	*Passé simple*	*Imparfait du Subjonctif*

plairais		plaise	plus	plusse
plairais	plais	plaises	plus	plusses
plairait		plaise	plut	plût
plairions	plaisons	plaisions	plûmes	plussions
plairiez	plaisez	plaisiez	plûtes	plussiez
plairaient		plaisent	plurent	plussent

il pleuvrait		il pleuve	il plut	il plût

pourrais		puisse	pus	pusse
pourrais		puisses	pus	pusses
pourrait		puisse	put	pût
pourrions		puissions	pûmes	pussions
pourriez		puissiez	pûtes	pussiez
pourraient		puissent	purent	pussent

préférerais		préfère	préférai	préférasse
préférerais	préfère	préfères	préféras	préférasses
préférerait		préfère	préféra	préférât
préférerions	préférons	préférions	préférâmes	préférassions
préféreriez	préférez	préfériez	préférâtes	préférassiez
préféreraient		préfèrent	préférèrent	préférassent

prendrais		prenne	pris	prisse
prendrais	prends	prennes	pris	prisses
prendrait		prenne	prit	prît
prendrions	prenons	prenions	prîmes	prissions
prendriez	prenez	preniez	prîtes	prissiez
prendraient		prennent	prirent	prissent

Infinitif Participes	Indicatif			
	Présent	*Imparfait*	*Passé composé*	*Futur*
recevoir	reçois	recevais	ai reçu	recevrai
	reçois	recevais	as reçu	recevras
	reçoit	recevait	a reçu	recevra
recevant	recevons	recevions	avons reçu	recevrons
reçu	recevez	receviez	avez reçu	recevrez
	reçoivent	recevaient	ont reçu	recevront
reconnaître (voir **connaître**)				
rejoindre (voir **joindre**)				
repeindre (voir **peindre**)				
retenir (voir **tenir**)				
revenir (voir **venir**)				
revoir (voir **voir**)				
rire	ris	riais	ai ri	rirai
	ris	riais	as ri	riras
	rit	riait	a ri	rira
riant	rions	riions	avons ri	rirons
ri	riez	riiez	avez ri	rirez
	rient	riaient	ont ri	riront
savoir	sais	savais	ai su	saurai
	sais	savais	as su	sauras
	sait	savait	a su	saura
sachant	savons	savions	avons su	saurons
su	savez	saviez	avez su	saurez
	savent	savaient	ont su	sauront
sentir	sens	sentais	ai senti	sentirai
	sens	sentais	as senti	sentiras
	sent	sentait	a senti	sentira
sentant	sentons	sentions	avons senti	sentirons
senti	sentez	sentiez	avez senti	sentirez
	sentent	sentaient	ont senti	sentiront

Conditionnel	Impératif	Subjonctif	Temps littéraires	
Présent		*Présent*	*Passé simple*	*Imparfait du Subjonctif*
recevrais		reçoive	reçus	reçusse
recevrais	reçois	reçoives	reçus	reçusses
recevrait		reçoive	reçut	reçût
recevrions	recevons	recevions	reçûmes	reçussions
recevriez	recevez	receviez	reçûtes	reçussiez
recevraient		reçoivent	reçurent	reçussent
rirais		rie	ris	risse
rirais	ris	ries	ris	risses
rirait		rie	rit	rît
ririons	rions	riions	rîmes	rissions
ririez	riez	riiez	rîtes	rissiez
riraient		rient	rirent	rissent
saurais		sache	sus	susse
saurais	sache	saches	sus	susses
saurait		sache	sut	sût
saurions	sachons	sachions	sûmes	sussions
sauriez	sachez	sachiez	sûtes	sussiez
sauraient		sachent	surent	sussent
sentirais		sente	sentis	sentisse
sentirais	sens	sentes	sentis	sentisses
sentirait		sente	sentit	sentît
sentirions	sentons	sentions	sentîmes	sentissions
sentiriez	sentez	sentiez	sentîtes	sentissiez
sentiraient		sentent	sentirent	sentissent

Infinitif Participes	Indicatif			
	Présent	*Imparfait*	*Passé composé*	*Futur*
servir	sers	servais	ai	servi	servirai
	sers	servais	as	servi	serviras
	sert	servait	a	servi	servira
servant	servons	servions	avons	servi	servirons
servi	servez	serviez	avez	servi	servirez
	servent	servaient	ont	servi	serviront
sortir	sors	sortais	suis	sorti(e)	sortirai
	sors	sortais	es	sorti(e)	sortiras
	sort	sortait	est	sorti(e)	sortira
sortant	sortons	sortions	sommes	sorti(e)s	sortirons
sorti	sortez	sortiez	êtes	sorti(e)(s)	sortirez
	sortent	sortaient	sont	sorti(e)s	sortiront
souffrir (voir **offrir**)					
sourire (voir **rire**)					
se souvenir (voir **venir**)					
suivre	suis	suivais	ai	suivi	suivrai
	suis	suivais	as	suivi	suivras
	suit	suivait	a	suivi	suivra
suivant	suivons	suivions	avons	suivi	suivrons
suivi	suivez	suiviez	avez	suivi	suivrez
	suivent	suivaient	ont	suivi	suivront
surprendre (voir **prendre**)					
se taire	tais	taisais	suis	tu(e)	tairai
	tais	taisais	es	tu(e)	tairas
	tait	taisait	est	tu(e)	taira
taisant	taisons	taisions	sommes	tu(e)s	tairons
tu	taisez	taisiez	êtes	tu(e)(s)	tairez
	taisent	taisaient	sont	tu(e)s	tairont
tenir	tiens	tenais	ai	tenu	tiendrai
	tiens	tenais	as	tenu	tiendras
	tient	tenait	a	tenu	tiendra
tenant	tenons	tenions	avons	tenu	tiendrons
tenu	tenez	teniez	avez	tenu	tiendrez
	tiennent	tenaient	ont	tenu	tiendront

Conditionnel	Impératif	Subjonctif	Temps littéraires	
Présent		*Présent*	*Passé simple*	*Imparfait du Subjonctif*
servirais		serve	servis	servisse
servirais	sers	serves	servis	servisses
servirait		serve	servit	servît
servirions	servons	servions	servîmes	servissions
serviriez	servez	serviez	servîtes	servissiez
serviraient		servent	servirent	servissent
sortirais		sorte	sortis	sortisse
sortirais	sors	sortes	sortis	sortisses
sortirait		sorte	sortit	sortît
sortirions	sortons	sortions	sortîmes	sortissions
sortiriez	sortez	sortiez	sortîtes	sortissiez
sortiraient		sortent	sortirent	sortissent
suivrais		suive	suivis	suivisse
suivrais	suis	suives	suivis	suivisses
suivrait		suive	suivit	suivît
suivrions	suivons	suivions	suivîmes	suivissions
suivriez	suivez	suiviez	suivîtes	suivissiez
suivraient		suivent	suivirent	suivissent
tairais		taise	tus	tusse
tairais	tais	taises	tus	tusses
tairait		taise	tut	tût
tairions	taisons	taisions	tûmes	tussions
tairiez	taisez	taisiez	tûtes	tussiez
tairaient		taisent	turent	tussent
tiendrais		tienne	tins	tinsse
tiendrais	tiens	tiennes	tins	tinsses
tiendrait		tienne	tint	tînt
tiendrions	tenons	tenions	tînmes	tinssions
tiendriez	tenez	teniez	tîntes	tinssiez
tiendraient		tiennent	tinrent	tinssent

Infinitif Participes	Indicatif			
	Présent	*Imparfait*	*Passé composé*	*Futur*
traduire (voir **conduire**)				
valoir	vaux	valais	ai valu	vaudrai
	vaux	valais	as valu	vaudras
	vaut	valait	a valu	vaudra
valant	valons	valions	avons valu	vaudrons
valu	valez	valiez	avez valu	vaudrez
	valent	valaient	ont valu	vaudront
venir	viens	venais	suis venu(e)	viendrai
	viens	venais	es venu(e)	viendras
	vient	venait	est venu(e)	viendra
venant	venons	venions	sommes venu(e)s	viendrons
venu	venez	veniez	êtes venu(e)(s)	viendrez
	viennent	venaient	sont venu(e)s	viendront
vivre	vis	vivais	ai vécu	vivrai
	vis	vivais	as vécu	vivras
	vit	vivait	a vécu	vivra
vivant	vivons	vivions	avons vécu	vivrons
vécu	vivez	viviez	avez vécu	vivrez
	vivent	vivaient	ont vécu	vivront
voir	vois	voyais	ai vu	verrai
	vois	voyais	as vu	verras
	voit	voyait	a vu	verra
voyant	voyons	voyions	avons vu	verrons
vu	voyez	voyiez	avez vu	verrez
	voient	voyaient	ont vu	verront
vouloir	veux	voulais	ai voulu	voudrai
	veux	voulais	as voulu	voudras
	veut	voulait	a voulu	voudra
voulant	voulons	voulions	avons voulu	voudrons
voulu	voulez	vouliez	avez voulu	voudrez
	veulent	voulaient	ont voulu	voudront

Conditionnel	Impératif	Subjonctif	Temps littéraires	
Présent		Présent	Passé simple	Imparfait du Subjonctif
vaudrais		vaille	valus	valusse
vaudrais	vaux	vailles	valus	valusses
vaudrait		vaille	valut	valût
vaudrions	valons	valions	valûmes	valussions
vaudriez	valez	valiez	valûtes	valussiez
vaudraient		vaillent	valurent	valussent
viendrais		vienne	vins	vinsse
viendrais	viens	viennes	vins	vinsses
viendrait		vienne	vint	vînt
viendrions	venons	venions	vînmes	vinssions
viendriez	venez	veniez	vîntes	vinssiez
viendraicnt		viennent	vinrent	vinssent
vivrais		vivc	vécus	vécusse
vivrais	vis	vives	vécus	vécusses
vivrait		vive	vécut	vécût
vivrions	vivons	vivions	vécûmes	vécussions
vivriez	vivez	viviez	vécûtes	vécussiez
vivraicnt		vivent	vécurent	vécussent
verrais		voie	vis	visse
verrais	vois	voies	vis	visses
verrait		voie	vit	vît
verrions	voyons	voyions	vîmes	vissions
verriez	voyez	voyiez	vîtes	vissiez
verraient		voient	virent	vissent
voudrais		veuille	voulus	voulusse
voudrais	veuille	veuilles	voulus	voulusses
voudrait		veuille	voulut	voulût
voudrions	veuillons	voulions	voulûmes	voulussions
voudriez	veuillez	vouliez	voulûtes	voulussiez
voudraient		veuillent	voulurent	voulussent

Answers to Chapter at a glance sections

Chapter 2

I.

1. vous flirtez
2. nous finissons
3. vous mentez
4. ils répondent
5. je bois
6. ils vont
7. ils craignent
8. nous mettons
9. vous apprenez
10. nous divorçons
11. tu achètes
12. elles emploient

II.

1. b.
2. a.
3. b.

III.

1. *Depuis quand* Janine flirte-t-elle avec mon petit ami?
2. *Depuis combien de temps* sortez-vous avec Robert?

IV.

1. Brigitte vient de trouver une maison.
2. Ils viennent de se marier.

V.

1. *Choisis (choisissez)* une carrière!
2. *Réponds (répondez)* tout de suite!
3. Faisons la vaisselle.
4. Suivons un régime.

VI.

1. *N'*allons *pas* au cinéma!
2. *Ne* faites *pas* le lit!

VII.

1. *Tiens!* J'ai une bonne idée!
2. *Voyons!* Vous n'êtes pas vraiment sérieuse!

VIII.

1. Louise *le* déteste.
2. Elle n'*en* parle jamais.
3. Elles veulent *y* habiter.
4. Ne *lui* parlez pas!

IX.

1. Robert *lui en* donne.
2. Laure *le leur* a annoncé.

X.

1. Je suis sûr que Madeleine est amoureuse de *lui!*
2. *Vous et moi* (or *Toi et moi*), nous sommes toujours en retard.

XI.

1. Votre sœur est-elle libérée?—Oui, *elle l'est.*
2. Hélène et Barbara sont-elles traditionalistes?—Non, *elles ne le sont pas.*

Chapter 3

I.

1. communication/*féminin*
2. biologie/*féminin*
3. latin/*masculin*
4. Californie/*féminin*
5. promesse/*féminin*
6. travail/*masculin*
7. moment/*masculin*
8. symbolisme/*masculin*

II.

1. l'ami   l'*amie*
2. l'oncle   la *tante*
3. l'acteur   l'*actrice*
4. le chat   la *chatte*

III.

1. la mère/*les mères*
2. l'œil/*les yeux*
3. le fils/*les fils*
4. le bijou/*les bijoux*
5. le journal/*les journaux*
6. le feu/*les feux*

IV.

1. *Le peuple* américain respecte la famille.
2. Il y avait vingt *personnes* à notre réunion de famille.
3. *On* dit qu'il ressemble à sa mère.
4. Ces vieilles *gens* sont très sympathiques.

V.

1. *Les parents* devraient-ils jouer avec leurs enfants?
2. *Le petit Robert* est impossible *le matin.*

VI.

1. Paris se trouve *en* France.
2. La Nouvelle-Orléans se trouve *en* Louisiane.
3. New York se trouve *aux* États-Unis.
4. Londres se trouve *en* Angleterre.
5. Les Champs-Élysées se trouvent *à* Paris.
6. Tokyo se trouve *au* Japon.

VII.

1. *Les* enfants ont-ils *des* obligations envers leurs parents?
2. J'ai *des* tantes qui adorent *les* chats.

VIII.

1. Il a deux sœurs mais il n'a pas *de* frères.
2. Les Mercier font beaucoup *de* sacrifices pour leurs enfants.
3. Je connais *des* filles qui n'obéissent pas à leurs parents.
4. Ma camarade de chambre a *de* bons rapports avec sa famille.
5. Avez-vous souvent *des* disputes avec vos parents?

IX.

1. Quand votre famille va-t-elle revenir *de* France?
2. Mon avion part *des* États-Unis la semaine prochaine.
3. Mon camarade de chambre vient *du* Canada.

Chapter 4

I.

1. je me lave
2. tu te couches
3. elle s'habille
4. nous nous parlons
5. vous vous endormez
6. ils se téléphonent

II.

1. *Ne* vous asseyez *pas.*
2. *Ne* te dépêche *pas!*
3. *Ne* nous marions *pas!*

III.

1. Ils s'aiment l'un l'autre.
2. Nous nous regardons l'un l'autre.

IV.

1. *Nous nous rappelons* (or *nous nous souvenons de*) la pollution à Los Angeles.
2. Oui, *je me souviens de* (or *je me rappelle*) Geneviève!

V.

1. nous avons visité
2. ils ont entendu
3. j'ai fini
4. nous avons dit
5. j'ai fait
6. tu as pris
7. elle est allée
8. elles se sont promenées
9. ils se sont parlé

VI.

1. je dansais
2. tu allais
3. elle choisissait
4. nous étions
5. vous aviez
6. elles nageaient

VII.

1. Elle *a entendu* un oiseau chanter dans les arbres.
2. Ils *parlaient* de l'atmosphère poétique de Paris.
3. Quand il *était* jeune, il *regardait* ce lac pendant des heures!
4. Hier le ciel *était* bleu et l'air *était* frais.
5. Oui, nous *avons vu* un artiste célèbre à Montmartre.
6. Ils *attendaient* depuis une heure quand ils ont vu le train.

VIII.

        L'été dernier ma famille et moi, nous *sommes allés* à la campagne. Il *faisait* beau et le ciel *était* bleu. Alors nous *avons décidé* de faire un pique-nique dans le bois. Pendant que nous *déjeunions*, nous *avons entendu* un bruit étrange derrière nous. Nous *nous sommes retournés* et nous *avons vu* un ours qui s'*approchait* de nous! Il *était* très grand et *avait* l'air méchant! Nous *nous sommes levés* tout de suite et nous *avons couru* jusqu'à la voiture. L'ours *a mangé* tous les sandwiches!

IX.

1. *Nous sommes sorti(e)s* du bar à trois heures du matin.
2. Où *avez-vous laissé* votre chapeau?
3. Nous *avons quitté* la ville à cause du bruit.

X.

1. Ils *venaient de finir* (or *venaient de terminer*) l'examen quand le professeur a demandé les copies.
2. Nous *venions de voir* New York.

Chapter 5

I.

1. *Respecte-t-il* les pauvres?
2. Une société sans classes *est-elle* possible?
3. Cette jeune fille *a-t-elle* de la classe?
4. Ses parents *ont-ils* gagné beaucoup d'argent?

II.

1. *Est-ce qu'il respecte* les pauvres? Il respecte les pauvres, *n'est-ce pas?*
2. *Est-ce qu'une société* sans classes *est* possible? Une société sans classes est possible, *n'est-ce pas?*
3. *Est-ce que cette jeune fille a* de la classe? Cette jeune fille a de la classe, *n'est-ce pas?*
4. *Est-ce que ses parents ont gagné* beaucoup d'argent? Ses parents ont gagné beaucoup d'argent, *n'est-ce pas?*

III.

1. *Pourquoi ira-t-il* loin?
2. *Comment est* ce charpentier? *Comment* ce charpentier *est-il?*

IV.

1. *Qu'est-ce qu'il est devenu* après ses études? or: *Qu'est-il devenu* après ses études?
2. *Qu'est-ce qui l'intéresse* beaucoup?
3. *Qui* (or *Qui est-ce qui*) a une grande fortune?

V.

1. *Quelle* mauvaise odeur!
2. *Laquelle* de ces jeunes filles a de si bonnes manières?

VI.

1. *Qu'est-ce que* (or *Qu'est-ce que c'est que*) la bourgeoisie?
2. *Quelle est* la date aujourd'hui?

VII.

1. Elle *n'*est *pas* vendeuse.
2. *Ne* jouent-ils *pas* au bridge ce soir?
3. Je *n'*aime *pas* stéréotyper les gens.
4. Pourquoi *ne* suis-je *pas* né riche?
5. Il est important de *ne pas* être snob.

VIII.

1. Je *ne* suis *jamais* allé à l'opéra.
2. Je *n'*ai *plus* de bière.

IX.

1. Ce millionnaire *n'*a *rien* fait pour aider les pauvres.
2. *Personne ne* veut vivre dans la misère.

X.

1. Elle *n'*est vulgaire *qu'*avec ses amies.
2. Elle *n'*aime *que* les gens cultivés.

XI.

1. Ils *n'*ont *aucune* intention de partir.
2. *Aucune* classe sociale *n'*est parfaite.
3. Il *ne* veut devenir *ni* médecin *ni* avocat.

XII.

1. Je crois que non.
2. Il n'y a rien d'intéressant ici!
3. Merci.—De rien. *or* Merci.—Il n'y a pas de quoi.

Chapter 6

I.

1. responsable/*responsable*
2. privé/*privée*
3. ambitieux/*ambitieuse*
4. lucratif/*lucrative*
5. long/*longue*
6. blanc/*blanche*
7. gros/*grosse*
8. doux/*douce*
9. gentil/*gentille*
10. beau/*belle*

II.

1. les employés ambitieux
2. les candidats qualifiés
3. les nouveaux directeurs
4. les sénateurs libéraux

III.

1. un ministre *intelligent*
2. une *bonne* ambiance
3. l'*ancien* président
4. une *vieille* usine *italienne*

IV.

1. des réformes *sociales*
2. un homme et une femme *honnêtes*
3. une *demi*-heure

V.

1. Cet homme d'affaires a l'air raisonnable.
2. L'argent la rend contente. *or* L'argent la rend heureuse.

VI.

1. facile/*facilement*
2. sérieux/*sérieusement*
3. patient/*patiemment*
4. meilleur/*mieux*
5. bon/*bien*

VII.

1. On parle beaucoup de ce sénateur.
2. On l'a déjà acheté.
3. On est moralement responsable de ses actions.

VIII.

1. Peut-être votre travail est-il permanent. *or* Peut-être que votre travail est permanent.
2. Peut-être le directeur a-t-il compris son erreur. *or* Peut-être que le directeur a compris son erreur.

IX.

1. Je pense que *tous* les employés sont compétents.
2. Il a perdu *toute* sa fortune.
3. *Tout* le monde est venu.

X.

1. Les députés sont *tous* venus.
2. Les secrétaires sont *toutes* allées au restaurant.

XI.

1. La faillite est *moins* agréable que la fortune.
2. Le travail est *plus* désirable *que* le chômage.

XII.

1. la plus jeune femme d'affaires
2. l'homme politique le plus libéral

XIII.

1. Mon micro-ordinateur marche *mieux que* le vôtre.
2. Bien sûr, c'est le *meilleur* ouvrier de l'usine!

Chapter 7

I.

le futur	le conditionnel
1. je mangerai	je mangerais
2. tu sortiras	tu sortirais
3. elle vendra	elle vendrait
4. nous ferons	nous ferions
5. vous serez	vous seriez
6. elles auront	elles auraient

II.

le futur antérieur	le conditionnel passé	le plus-que-parfait
1. j'aurai gagné	j'aurais gagné	j'avais gagné
2. tu auras menti	tu aurais menti	tu avais menti
3. il aura attendu	il aurait attendu	il avait attendu
4. nous aurons promis	nous aurions promis	nous avions promis
5. vous serez venu(e)(s)	vous seriez venu(e)(s)	vous étiez venu(e)(s)
6. ils seront partis	ils seraient partis	ils étaient partis

III.

1. Je suis sûr que notre recette *gagnera* le prix.
2. Quand j'*irai* à Paris, je visiterai les maisons de couture.
3. Ce garçon *aura dépensé* tout son argent avant d'être payé!

IV.

1. Si j'étais à votre place, je *ne sortirais pas* avec elle.
2. Henri ne savait pas que Renée *avait déjà acheté* le vin.
3. Si ce couturier *avait fait* cela, il *n'aurait pas vendu* une seule robe!

V.

1. Quand ce chef célèbre était jeune, il *parlait* toujours de cuisine.
2. Tous les hommes politiques ont dit qu'ils *changeraient* la mauvaise réputation du pays.

VI.

1. Non, elle n'est pas obligée d'acheter ces vêtements en solde, mais elle *devrait* le faire!
2. Cet ambassadeur *devait* faire beaucoup de voyages à Washington.
3. Il *a dû* (or *devait*) mettre un chapeau parce qu'il faisait froid.
4. Un gourmet *ne devrait pas* être un glouton!
5. Le garçon *n'aurait pas dû* critiquer son client.
6. Ce pays puissant *doit* avoir beaucoup d'influence.
7. Isabelle *devait* servir du caviar, mais il coûte trop cher!

VII.

1. Le petit Michel *a été* (or *était*) *obligé de* finir son repas.
2. Les gens intelligents *ne sont pas censés* utiliser des stéréotypes.

Chapter 8

I.

1. Comment! Nous avons perdu les chèques de voyage *qui* étaient dans vos valises?
2. Voilà la belle étrangère *que* nous avons vue à Versailles.

II.

1. Expliquez-nous *ce que* vous avez vu à Haïti.
2. Quel gourmand! La cuisine française est tout *ce qui* l'intéresse!

III.

1. Je vous présente Anne-Marie, la femme avec *qui* je compte visiter le Sénégal.
2. Voici l'argent avec *lequel* je vais acheter les souvenirs.

IV.

1. Je suis fatiguée et il n'y a rien sur *quoi* je puisse m'asseoir!
2. Elle m'a dit «Bonjour» au moment *où* elle m'a vu.

V.

1. Voici le touriste désagréable *dont* je parlais.
2. C'est *ce dont* il est si fier!

VI.

1. Il est francophone? *Qu'est-ce que* cela signifie?
2. Voici *ce qu'*on a trouvé dans sa chambre!
3. Voilà cette femme bizarre *que* j'ai rencontrée au Louvre.
4. *Qui* avez-vous vu pendant les vacances?

VII.

1. Idiot! *N'importe qui* pourrait lire cette carte!
2. Ce francophile ferait *n'importe quoi* pour visiter la Martinique.

VIII.

1. *cette* dame
2. *cet* étranger
3. *ce* livre
4. *ces* maisons
5. *Ces coutumes-ci* nous sont familières mais *ces coutumes-là* nous sont étrangères.

IX.

1. *Celui* qui a l'esprit ouvert n'aura pas de problèmes.
2. Geneviève et Marguerite sont des touristes très différentes: *celle-ci* est gentille tandis que *celle-là* est insolente!
3. Quelles photos préférez-vous, *celles* sur la carte postale ou *celles* de Marc?

X.

1. *Ça* (or *Cela*) m'est égal.
2. Faisons un échange! Si vous me donnez *ceci* (or *cela*) je vous donne *cela* (or *ceci*).

XI.

1. Sont-*elles* françaises ou canadiennes?
2. *C'est* une excursion qu'il faut faire!
3. *Ce* sont les beaux souvenirs dont nous avons parlé.

XII.

1. *Il est* (or *C'est*) intéressant *de* comparer deux cultures différentes.
2. Vous êtes-vous jamais senti tout seul?—Oui, et *c'est* difficile *à* supporter!

XIII.

1. Nous avons rendu visite à nos parents *ce matin-là*.
2. Nous passons *ce mois-ci* à la Guadeloupe.
3. Il est parti *le lendemain*.
4. Moi, je pars *demain*.

Chapter 9

I.

1. parler
   a. que je parle
   b. que tu parles
   c. qu'elle parle
   d. que nous parlions
   e. que vous parliez
   f. qu'elles parlent
2. que je fasse
3. que tu réfléchisses
4. qu'il réponde
5. que nous criions
6. que vous veniez
7. qu'ils viennent

II.

1. causer
   a. que j'aie causé
   b. que tu aies causé
   c. qu'elle ait causé
   d. que nous ayons causé
   e. que vous ayez causé
   f. qu'elles aient causé
2. partir
   a. que je sois parti(e)
   b. que tu sois parti(e)
   c. qu'elle soit partie
   d. que nous soyons parti(e)s
   e. que vous soyez parti(e)(s)
   f. qu'elles soient parties

III.

1. Faut-il que nous *connaissions* le français pour bien comprendre la culture française?
2. Je voudrais que vous *allumiez* la télé.
3. Je suis contente qu'il *fasse* plus beau demain.
4. Il est désolé que vous *n'ayez pas perfectionné* votre accent à Paris l'année dernière.

IV.

1. Je suis étonnée que vous ne *compreniez* pas l'argot. (subj.)
2. Elle sait que nous nous *fâcherons* quand nous entendrons ces nouvelles! (ind.)
3. Je suis triste que vous *ayez dit* du mal de moi hier. (subj.)
4. Il est vrai qu'on *apprécie* mieux sa propre langue en étudiant une langue étrangère. (ind.)
5. Il faut que vous vous *exprimiez* lentement mais correctement. (subj.)
6. Bien que nous nous *disputions* de temps en temps, nous nous tutoyons toujours. (subj.)
7. Je suis certain que *nous nous abonnons* actuellement à *L'Express.* (ind.)
8. Vous n'apprendrez pas une langue en une semaine, qui que vous *soyez.* (subj.)
9. Il croit que chaque langue *contient* sa propre vision du monde. (ind.)
10. Croyez-vous vraiment que ce journaliste *soit* malhonnête? (subj.)
11. Y a-t-il un étudiant dans la classe qui *sache* parfaitement le subjonctif? (subj.) *or* Y a-t-il un étudiant dans la classe qui *sait* parfaitement le subjonctif? (ind.)
12. C'est la meilleure plaisanterie que *j'ai jamais entendue.* (ind.) *or* C'est la meilleure plaisanterie que *j'aie jamais entendue.* (subj.)

V.

1. Je voudrais *être* polyglotte un jour.
2. Je voudrais que vous *lisiez* l'éditorial.
3. Faut-il que nous *payions* la publicité?
4. Il faut *manger* pour vivre et non pas vivre pour manger.
5. Parlez plus fort pour que je *puisse* vous entendre.
6. Il est parfois important de *parler* couramment une langue étrangère.

Chapter 10

I.

1. *mon* livre
2. *sa* maison
3. *son* imagination
4. *notre* bibliothèque
5. *vos* (or *tes*) romans
6. *leurs* idées

II.

1. Cette actrice ne se lave jamais *les* cheveux!
2. *Son* poète favori est Baudelaire.

III.

1. L'imagination de cet écrivain est moins riche que *la vôtre* (or *la tienne*).
2. Cet auteur aime bien critiquer les romans des autres, mais il ne veut pas qu'on critique *les siens!*

IV.

1. Voyons! Ce roman policier *n'est pas à vous* (or *à toi*)!
2. Mais si! Il *est à moi!*

V.

1. *La pièce de Racine* est une tragédie.
2. *Les idées de vos amis* me scandalisent.

VI.

1. Je crois qu'elle *a mal à la tête.*
2. L'acteur n'a pas joué parce qu'il *était* (or *a été*) *malade.*

VII.

1. derrière l'arbre
2. contre la maison
3. entre nous

4. au milieu du livre
5. près de la bibliothèque

VIII.

1. Mon livre est *sur la table à côté de la fenêtre.*
2. Je peux lire ce best-seller *en une heure!*
3. Cette actrice charmante *aux yeux bruns* est très gentille.

IX.

1. Nous avons *à* lire trois romans cette semaine.
2. Ce romancier a essayé *de* scandaliser le public mais il n'a pas réussi *à* le faire.
3. Voulez-vous assister au spectacle avec moi? *(no preposition)*
4. Dans ce roman il s'agit d'un homme qui refuse *de* mentir.
5. Mon ami m'a conseillé *de* suivre un cours de littérature.

X.

1. Je *cherche* un livre de poche intéressant.
2. *Nous nous intéressons à* la littérature moderne.
3. Les spectateurs *rient de* vous parce que vous *ressemblez à* Charlie Chaplin!

XI.

1. Que pensez-vous *de* Balzac?
2. Un acteur pense toujours *à* son public.
3. La littérature pornographique manque souvent *de* valeur artistique.
4. Juliette manque beaucoup *à* Roméo.

XII.

1. Ils vont au spectacle *à* bicyclette.
2. Nous allons au festival d'Avignon *en* bateau.

Chapter 11

I.

1. Cette chanson folklorique *est chantée par* un groupe sensationnel.
2. Le morceau de Débussy *sera joué par* un pianiste américain.
3. Cette farce *a été écrite* au moyen âge.

II.

1. Le grand public a été scandalisé par ce documentaire violent.
2. Deux grands rôles seront joués par cet acteur.

III.

1. On a mangé les bonbons et le pop-corn en deux minutes!
2. Comment! On a censuré le dessin animé de Disney?

IV.

1. Cela (Ça) ne se fait qu'au cinéma! *or* Cela (ça) se fait seulement au cinéma!
2. Cela (Ça) ne se dit pas en français.

V.

1. écouter/*écoutant*
2. finir/*finissant*
3. vendre/*vendant*
4. faire/*faisant*
5. avoir/*ayant*

VI.

1. *Étant* un amateur de musique, il est allé au concert.
2. Ce compositeur buvait de la bière *en composant* une chanson à boire!
3. Ce musicien est devenu célèbre *en répétant* tous les jours.

VII.

1. Il passe plus de temps à *regarder* les westerns à la télévision qu'à *étudier*.
2. Comment peut-elle regarder ce film *sans rire*?
3. Je l'ai entendu *chanter* une chanson osée au cabaret.

VIII.

1. Il fait vendre sa voiture.
2. Le fait-il faire tout de suite?
3. Il a fait partir (sortir) son ami.

Vocabularies

French-English vocabulary

This vocabulary contains French words and expressions found in the exercises and the *Vocabulaire du thème*. Cognates and other easily recognizable words have not been included.

Abbreviations

adj	adjective	*p*	page
adv	adverb	*pl*	plural
conj	conjunction	*pp*	past participle
f	feminine	*prep*	preposition
fam	familiar	*pron*	pronoun
inf	infinitive	*subj*	subjunctive
m	masculine	*v*	verb
n	noun		

An asterisk (*) indicates a word beginning with an aspirate *h*.

A

l'**abeille** *f* bee
abolir to abolish
s'**abonner à** to subscribe to
abuser to abuse
accueillant hospitable
accueillir to welcome
accusé accused
l'**accusé** *m* defendant
achats : faire des — to go shopping
acheter to buy
acquitter to acquit
l'**acteur** *m* actor
l'**actrice** *f* actress
actuel, actuelle present

actuellement presently, now
s'**adapter à** to adapt to
l'**addition** *f* check
l'**adversaire** *m, f* opponent
afin: — de *(+ inf)* in order to, to;
  — que *(+ subj) in order that, so that*
l'**affaire** *f* affair, deal; **les —s** business
affreux, affreuse frightful
l'**agence de voyages** *f* travel bureau
l'**agent de police** *m* policeman
l'**agent de voyages** *m* travel agent
agir to act; **il s'agit de** it is a
  question of
agréable pleasant
aimable likeable
l'**aîné** *m* the elder, the eldest

l'**aise** *f*   ease; **se sentir à l'**— to feel at ease

aisé   well-to-do

allemand   German

aller   to go; **s'en** —to leave

allumer   to turn on

l'**ambiance** *f*   atmosphere

ambitieux, ambitieuse   ambitious

améliorer   to improve

l'**ami** *m*   friend, boyfriend; **le petit** — boyfriend

l'**amie** *f*   friend, girlfriend; **la petite** — girlfriend

l'**amitié** *f*   friendship; **lier** — **avec** to make friends with

l'**amour** *m*   love

amoureux, amoureuse   loving; **être** — **de** to be in love with; **tomber** — **de** to fall in love with

l'**amphithéâtre** *m*   amphitheatre

amusant   amusing

amuser   to amuse; **s'** — to amuse, enjoy oneself; **s'** — **bien** to have a good time

l'**anglicisme** *m*   Anglicism

angoissé   anguished

animé   lively

l'**anniversaire** *m*   anniversary, birthday

l'**annonce** *f*   announcement; **l'** — **publicitaire** advertisement

anonyme   anonymous

appareil (appareil-photo) *m*   camera

appeler   to call; **s'** — to be called, named

applaudir   to applaud

apprécier   to appreciate

apprendre   to learn

s'**approcher de**   to approach

l'**après-midi** *m, f*   afternoon

arbitraire   arbitrary

l'**argent** *m*   money

l'**argot** *m*   slang

arrêter   to stop, arrest

l'**arriviste** *m, f*   social climber

assassiner   to assassinate

asseoir   to sit, seat; **s'** — to sit down

assez   enough

l'**assiette** *f*   dish, plate

assister à   to attend

assuré   assured

assurer   to strengthen

attendre   to wait for

l'**attention** *f*   attention, care; **faire** — **à** to pay attention to, be careful

aucun   any; **ne...** — no, not any

l'**auditeur** l'**auditrice**   listener (radio)

l'**augmentation de salaire** *f*   raise

aussi   also; —**... que** as . . . as; — (+ *inverted verb*) therefore

aussitôt que   as soon as

l'**auteur** *m*   author

l'**autorité** *f*   authority

avant   before

avare   greedy

avaricieux, avaricieuse   greedy

l'**avenir** *m*   future

l'**avion** *m*   plane

l'**avis** *m*   opinion; **à mon** — in my opinion

l'**avocat** *m*   lawyer

avoir   to have; — **besoin de** to need; — **du mal à** (+ *inf*) to have trouble; — **envie de** to feel like; — **l'air** to seem

l'**avortement** *m*   abortion

B

le **bain**   bath; **prendre un** — **de soleil** to sunbathe

la **bande**   tape

la **banlieue**   suburbs

le **banquier**   banker

la **barbe**   beard

la **barre**   bar

bâtir   to build

battre   to beat, hit; **se** — to fight

bavarder   to chat

beau (bel), belle   beautiful

le **beau-frère**   brother-in-law

le **bénéfice du doute**   benefit of the doubt

le **besoin**   need; **avoir** — **de** to need

le **best-seller**   bestseller

bête   stupid

la **bêtise**   stupidity; **dire des** — to speak nonsense

la **bicyclette**   bicycle; **faire de la** — to go bicycle riding

bien well, — **que** (+ *subj*) although; — **sûr** certainly; — **sûr que non** certainly not

le **bien** (the) good

bientôt soon

le **bijou** jewel

bilingue bilingual

blaguer to kid

blâmer to blame

blanc, blanche white

boire to drink

le **bois** woods

la **boîte** box, can; la — **de nuit** nightclub

bon, bonne good

le **bonbon** candy

le **bonheur** happiness

bon marché inexpensive

la **bonté** goodness

le **bord** edge, shore

bouger to move

le **bouquin** *fam* book

la **bourgeoisie** middle class

la **boutique** shop

le **bouton** button

bref, brève short

la **Bretagne** Brittany

brillamment brilliantly

briller to shine

bronzé tanned

la **brosse à dents** toothbrush

le **bruit** noise

la **brusquerie** abruptness

bruyant noisy

bûcher *fam* to cram

le **bureau** office

C

le **cadeau** gift

le **cadet**, la **cadette** the younger, the youngest

le **calmant** tranquilizer

le, la **camarade de chambre** roommate

la **caméra** movie camera

le **campagnard** country dweller

la **campagne** country

le **camping** camping; **faire du** — to go camping

le **cancre** bad student, dunce

le **candidat**, la **candidate** candidate

la **candidature** candidacy; **poser sa** — to run for office

la **carte** menu, card, map; **jouer aux** — s to play cards; — **d'identité** ID card

la **carte postale** postcard

la **cause** cause; **à** — **de** because of

causer to chat, talk

ceci this

la **ceinture** belt

cela (ça) that

célèbre famous

censé supposed; **être** — (+ *inf*) to be supposed to

censurer to censor

cependant however

cesser (de + *inf*) to stop, cease

ceux these, those

chacun each (person)

la **chaîne** channel

chaleureusement warmly

la **chambre** room

le **champ** field

la **chance** luck; **avoir de la** — to be lucky

la **chanson** song; **la** — **à boire** drinking song

le **chansonnier** songwriter

le **chant** song

le **chanteur** la **chanteuse** singer

charmant charming

le **chat** cat

châtain brown-haired; — **clair** light brown

chauvin chauvinistic (fanatically patriotic)

le **chêne** oak

le **chèque de voyage** traveler's check

cher, chère dear, expensive

chercher to look for

le **cheval** horse; le — **de bois** flying horse

les **cheveux** *m* hair

chez at the home, place of

le **choix** choice

le **chômage** unemployment; **être au** — to be unemployed

le **chômeur**, la **chômeuse** unemployed person

choquant shocking

la **chose** thing

chuchoter   to whisper
le **ciel** (*pl* **cieux**)   sky
le **cinéma**   movies, cinema
cinématographique   cinematographic
le, la **cinéphile**   movie fan
la **circonstance**   circumstance; la **—
atténuante**   extenuating
circumstance
la **circulation**   traffic
le **citadin**   city dweller
le **citoyen**, la **citoyenne**   citizen
la **classe**   class; **avoir de la —** to have
class
la **clé**   key
le **client**, la **cliente**   client, customer
le **clochard**   bum
le **cochon**   pig
la **colère**   anger; **se mettre en —** to
become angry
le **cœur**   heart; **avoir mal au —** to feel
nauseous
le **collègue**   colleague
coller   to glue, stick
combien (de)   how much, how many
la **comédie**   comedy
comme   like, as; **— il faut** proper
comment   how, what; **— + être** what
is someone or something like
le **commentateur**, la **commentatrice**
commentator
commettre   to commit
le **communisme**   communism
le **communiste**   communist
compatissant   compassionate
compétent   competent
complaisant   accommodating
composer   to compose
le **compositeur**   composer
comprendre   to understand
compromettant   compromising
compromettre   to compromise
le **compromis**   compromise
compter   to count on, intend
le **concert**   concert
le, la **concierge**   building caretaker
la **concurrence**   competition
le **concurrent**, la **concurrente**
competitor
le **condamné**   convict
condamner   to condemn

condescendant   condescending
condition *f*   condition; **à — que** *(+
subj)* on condition that
conduire   to drive
la **confiance**   confidence; **avoir — en** to
have confidence in
confus   confused
connaître   to know, be acquainted with
le **conseil**   advice
le **conseiller**   adviser
conseiller (**à** + *n* + **de** + *inf*)   to
advise
conservateur, conservatrice
conservative
le **consommateur**   consumer
constamment   constantly
consulter   to consult
le **conte**   short story
le **conteur**, la **conteuse**   short-story
writer
le **contraire**   contrary; **au —** on the
contrary
le **contraste**   contrast; **faire — avec** to
contrast with
convaincre   to convince
convenable   proper
le **copain**, la **copine** *fam*   friend, buddy
la **copie**   paper
coquet, coquette   coquettish
corriger   to correct
le **côté**   side; **à — de** beside, next to
se **coucher**   to go to bed
coupable   guilty
couper   to cut
couramment   fluently
le **courant**   current; **être au —** to be in
the know, be up on
courir   to run
le **courrier du coeur**   lonely hearts
column
le **cours**   course; **au — de** in the course
of, during; le **— facultatif** elective; le
— obligatoire required course
la **course**   run, race, outing; **faire des
— s** to go shopping
court   short
le **couteau**   knife
coûter   to cost; **— cher** to be
expensive
la **coutume**   custom

la **couture**   fashion; la **haute** — high
　fashion
le **couturier,** la **couturière**   dress
　designer, dressmaker
　couvrir   to cover
　craindre   to fear, be afraid of
la **crèche**   day-care center
　créer   to create
le **crime**   crime; le — **passionnel** crime
　of passion, le — **prémédité**
　premeditated crime
le **criminel**   criminal
la **crise**   crisis
la **critique**   criticism
le **critique**   critic
　critiquer   to criticize
la **croix**   cross
la **cuisine**   kitchen; **faire la** — to do the
　cooking, cook
la **cuisse de grenouille**   frog's leg

D

　d'ailleurs   besides
la **dame**   lady
　d'après   according to
se **débrouiller**   to get along, manage
le **débutant**   beginner
le **décor**   decor, scenery
　décrire   to describe
　déjà   already
　déjeuner   to have lunch
　démissionner   to resign
la **démocratie**   democracy
se **démoder**   to go out of fashion,
　become outdated
　dénoncer   to denounce
le **dénouement**   ending; le — **heureux**
　happy ending
le **départ**   departure
　dépaysé   lost, homesick
se **dépêcher**   to hurry up
　dépenser   to spend
se **déplacer**   to move about, travel
　déprimé   depressed
le **député**   representative
　dériver   to derive
　dernier, dernière   last
le **derrière**   behind

dès   from . . . on; — **maintenant**
　from now on; — **que** as soon as
désagréable   unpleasant
désobéir à   to disobey
désolé   very sorry, grieved
le **dessert**   dessert
le **dessin animé**   cartoon
　détacher: se — **de**   to break away
　from
　détruire   to destroy
　devenir   to become
　deviner   to guess
le **devoir**   duty; les —**s** homework
le **dialecte**   dialect
le **dictateur**   dictator
la **dictature**   dictatorship
　diffuser   to broadcast
le **dimanche**   Sunday
　dire   to say, tell; — **des bêtises** to
　speak nonsense; — **du bien, du mal**
　de to speak well, badly of
le **directeur,** la **directrice**   director
la **discothèque**   discothèque
le **discours**   speech; **faire un** — to make
　a speech
　discret, discrète   discreet
　disparaître   to disappear
la **dispute**   quarrel
se **disputer**   to quarrel
le **disque**   record
　distingué   distinguished
la **distraction**   entertainment
　divertir   to entertain, amuse; **se** — to
　amuse, enjoy oneself
le **documentaire**   documentary
le **domaine**   domaine; **dans le** — **de** in
　the area, sphere of
le **dommage**   damage; injury; **il est, c'est**
　— it's a pity
　donc   therefore
la **douane**   customs; **passer la** — to pass
　through customs
le **douanier**   customs officer
　doubler   to dub
la **douche : prendre une** —   to take a
　shower
le **doute**   doubt; **mettre en** — to question
　douteux, douteuse   doubtful
　doux, douce   sweet

le **droit**   law (the profession, the study);
   right (moral, legal); **avoir le — de +**
   inf to have the right to
droite   right; **de —** rightist
d'une part... d'autre part   on one
   hand . . . on the other hand

E

l'**eau** *f*   water
l'**échange** *m*   exchange
échouer à   to fail
l'**écolier** *m*   schoolchild
l'**économie** *f*   economy
l'**écran** *m*   screen
écraser   to smash
les **écrits** *m*   writings
l'**écrivain** *m*   writer
l'**éducation** *f*   upbringing
égal   equal; **cela m'est —** I don't
   mind, it's all the same to me
l'**égalité** *f*   equality
l'**égard** *m*   consideration, respect; **à l'—
   de** regarding; **manquer d'—s envers**
   to lack consideration, respect for
égoïste   selfish
l'**élève** *m, f*   student
élevé   brought up; **bien —** well
   brought up; **mal —** badly brought
   up
élever   to raise, bring up
éloigné   distant, remote
élu (*pp of* **élire**)   elected
embrasser   to kiss
l'**émission** *f*   telecast
l'**emploi** *m*   job
l'**emploi du temps** *m*   schedule
l'**employé**, l'**employée**   employee
l'**emprisonnement** *m*   imprisonment;
   l'**— perpétuel** life imprisonment
l'**emprunt** *m*   borrowing
emprunter   to borrow
enceinte   pregnant
encore   again, still, yet
s'**endormir**   to fall asleep
l'**endroit** *m*   place
énerver   to get on one's nerves
l'**enfant** *m, f*   child; l'**— unique** only
   child

engager   to hire
enlever   to take off
l'**ennui** *m*   trouble, problem, boredom
ennuyer   to bore, trouble: **s'—** to be
   bored
ennuyeux, ennuyeuse   boring
énorme   enormous
l'**enregistrement** *m*   recording
enregistrer   to record
l'**enseignement** *m*   teaching; l'**—
   supérieur** higher education
enseigner   to teach
ensemble   together
entendre   to hear; **s'— avec** to get
   along with
enthousiaste   enthusiastic
entourer   to surround
l'**entracte** *m*   intermission
l'**entrée** *f*   second course
l'**entreprise** *f*   firm
envers   toward
l'**envie** *f*   wish, desire; **avoir — de** to
   feel like
l'**époque** *f*   age, era, time
épouser   to marry
l'**épouvante** *f*   horror
l'**époux**, l'**épouse**   spouse
érotique   erotic
l'**escargot** *m*   snail
espagnol   Spanish
l'**espagnol** *m*   Spanish language
espérer   to hope
l'**espion** *m*   spy
espionner   to spy
l'**esprit** *m*   mind, spirit; **avoir l'—
   ouvert** to have an open mind
l'**essai** *m*   essay
essayer (de + *inf*)   to try (to)
l'**essayiste** *m*   essayist
essuyer   to wipe
l'**estomac** *m*   stomach
établir   to establish
l'**étoile** *f*   star; **coucher à la belle —** to
   sleep outdoors
étonné   astonished, amazed, surprised
étonner   to astonish, amaze, surprise
étrange   strange
étranger, étrangère   foreign
l'**étranger**, l'**étrangère**   foreigner

être to be; — **au courant de** to be in the know about; — **en train de** to be in the process of

étroit close, narrow

l'**étude** *f* study

exceptionnel, exceptionnelle exceptional

l'**excursion** *f* tour, trip; l'— **accompagnée** guided tour

l'**exemple** *m* example; **par** — for example

exigeant demanding

exploiter to exploit

exprimer to express; **s'—** to express oneself

l'**externe** *m, f* off-campus student

extirper to extirpate, eradicate

F

la **face** face; **en — de** opposite; **faire — à** to face

fâché angry

se **fâcher** to get angry

facile easy

la **faillite** bankruptcy; **faire —** to go bankrupt

faim: avoir — to be hungry

faire to make; **il fait beau** it is a beautiful day

falloir to be necessary

fauché *fam* broke

faut: il — it is necessary

la **faute** error

faux, fausse false

la **femme** woman, wife

la **femme au foyer** housewife

la **ferme** farm

fermé closed

le **fermier** farmer

la **fessée** spanking

la **fête** feast, festival

le **feu** fire

fidèle faithful

fier, fière proud

se **fier à** to trust

le **film** film

filmer to film

finir (**de** + *inf*) to finish

flâner to stroll

flatter to flatter

flirter to flirt

le **flirteur, la flirteuse** flirt

la **foi** faith

la **foie** liver

la **fois** time

folklorique folk

le, la **fonctionnaire** civil servant

formidable *fam* great

fort strong

le **fossé** ditch, trench; le — **entre les générations** generation gap

fou (fol), folle crazy

fouiller to search (a person, a suitcase, etc.)

la **foule** crowd

le **four** flop (theater)

la **fourchette** fork

le **foyer** (the) home

frais, fraîche fresh, cool

le **franc** franc

franc, franche frank

franchement frankly

le, la **francophile** Francophile (one who is extremely fond of the French)

le, la **francophobe** Francophobe (one who hates the French)

le, la **francophone** Francophone (one whose native language is French)

frapper to hit

frénétiquement wildly

fréquenter to frequent

le **frère** brother

fumer to smoke

G

gagner to earn

gai gay, lively

le **garçon** waiter

garder to keep

garer to park

gaspiller to waste

gâté spoiled

gauche left; **de —** leftist

geler to freeze

gênant embarrassing, awkward

gêner to bother

gêné   bothered
le **génie**   genius
le **genou**   knee
le **genre**   type
les **gens** *m, f*   people
gentil, gentille   nice
la **gentillesse**   graciousness
gérer   to manage
gesticuler   to gesticulate
gifler   to slap
la **glace**   mirror; ice cream
le **glouton**, la **gloutonne**   glutton
le, la **gosse** *fam*   kid
le **gourmand**   gourmand; glutton
le **goût**   taste
goûter   to taste
grandir   to grow
gras, grasse   fat; **faire la grasse matinée** to sleep late
le **gratte-ciel**   skyscraper
la **grenouille**   frog
la **grève**   strike; **faire la —** to go on strike, strike
gris   gray; drunk
gronder   to scold
gros, grosse   big, fat
grossier, grossière   gross, coarse
grossir   to get fat
guère   hardly, scarcely
la **guerre**   war
le **guide**   guide, guidebook
la **guillotine**   guillotine

H

s'**habiller**   to get dressed
s'**habituer à**   to get used to
l'**haleine** *f*   breath
hardi   hardy, daring
l'**harmonie** *f*   harmony
haut   high, tall
hautain   condescending
la **haute couture**   high fashion
la **haute société**   high society
hebdomadaire   weekly
l'**héroïne** *f*   heroine
le **héros**   hero
l'**heure** *f*   hour, time; **à l'—** on time; **de bonne —** early

heureusement   happily, luckily, fortunately
hier   yesterday; **— soir** last night
l'**histoire** *f*   history, story
l'**hiver** *m*   winter
l'**homme**   man; l'**— d'affaires** businessman; l'**— politique** politician
honteux, honteuse   shameful
l'**horreur** *f*   horror; **faire —** à to horrify
les **hors-d'oeuvre** *m, inv*   first course
huer   to boo
l'**humeur** *f*   mood; **être de bonne —** to be in a good mood; **être de mauvaise —** to be in a bad mood
l'**humour** *m*   humor

I

idiot   stupid
l'**idiotisme** *m*   idiom
l'**île** *f*   island
importer   to be important; **n'importe où** anywhere (at all); **n'importe quand** anytime (at all); **n'importe qui** anyone (at all); **n'importe quoi** anything (at all)
impressionné   impressed
impressionner   to impress
inconnu   unknown
indépendant   independent
l'**indigène** *m, f*   native
indulgent   indulgent, lenient
l'**ingénieur** *m*   engineer
ingrat   ungrateful
inhumain   inhuman
injuste   unjust, unfair; **être — envers** to be unfair to
inquiet, inquiète   worried
inquiéter   to worry
l'**instituteur**, l'**institutrice**   teacher (elementary school)
insulter   to insult
insupportable   unbearable, intolerable
l'**intention** *f*   intention; **avoir l'— de** to intend to
s'**intéresser à**   to be interested in
l'**interne** *m, f*   on-campus student
l'**interprétation** *f*   interpretation
interpréter   to interpret

interroger   to question
intrépide   intrepid, fearless
l'**intrigue** *f*   plot
isolé   isolated
ivre   drunk

J

jaloux, jalouse   jealous
jamais   ever, never; **ne... —** never
la **jambe**   leg
le **jardin**   garden
le **jargon**   jargon
jeter   to throw
le **jeu**   game
la **jeune fille**   girl
la **jeunesse**   youth
joindre   to join
joli   pretty
le **journal**   newspaper
la **journée**   day
le **juge**   judge
juif, juive   Jewish
le **jumeau**, la **jumelle**   twin
le **juré**   jury member, juror
le **jury**   jury
jusqu'à   until, as far as; **— ce que** (+
   subj) until
juste   just, fair; **être — envers** to be
   fair to

L

là-bas   there, over there
le **lac**   lake
lâche   loose, cowardly
laid   ugly
lancer   to throw; **— un nouveau
   produit** to launch a new product;
   se — dans la politique to go into
   politics
le **langage**   language (of an individual;
   vocabulary)
la **langue**   language (of a people); **la —
   étrangère** foreign language; **la —
   maternelle** native language; **la —
   vivante, morte** living, dead language
le **lapsus**   slip, mistake; **faire un —** to
   make a slip of the tongue

se **laver**   to wash up
le **lecteur**, la **lectrice**   reader
le **légume**   vegetable
le **lendemain**   the next day; le **— matin**
   (the) next morning
lent   slow
lentement   slowly
lever   to lift, raise; **se —** to get up
libéral   liberal
libéré   liberated
la **liberté**   freedom
libre   free
le **licenciement**   lay-off
licencier   to lay off
le **lien**   tie
le **lieu**   place; **au — de** instead of; **avoir
   —** to take place; le **— commun**
   commonplace; **s'il y a —** if necessary
le **linge**   linen
la **liqueur**   after-dinner drink
le **lit**   bed
le **livre**   book; le **— de chevet** bedside
   book; le **— de poche** paperback
le **logement**   lodging, housing
la **loi**   law (rule, statute)
loin   far; **de —** by far
long, longue   long
longuement   for a long time
louche   shady, suspicious
louer   to praise
lourd   heavy
lucratif, lucrative   lucrative
la **lune**   moon
la **lutte**   fight, struggle; la **— des classes**
   class struggle
le **luxe**   luxury

M

la **machine à écrire**   typewriter
le **magasin**   store; le **grand —**
   department store
le **magnétophone**   tape recorder
maigrir   to lose weight, slim down
maintenant   now
maintenir   to maintain, uphold
le **maillot de bains**   bathing suit
la **mairie**   city hall
mais   but

la **maîtresse de maison** housewife
mal badly
le **mal** evil
malgré in spite of
malheureusement unhappily,
unluckily, unfortunately
malin, maligne evil, wicked
la **malle** trunk; **faire la —** to pack the
trunk
malsain sick, unhealthy
manger to eat
les **manières** *f* manners; **faire des —** to
put on airs
la **manifestation** demonstration
le **manque** lack
manquer to miss, lack; **— à sa parole**
to go back on one's word; **—**
d'égards envers to be inconsiderate
of
le **manteau** coat
le **manuel** textbook
le **maquillage** make-up
le **marbre** marble
marcher to walk
le **mari** husband
marié married
marier: se — to get married; **se —**
avec to marry
la **marque** brand
mauvais bad
méchant mean
le **médecin** doctor
la **médecine** medicine
le **médicament** medicine
méditer to meditate
se **méfier de** to distrust
meilleur *adj* better; **le —** the best
la **mélodie** melody, tune
le **melon** melon
même even
menacer to threaten
le **ménage** housework
mener to lead
le **mensonge** lie
mensuel, mensuelle monthly
menteur, menteuse lying
le **menteur, la menteuse** liar
mentir to lie
mériter to deserve, earn

la **météorologie** weather report
le **métier** trade
le **métro** subway
le **metteur en scène** director
mettre to put, place; **se — à** to begin;
se — en colère to get angry
le **meurtre** murder
le **meurtrier, la meurtrière** murderer
le **micro-ordinateur** microcomputer
mieux *adv* better; **le —** the best
le **milieu** milieu, environment
mince thin
le **ministre** minister
la **mise en scène** production, staging
mi-temps: à — part-time
la **mode** fashion
moindre lesser; **le —** the least
moins less, fewer; **à — que** (+ *subj*)
unless
le **moment** moment; **au — où** at the
moment when
la **monarchie** monarchy
le **monde** world, people; **tout le —**
everybody
la **montagne** mountain
montrer to show
se **moquer de** to make fun of
moralement morally
le **morceau** piece
mou (mol), molle soft
le **mouchoir** handkerchief
mourir to die
le **moustique** mosquito
moyen, moyenne middle
mûr mature
le **musée** museum
le **musicien, la musicienne** musician
le **mythe** myth

N

nager to swim
naïf, naïve naive
la **naissance** birth; **la limitation des — s**
birth control
naître to be born
le **navet** flop
né (*pp of* **naître**) born
négligé neglected

neiger   to snow
le **néologisme**   neologism (a new word, or new meaning for an established word)
nerveux, nerveuse   nervous
nettement   clearly
nettoyer   to clean
le **neveu**   nephew
le **nez**   nose
ni   neither; **ne... — ... —**   neither . . . nor
la **nièce**   niece
le **nom**   name; **au — de**   in the name of
la **note**   grade
la **notice nécrologique**   obituary
la **nourriture**   food
nouveau (nouvel), nouvelle   new
la **nouvelle**   short story; **les —s**   news

O

obéir à   to obey
objectif, objective   objective
obligé   obligated; **être — de** (+ *inf*) to be obligated to, to have to
l'**occasion** *f*   opportunity, chance; **avoir l' — de**   to have the opportunity, chance to
l'**œil** *m* (*pl* **yeux**)   eye
l'**œuf** *m*   egg
l'**oignon** *m*   onion
l'**oiseau** *m*   bird
l'**oncle** *m*   uncle
l'**onglier** *m*   manicure set
opprimer   to oppress
l'**orchestre** *m*   orchestra
l'**ordinateur** *m*   computer
l'**oreiller** *m*   pillow
l'**ornement** *m*   ornament, decoration
l'**orphelin** *m*   orphan
osé   daring
oublier (**de** + *inf*)   to forget
l'**ours** *m*   bear
ouvertement   openly
l'**ouvrage** *m*   work
l'**ouvrier, l'ouvrière**   worker
ouvrir   to open

P

le **pain**   bread
paisible   peaceful
la **paix**   peace
par   by; **— exemple**   for example; **— terre**   on the ground
paraître   to appear
pareil, pareille   such a
le **parent**   parent, relative
paresseux, paresseuse   lazy
parfait   perfect
parfois   sometimes
parler   to speak; **— bas (fort)**   speak softly (loudly)
parmi   among
la **parole**   word (spoken); **manquer à sa —**   to go back on one's word
partager   to share
le **parti**   party
la **partie**   party; **la — de billard**   game of billiards
partir   to leave
le **partisan, la partisane**   supporter
passé   last
le **passeport**   passport
le **passe-temps**   pastime
passionner   to excite; **se — pour**   to be crazy about
la **patrie**   homeland
le **patron, la patronne**   boss
pauvre   poor
le, la **pauvre**   poor (person)
la **pauvreté**   poverty
le **pays**   country
le **paysan**   peasant, hick
la **pêche**   fishing; **aller à la —**   to go fishing
peindre   to paint
peine: à —   hardly, scarcely
la **peine de mort**   death penalty
le **peintre**   painter
pendant   during, for
pénible   hard, painful
penser   to think; **— de, à**   to think of
perceptif, perceptive   perceptive
perdre   to lose; **se —**   to get lost
perfectionner   to improve

le **personnage**   character (in a play, book, etc.)

la **personne**   person

personne   no one, nobody; **ne... — , —ne** no one, nobody

peser   to weigh

petit   small

les **petites annonces** *f*   classifieds

peu   little, a few

le **peuple**   (the) people

la **peur**   fear; **avoir — de** to be afraid of

peut-être   perhaps

le **phallocrate**   male chauvinist

la **photo**   photograph

la **phrase**   sentence

la **pièce**   play, room

la **pilule**   pill

le **pipi** *fam*   urine; **faire pipi** to urinate

le **pique-nique**   picnic; **faire un —** to have a picnic

piquer   to sting

pire   worse; **le —** the worst

la **piste sonore**   soundtrack

la **pitié**   pity; **avoir — de** to have pity for

pittoresque   picturesque

la **place**   square, seat; **à la —** in its place

plaider   to plead

plaire   to please

plaisanter   to joke, kid

la **plaisanterie**   joke

le **plaisir**   pleasure

le **plan**   shot (film)

le **plat**   course, dish; **le — principal** main course

plein   full

plein-temps: à —   full-time

pleuvoir   to rain

plus   more, most; **de —** furthermore; **en — de** in addition to; **moi non —** neither do I; **ne... —** no more, no longer

la **poésie**   poetry

le **poète**   poet

le **point**   point, period; **ne... —** not

le **poisson**   fish

poli   polite

la **politesse**   politeness, good manners

polyglotte   polyglot (speaking or writing several languages)

la **pomme de terre**   potato

poser   to put, place; **— sa candidature** to run for office

le **poste**   position, job; set (TV)

le **pot de vin**   bribe

pour   in order to, to; **— que** (+ *subj*) in order that, so that

le **pourboire**   tip

poursuivre   to pursue

pourtant   however

pourvu   provided; **— que** (+ *subj*) provided that

pouvoir   to be able; **il se peut** it is possible; *m* power

pratique   practical

précis   precise

le **préjugé**   prejudice

prématuré   premature

premier, première   first

prendre   to take

les **préparatifs** *m*   preparations

le **président, la présidente**   president

presque   almost

pressé   pressed, hurried

prétendre   to claim, maintain

prêter   to lend

la **prison**   prison

le **prisonnier**   prisoner

le **prix**   price

le **procès**   trial; **faire le — de** to take action against

le **produit**   product

profond   deep

le **programme**   program, platform

le **projet**   plan, project

la **promenade**   walk; **faire une —** to take a walk

se **promener**   to walk; **se — en voiture** to ride around in a car

la **promesse**   promise

promettre   to promise

la **promotion**   promotion

prononcer   to pronounce

propre (*after n*)   clean; (*before n*) own

protégé   protected

protéger   to protect

prouver to prove
le **proverbe** proverb
prudent prudent
le **public** audience, public; **le grand —**
  the general public
la **publicité** advertising; **faire de la —** to
  advertise
puisque since
puissant powerful
punir to punish
la **punition** punishment

Q

qualifié qualified
quand when; **— même** anyway
quant à as for
le **quartier** district, neighborhood
que that, which, who, whom; **— ... ou**
  non whether . . . or not; **ne... —**
  only
quelquefois sometimes
la **queue** line; **faire la —** to wait in line
quitter to leave
quoique (*+ subj*) although
quotidien, quotidienne daily

R

raconter to tell (a story, etc.)
raffiné refined
la **raison** reason
raisonnable reasonable
ramasser to gather, pick up
le **rang** rank, station
le **rapport** rapport, relationship
se **raser** to shave
rater to flunk (an exam)
ravi delighted, overjoyed
réactionnaire reactionary
le **réalisateur** director
réaliser to carry out
réaliste realistic
récemment recently
la **recette** recipe
recevoir to receive
la **réclame** advertisement
reçu (*pp of* **recevoir**) received; **bien,**
  mal — well, badly received

réduit reduced
le **réfectoire** dining hall
réfléchir to think, reflect
la **réforme** reform
refuser (**de** *+ inf*) to refuse
le **régime** diet; **suivre un —** to be (go)
  on a diet
la **règle** rule; **en —** in order
regretter to regret, be sorry
rejeter to reject
remarquer to remark, notice
remercier (**de** *+ inf*) to thank (for)
remettre to put back, put off
rempli filled
rencontrer to meet
le **rendez-vous** date, appointment; **avoir**
  — avec to have a date with
rendre to return (something); **—** (*+*
  adj) to make; **se — compte de** to
  realize; **— visite à** to visit (a person)
se **renseigner** to inform oneself
renvoyer to fire
le **repas** meal
répéter to repeat, rehearse
la **répétition** rehearsal
répondre to answer
reposant restful
se **reposer** to rest, relax
la **représentation** performance
représenter to represent, perform
réserver to reserve
la **résidence** dormitory
respirer to breathe
responsable responsible
ressembler à to resemble
rester to remain, stay
rétablir to re-establish
le **retard** delay; **avoir du —** to be late,
  not on time; **être en —** to be late
se **retourner** to turn around
la **retraite** retirement; **prendre sa —** to
  go into retirement
réussir (**à** *+ inf*) to succeed; **— à un**
  examen to pass an exam
le **réveille-matin** alarm clock
réveiller to awaken; **se —** to wake up
le **rêve** dream
rêver to dream; **— de** to dream
  about, of

rêveur, rêveuse dreamy
révoltant revolting
se **révolter** to revolt
rien nothing; **ne... —, — ...ne** nothing
rire to laugh
la **rivière** small river
le **roi** king
le **rôle** role
le **roman** novel; le **— policier** mystery
le **romancier** novelist
rompre to break
la **rubrique** heading
la **ruche** beehive
rusé sly
russe Russian
rustique rustic
le **rythme** rhythm

S

sage well-behaved, wise
sain healthy
le **salaire** salary
sale dirty
sans without; **— que** (+ *subj*) without
la **santé** health; **à votre —** to your health
sauf except
sauter to jump
se **sauver** *fam* to leave, flee
savoir to know (a fact), know how
le **savon** soap
le **scandale** scandal
scandaliser to scandalize, shock
le **scénario** script, scenario
la **scène** stage, scene
sec, sèche dry
le **secret** secret
le, la **secrétaire** secretary
le **secteur** sector
séduire to seduce
séduisant attractive, sexy
le **séjour** stay
selon according to
le **sénateur** senator
sensible sensitive
la **sentence** sentence
sentir to smell, feel; **se —** to feel

sérieux, sérieuse serious; **prendre au —** to take seriously
le **serpent** snake
la **serveuse** waitress
sévère stern
siffler to hiss, boo, whistle
la **signification** meaning
signifier to mean
le **socialisme** socialism
le **socialiste** socialist
la **sœur** sister
soif : avoir — to be thirsty
soigner to care for, take care of
soigneusement carefully
le **soin** care
le **soir** evening
la **soirée** evening; party
le **solde** sale; **en —** on sale
le **soleil** sun
solitaire lonely
le **sommeil** sleep; **avoir —** to be sleepy
somptueux, somptueuse luxurious
la **sonate** sonata
sonner to sound, go off
la **sortie** outing; la **— en famille** family outing
sortir to go out, leave; **— à deux** to go out as a couple; **— en groupe** to go out in a group; **— seul** to go out alone
le **souffle** breath
souffrir to suffer
souhaiter to wish
sourire to smile
le **sourire** smile
sous under
le **sous-titre** subtitle
sous-titrer to subtitle
le **souvenir** souvenir
se **souvenir de** to remember
souvent often
se **spécialiser en** to major in
le **spectacle** show
la **stéréo** stereo
stimulant stimulating
le **succès** hit
suffisant sufficient
suivant according to

suivre to follow; **— un cours** to take
   a course
supporter to bear, stand
sur on
surprenant surprising
surprendre to surprise
surpris surprised
le **suspect** suspect
le **suspens** suspense
sympathique nice
le **syndicat** union

T

le **tableau** blackboard; painting
se **taire** to be quiet
tandis que whereas
la **tante** aunt
le **tapis** rug
tard late
les **taudis** *m* slums
teindre to dye
la **teinture** dye
le **téléspectateur**, la **téléspectatrice**
   television viewer
tellement so, so much
le **témoignage** testimony
le **témoin** witness
le **temps** time, weather; **de — en —**
   from time to time; **quel — fait-il?**
   what is the weather?
la **tendance** tendency; **avoir — à** to have
   a tendency to
tenir to hold
tenter to tempt
terminer to finish
la **terre** earth; **par —** on the ground
terrestre earthly
le **terroriste** terrorist
le **texte** text, lines
le **thème** theme
timide timid
tirer to pull; **— au but** to shoot
le **tiret** dash
tituber to stagger
le **ton** tone
la **tortue** turtle
tôt early
toujours always, still

la **tour** tower
le **tour** tour
le, la **touriste** tourist
le **tourne-disque** record player
tourner to turn; **— un film** to make a
   film
tout: tout, tous, toute, toutes *adj* all,
   every, any; **tout, toute** *adv* all, quite;
   pron all, everything; **— à fait** totally;
   — de suite right away; **pas du —** not
   at all
traduire to translate
la **tragédie** tragedy
traiter to treat
tranquille tranquil, calm
le **transport** transportation; le **moyen de**
   — means of transportation
le **travail** work; les **travaux ménagers**
   household chores
travailler to work; **— à mi-temps** to
   work part-time
travailleur, travailleuse hard-working
le **tribunal** court
tricher to cheat
triste sad
tromper to cheat on, deceive; **se —** to
   make a mistake
la **trompette** trumpet
le **trompeur**, la **trompeuse** cheater,
   deceiver
trop too much, too many
trouver to find; **se —** to be located
tuer to kill
tutoyer to say *tu* to someone
le **type** guy, fellow

U

l'**union libre** *f* living together out of
   wedlock, common-law marriage
l'**usine** *f* factory
utile useful

V

les **vacances** *f* vacation
la **vache** cow
le **va-et-vient** coming-and-going
la **vaisselle** dishes; **faire la —** to do the
   dishes

la **valise**   suitcase; **faire la —** to pack the suitcase

valoir   to be worth; **il vaut mieux** it is better

la **vedette**   movie star

la **vendeuse**   saleslady

vendre   to sell

venir   to come; **— de** to have just, just

le **verdict**   verdict

véritablement   truly

le **verre**   glass; **prendre un verre** to have a drink

la **version**   version; **en — originale** in the original

le **vêtement**   garment; **les —s** clothing, clothes

la **viande**   meat

la **victime**   victim

la **vieillesse**   old age

vieux (vieil), vieille   old; **mon vieux** *fam* old man

vilain *adj*   nasty, bad; **le —** bad person, guy

le **viol**   rape

violer   to rape

le **visage**   face

visiter   to visit (a place)

le **vitrail**   stained-glass window

vivant   lively

vivre   to live

voir   to see

le **voisin**   neighbor

la **voiture**   car

le **vol**   theft

voler   to steal

voter   to vote

le **vôtre** *pron*   yours

vouvoyer   to say *vous* to someone

le **voyage**   trip

le **voyou**   hoodlum

vulgaire   vulgar

Z

zut!   darn it!

English-French vocabulary

This vocabulary contains English words and expressions in the exercises and the *Vocabulaire du thème*.

Abbreviations

adj	adjective	*p*	page
adv	adverb	*pl*	plural
conj	conjunction	*pp*	past participle
f	feminine	*prep*	preposition
fam	familiar	*pron*	pronoun
inf	infinitive	*subj*	subjunctive
m	masculine	*v*	verb
n	noun		

An asterisk (*) indicates a word beginning with an aspirate *h*.

A

abortion l'avortement *m*

abuse abuser de

accept accepter

accommodating complaisant

according to selon, suivant, d'après

accuse accuser

accused accusé

acquit acquitter

act agir; — **a role** jouer un rôle

action l'action *f*

actor l'acteur *m*

actress l'actrice *f*

adapt oneself to s'adapter à

addition l'addition *f;* **in —** de plus; **in — to** en plus de

admire admirer

adopt adopter

advertise faire de la publicité

advertisement la réclame

advertising la publicité

advise conseiller (à + *n* + de + *inf*)

adviser le conseiller

afraid: to be — of avoir peur de

African *n* l'Africain *m*, l'Africaine *f;* africain, africaine *adj*

after après

again encore

against contre

agree être d'accord

agreed d'accord

air l'air *m;* **to put on —s** faire des manières

all (*p 126*) tout, tous, toute, toutes *adj;* tout, toute *adv;* tout, tous, toute, toutes *pron*

already déjà

always toujours

ambition l'ambition *f*

ambitious ambitieux, ambitieuse

American *n* l'Américain *m*, l'Américaine *f;* américain, américaine *adj*

among parmi

amphitheatre l'amphithéâtre *m*

amusing amusant

analyze analyser
Anglicism l'anglicisme *m*
angry fâché *adj;* **to be —** être en colère contre; **to get —** se fâcher
announce annoncer
anonymous anonyme
another un autre
apartment l'appartement *m*
appearance l'apparence *f*
applaud applaudir
appreciate apprécier
approach s'approcher de
April avril *m*
arbitrary arbitraire
arrest arrêter
arrive arriver
article l'article *m*
as comme; **— for** quant à
ask demander (à + *n* + de + *inf*); **— for** demander
aspirin l'aspirine *f*
assassin l'assassin *m*
assassinate assassiner
atmosphere l'ambiance *f*
attack attaquer
attend assister à; **— to** s'occuper de
attentively soigneusement
attitude l'attitude *f*
attractive séduisant
audience le public
author l'auteur *m*
avoid éviter

B

back le dos
bankrupt: to go — faire faillite
bankruptcy la faillite
bath le bain
be être; **— in the know about** être au courant de; **— in the process of** être en train de; **— sick** être malade
bear l'ours *m*
beautiful beau (bel), belle
because parce que; **— of** à cause de
become devenir
bee l'abeille *f*
before avant (de + *inf*)
begin commencer (à *or* de + *inf*)

beginner le débutant
beginning le commencement, le début
behind le derrière; derrière *prep*
believable croyable
belong être à, appartenir à
benefit le bénéfice
besides d'ailleurs
best le meilleur *adj;* le mieux *adv*
bestseller le best-seller
better meilleur *adj;* mieux *adv;* **it is —** il vaut mieux
between entre
bicycle la bicyclette; **to go — riding** faire de la bicyclette
bilingual bilingue
birth control la limitation des naissances
blues le blues
boat le bateau
boo huer, siffler
book le livre; le bouquin *fam;* **bedside —** le livre de chevet; **paperback —** le livre de poche; **text —** le manuel
bore ennuyer; **to be —d** s'ennuyer
boredom l'ennui *m*
boring ennuyeux, ennuyeuse
brand la marque
brave courageux, courageuse
break away se détacher de
bribe le pot de vin
brilliant brillant
broadcast diffuser *v;* la diffusion *n*
brother le frère
brown brun
buddy le copain, la copine
build construire
bum le clochard
business les affaires *f;* **a —** une entreprise
businessman l'homme d'affaires
businesswoman la femme d'affaires
busy occupé; **to be — doing something** être en train de + *inf;* **to — oneself with** s'occuper de
but mais
buy acheter

C

camera l'appareil (appareil-photo) *m;* la caméra (movie)

camping   le camping; **to go —** faire du camping

candidate   le candidat, la candidate

car   la voiture, l'auto *f*

care for   soigner

career   la carrière

cat   le chat, la chatte

cease   cesser (de + *inf*)

censor   censurer

certainly   certainement

change   changer de

channel   la chaîne

character   le caractère; le personnage *(in a play, book, etc.)*

chat   bavarder, causer

chauvinism: male   le chauvinisme du mâle

chauvinist: male   le phallocrate

cheat   tricher

cheat on someone   tromper quelqu'un

check   le chèque; l'addition *f (restaurant)*

child   l'enfant *m, f;* **only —** l'enfant unique

chore: household —s   les travaux ménagers *m*

cinematographic   cinématographique

circumstance   la circonstance

citizen   le citoyen, la citoyenne

city   la ville

city dweller   le citadin, la citadine

civil servant   le, la fonctionnaire

class   la classe; **high —** la haute société; **middle —** la bourgeoisie; **working —** la classe ouvrière; **to have —** avoir de la classe

classical   classique

classifieds   les petites annonces *f*

clean   propre *adj;* nettoyer *v*

clearly   nettement

client   le client, la cliente

coarse   grossier, grossière

cold   froid; **it is —** il fait froid

come   venir

comedy   la comédie

comics   les bandes dessinées *f*

commentator   le commentateur, la commentatrice

commit   commettre

commonplace   le lieu commun

communism   le communisme

communist   communiste *adj;* le, la communiste *n*

company   l'entreprise *f*

competent   compétent

competition   la concurrence

competitor   le concurrent, la concurrente

compose   composer

composer   le compositeur

computer   l'ordinateur *m*

concerning   en ce qui concerne

concert   le concert

conclusion   la conclusion; **in —** en conclusion

condemn   condamner

condescending   condescendant

confused   confus

consequently   par conséquent

conservative   conservateur, conservatrice *adj;* le conservateur *n*

consumer   le consommateur

continue   continuer (à *or* de + *inf*)

contrary   le contraire; **on the —** au contraire

convict   le condamné

cooking: to do the —   faire la cuisine

coquettish   coquet, coquette

correct   corriger

costume   le costume

country   le pays

country dweller   le campagnard

courageous   courageux, courageuse

courir   to run

course   le cours; **elective —** le cours facultatif; **required —** le cours obligatoire; le repas (meal)

court   le tribunal

cousin   le cousin, la cousine

cram   bûcher

crazy   fou (fol), folle; **to be — about** se passionner pour

create   créer

criminal   le criminel

crime   le crime; **— of passion** le crime passionnel

crisis   la crise

critic   le critique

criticism   la critique

criticize   critiquer

cultural   culturel, culturelle

curious   curieux, curieuse
custom   la coutume
customer   le client, la cliente
customs   la douane; **customs officer** le douanier, la douanière; **to pass through —** passer la douane

D

daily   quotidien, quotidienne
dangerous   dangereux, dangereuse
dare   oser
date   la date, le rendez-vous; **to have a — with** avoir rendez-vous avec
day   le jour, la journée; **all — long** toute la journée; **the next —** le lendemain
day-care center   la crèche
deal   l'affaire *m*
death penalty   la peine de mort
deceive   tromper
decide   décider (de + *inf*)
declare   déclarer
decor   le décor
defendant   l'accusé *m*
demanding   exigeant
democracy   la démocratie
democratic   démocrate
demonstration   la manifestation
denounce   dénoncer
depend   dépendre; **— on** dépendre de
describe   décrire
deserve   mériter
dessert   le dessert
detective   l'inspecteur *m*, le détective
dialect   le dialecte
dictator   le dictateur
dictatorship   la dictature
diet   le régime; **to be on a —** suivre un régime
difficult   difficile
dining hall   le réfectoire
director   le réalisateur, le metteur en scène
dirty   sale
discothèque   la discothèque
discrimination   la discrimination
dish   l'assiette *f*; le plat
dishes: to do the —   faire la vaisselle
disobey   désobéir à
distress   la misère

distrust   se méfier de
doctor   le médecin
documentary   le documentaire
dollar   le dollar
dormitory   la résidence
doubt   le doute *n*; douter de *v*
dream   le rêve *n*; rêver *v*
drink   boire; **to have a —** prendre un verre
drunk   ivre
dub   doubler
dunce   le cancre
during   pendant
dynamic   dynamique

E

earn   mériter, gagner
ease   l'aise *f*; **to feel at —** se sentir à l'aise
easily   facilement
eat   manger
economy   l'économie *f*
editorial   l'éditorial *m*
elder   l'aîné *m*, l'aînée *f*
elected   élu (*pp of* élire)
election   l'élection *f*
employee   l'employé *m*, l'employée *f*
encourage   encourager (à + *inf*)
end   la fin
ending   le dénouement (*play, film*); **happy —** le dénouement heureux
entertain   divertir; **to — oneself** se divertir
entertainment   la distraction
enthusiastic   enthousiaste
environment   le milieu
equal   égal *adj*; l'égal *m*, l'égale *f*
equality   l'égalité *f*
error   l'erreur *f*
essay   l'essai *m*
essayist   l'essayiste *m*
evening   la soirée
every   tout (toute, *etc.*), chaque
exam   l'examen *m*; **to fail, flunk an —** échouer à, rater un examen; **to pass an —** réussir à un examen; **to take an exam** passer un examen
example   l'exemple *m*; **for —** par exemple
except   sauf
express   exprimer
extenuating   atténuant

F

face le visage

fact le fait; **in —** en effet

factory l'usine *f*

fair juste

faithful fidèle

family la famille *n;* familial *adj;* **— outing** la sortie en famille

famous célèbre

fan le, la cinéphile (movie)

far loin; **as — as** jusqu'à; **— from** loin de

farm la ferme

farmer le fermier, la fermière

fashion la couture; la mode; **high —** la haute couture; **to be in —** être à la mode

fat gras, grasse; gros, grosse; **to become —** grossir

father le père

February février *m*

feel se sentir (mal à l'aise, dépaysé, etc.)

feminine féminin

feminist le, la féministe

field le champ

fight se battre

film le film *n;* filmer *v;* **to make a —** tourner un film

finally enfin, finalement

find trouver

finish finir

fire renvoyer

firm l'entreprise *f*

first premier, première

fish le poisson

fishing; to go — aller à la pêche

five cinq

flirt flirter *v;* le flirteur, la flirteuse

flop le four *(theater);* le navet *(cinema)*

fluently couramment

folk folklorique

follow suivre

food la nourriture

foot le pied

for pour; pendant, depuis, pour

forbid défendre (à + *n* + de + inf)

foreign étranger, étrangère

foreigner l'étranger, l'étrangère

forget oublier (de + *inf*)

fortunately heureusement

free libre

frequent fréquenter

friend l'ami *m,* l'amie *f;* **to make —s with** lier amitié avec

frightful affreux, affreuse

frog la grenouille; **—'s legs** les cuisses de grenouille *f*

frustrated frustré

full-time à plein temps

furthermore de plus

G

generation gap le fossé entre les générations

get obtenir; **— along** se débrouiller; **— angry** se fâcher, se mettre en colère; **— lost** se perdre; **— married** se marier; **— sick** tomber malade; **— used to** s'habituer à

ghetto le ghetto

girl la jeune fille

girlfriend la petite amie, l'amie

give donner; **to — a speech** faire un discours

glass le verre

glutton le glouton, la gloutonne

go aller; **— away** s'en aller; **— in** entrer dans; **— out** sortir

good bon, bonne *adj*

grade la note

gross grossier, grossière

guide le guide

guidebook le guide

guillotine la guillotine

guilty coupable

H

hand la main; **on one —** . . . **on the other —** d'une part... d'autre part

happen arriver, se passer

happy heureux, heureuse; content

hard difficile, dur, pénible *(work)*

hard-working travailleur, travailleuse

harmony l'harmonie *f*

hat le chapeau

headache le mal de tête *n;* **to have a —** avoir mal à la tête

heading la rubrique
hear entendre
help aider (à + *inf*)
hero le *héros
heroine l'héroïne
hesitate hésiter (à + *inf*)
hick le paysan
high society la *haute société
hire engager
his son, sa, ses
hiss siffler
hit frapper *v;* le coup, le succès *(play, show, etc.) n*
hitchhike faire de l'auto-stop
home la maison; **the —** le foyer; **to be —** être à la maison
homeland la patrie
homesick dépaysé; **be —** avoir le mal du pays
homework les devoirs *m*
honest honnête
hoodlum le voyou
hope l'espoir *m*, espérer *v*
horoscope l'horoscope *m*
horror l'épouvante *f*
hospitable accueillant
hour l'heure *f*
housewife la femme au foyer
housework: to do the — faire le ménage
however cependant, pourtant; **—** + *adj* si + *adj* + que (+ *subj*)
humanly humainement
hungry avoir faim
hurry se dépêcher (de + *inf*)
husband le mari
hypocrite hypocrite *adj;* l'hypocrite *m, f*

I

idiom l'idiotisme *m*
if si
image l'image *f*
imagination l'imagination *f*
importance l'importance *f*
important important
impress impressionner
imprisonment l'emprisonnement *m;* **life —** l'emprisonnement perpétuel
improve améliorer, perfectionner

in dans, en, à; **—** + *temporal expression* dans, en
inconsiderate: to be — of manquer d'égards envers
independent indépendant
indulgent indulgent
inexpensive bon marché
influence l'influence *f*, influencer *v*
in front of devant
inhuman inhumain
injustice l'injustice *f*
innocent innocent
insect l'insecte *m*
instead of au lieu de
insult l'insulte *f;* insulter *v*
intelligent intelligent
intelligence l'intelligence *f*
intention l'intention *f*
interest l'intérêt *m;* s'intéresser à *v*
interested intéressé; **to be — in** s'intéresser à
interesting intéressant
intermission l'entracte *m*
interpretation l'interprétation *f*
irresponsible irresponsable
isolated isolé

J

jargon le jargon
jazz le jazz
jealous jaloux, jalouse
job la situation, l'emploi *m*
joke la plaisanterie
journalist le, la journaliste
judge le juge
juror le juré
jury le jury
just juste; **to have — done something** venir de + *inf*

K

keep tenir; garder; **— one's word** tenir, garder sa parole
kid le, la gosse *fam*
kill tuer
king le roi
kiss embrasser *v*

L

lack   le manque *n;* manquer de *v*

lake   le lac

language   la langue *(of a people);* le langage *(of an individual, vocabulary);* **foreign —** la langue étrangère; **native —** la langue maternelle; **living, dead —** la langue vivante, morte

last   dernier, dernière; **— night** hier soir

late   en retard

Latin Quarter   le Quartier latin

laugh   le rire *n;* rire *v;* **— at** rire de

law   le droit *(the profession, the study);* la loi *(rule, statute)*

lawyer   l'avocat *m,* l'avocate *f*

lay-off   le licenciement

lay off   licencier

lazy   paresseux, paresseuse

learn   apprendre (à + *inf*)

leave   partir, sortir, quitter, s'en aller, laisser

leftist   de gauche

leg   la jambe

lenient   indulgent

less   moins

let   que (+ *subj*); laisser (+ *inf*)

liberal   libéral *adj;* le libéral *n*

liberated   libéré

lie   mentir *v;* le mensonge *n*

lier   le menteur, la menteuse

life   la vie

like   aimer *v;* **to feel —** avoir envie de; comme *prep*

likeable   aimable

line   la queue, la file; **to wait in —** faire la queue

lines   le texte

listen to   écouter

live   habiter

lively   animé

logical   logique

lonely hearts column   le courrier du cœur

long   long, longue; **as — as** tant que

look   regarder

look at   regarder

look for   chercher

loose   lâche

lose   perdre; **to — weight** maigrir

lost   perdu, dépaysé

lot: a — of   beaucoup de

lucrative   lucratif, lucrative

luxurious   somptueux, somptueuse

luxury   le luxe

lyrics   les paroles *f*

M

magazine   le magazine, la revue

maintain   maintenir

major   la spécialisation *n;* se spécialiser en *v*

make   faire; **— + *adj*** rendre + *adj;* **to — a film** tourner un film

make-up   le maquillage *n;* maquiller *v*

male chauvinism   le chauvinisme du mâle

man   l'homme *m*

manage   gérer (une entreprise)

manners   les manières *f*

many   beaucoup

map   la carte

marriage   le mariage

married   marié

marry   se marier avec; **to get married** se marier

mature   mûr

meal   le repas

mean   méchant

meat   la viande

meditate   méditer; **— about** méditer sur

melody   la mélodie

menu   la carte

Mexico   le Mexique

microcomputer   le micro-ordinateur

middle   le milieu; **in the — of** au milieu de; **— classe** la classe moyenne

milk   le lait

millionaire   le, la millionnaire

mind   l'esprit *m;* **to have an open —** avoir l'esprit ouvert

minister   le ministre

minute   la minute

miserable   misérable

misery   la misère

mistrust   se méfier de

modest   modeste

monarchy   la monarchie

Monday   lundi *m* **on —s** le lundi

money   l'argent *m*

month   le mois
monthly   mensuel, mensuelle
moon   la lune
morally   moralement
more   plus
moreover   de plus
morning   matin *m;* **in the —** le matin
mosquito   le moustique
mountain   la montagne
movies   le cinéma
mug   attaquer
murder   le meurtre *n;* commettre un
  meurtre *v;* **to — French** parler français
  comme une vache espagnole (*lit., to speak
  French like a Spanish cow*)
murderer   le meurtrier, la meurtrière
music   la musique
musician   le musicien, la musicienne
mystery novel   le roman policier

N

name   le nom; **my — is . . .** je m'appelle...
native   l'indigène *m, f*
near   près de
necessary   nécessaire; **to be —** falloir, être
  nécessaire
need   avoir besoin de *v*
neglect   négliger *v*
neither   ni; **— . . . nor** ne... ni... ni
neologism   le néologisme
never   jamais; ne... jamais
news   les nouvelles *f;* le journal télévisé, le
  journal parlé
next   prochain; **— to** à côté de
nice   gentil, gentille; sympathique
nightclub   la boîte de nuit
no   non; **— more, longer** ne... plus; **— +** *n*
  aucun; **— one** personne ne, ne... personne
nobody   personne; ne... personne, personne
  ne
noise   le bruit
north   le nord
nose   le nez
not   pas, ne... pas; **— at all** pas du tout
nothing   rien, ne... rien, rien ne
nouveau riche   le nouveau riche
novel   le roman *n*
novelist   le romancier

O

obey   obéir à
objective   objectif, objective
offer   offrir
office   le bureau
often   souvent
on   sur; **— the ground** par terre
only   seulement, ne... que
open   ouvrir *v;* ouvert *adj;* **to have an —
  mind** avoir l'esprit ouvert
opera   l'opéra *m*
opinion   l'opinion *f,* l'avis *m;* **in my —** à
  mon avis
opponent   l'adversaire *m, f*
opposite   en face de
oppress   opprimer
orchestra   l'orchestre *m*
order   ordonner (à + *n* + de + *inf*)
original   original; **in the —** en version
  originale
orphan   l'orphelin *m,* l'orpheline *f*
others   les autres, autrui
outing   la sortie; **family —** la sortie en
  famille
owe   devoir

P

painful   pénible
pal   le copain, la copine
parent   le parent
park   garer
part-time   à mi-temps
party   la partie, la soirée; le parti (*political*)
passport   le passeport
pay for   payer
peaceful   paisible
peasant   le paysan
people   les personnes *f,* les gens *m,* le
  monde, le peuple, on
perfect   parfait
perform   représenter
performance   la représentation
permit   permettre (à + *n* + de + *inf*) *v*
person   la personne
pessimistic   pessimiste
phone   le téléphone

picnic   le pique-nique; **to have a —** faire un
   pique-nique
picture   la photo
picturesque   pittoresque
pill   la pilule
place   l'endroit *m*, le lieu; **at the — of** chez
plan   le projet
plane   l'avion *m*
platform   le programme
play   la pièce *n;* jouer *v;* **— an instrument**
   jouer de + *instrument;* **— a game or sport**
   jouer à + *game or sport*
playwright   l'auteur dramatique *m*
plead   plaider
pleasant   agréable
please   s'il vous plaît, veuillez *(formal);*
   plaire à *v*
plot   l'intrigue *f*
poet   le poète
poetry   la poésie
police   la police
policeman   l'agent de police *m*
polite   poli
politician   l'homme politique
politics   la politique; **to go into —** se lancer
   dans la politique
pollution   la pollution
polyglot   polyglotte
popcorn   le pop-corn
popular   populaire
pound   la livre
power   le pouvoir
practice   répéter (un rôle, un morceau de
   musique)
prefer   préférer
pregnant   enceinte
prejudice   le préjugé
premeditated   prémédité
preparations   les préparatifs *m;* **to make —**
   faire les préparatifs
president   le président, la présidente
press   la presse
prison   la prison
prisoner   le prisonnier
private   privé
probably   probablement, sans doute
product   le produit; **to launch a new —**
   lancer un nouveau produit
production   la mise en scène

profession   la profession
professor   le professeur
program   le programme
progress   le progrès; **to make —** faire des
   progrès
promise   promettre (à + *n* + de + *inf*) *v*
promotion   la promotion
pronounce   prononcer
proper   comme il faut
proud   fier, fière
prove   prouver
proverb   le proverbe
prudent   prudent, sage
public   public, publique *adj;* le public; **the
   general —** le grand public
punish   punir
punishment   la punition
pursue   poursuivre; **to — a career**
   poursuivre une carrière

Q

qualified   qualifié
quarrel   la dispute *n;* se disputer *v*
question   la question *n;* interroger, poser
   une question *v*
quickly   vite, rapidement
quiet   tranquille *adj;* **to be —** se taire

R

raise   l'augmentation *f*
rape   le viol *n;* violer *v*
reactionary   réactionnaire *adj;* le, la
   réactionnaire *n*
reader   le lecteur, la lectrice
reading   la lecture
really   vraiment, réellement
reasonable   raisonnable
reasonably   raisonnablement
received   reçu (*pp of* recevoir)
recipe   la recette
record   le disque *n;* enregistrer *v*
record player   le tourne-disque
recording   l'enregistrement *m*
refined   raffiné
reform   la réforme
refuse   refuser (de + *inf*)
regarding   à l'égard de

rehearsal   la répétition

rehearse   répéter

relationship   le rapport

remember   se souvenir de, se rappeler

repair   réparer

representative   le député

republican   le républicain *n;* républicain *adj*

resemble   ressembler à

resign   démissionner

resist   résister à

respect   respecter *v*

responsible   responsable

rest   se reposer

return   revenir, retourner; — **home** rentrer

revolt   la révolte *n;* se révolter *v*

rhythm   le rythme

rich   riche

right   le droit; **to be** — avoir raison; **to have the** — **to** avoir le droit de

right away   tout de suite

rightist   de droite

river   la rivière *(small),* le fleuve

rock-and-roll   le rock

role   le rôle

room   la chambre, la pièce

roommate   le, la camarade de chambre

run   courir; — **for office** poser sa candidature

rustic   rustique

S

sacrifice   le sacrifice *n*

salad   la salade

salary   le salaire

sale   le solde; **on** — en solde

Saturday   samedi *m*

say   dire

scandal   le scandale

scandalize   scandaliser

scenario   le scénario

scene   la scène

scenery   le décor

schedule   l'emploi du temps *m*

science fiction   la science-fiction

scold   gronder

scream   crier

screen   l'écran *m*

script   le scénario

search   fouiller *v*

secret   le secret

secretary   le, la secrétaire

sector   le secteur

see   voir

seem   sembler, avoir l'air + *adj*

selfish   égoïste

sell   vendre

semester   le semestre

senator   le sénateur

send   envoyer

sentence   la sentence *(prison)*

set (TV)   le poste

sexy   séduisant

share   partager

shine   briller

shock   scandaliser, étonner *v*

shop   la boutique *n;* faire des courses *v*

shopping: to go —   faire des courses, des achats

short   bref, brève; court *adv;* **in** — (en) bref

short story   la nouvelle, le conte

short-story writer   le conteur, la conteuse

shot   le plan *(film)*

show   le spectacle *n;* montrer *v*

shower: to take a —   prendre une douche

shut up   se taire

sick   malade

sincerity   la sincérité

sinecure   la sinécure

sing   chanter

singer   le chanteur, la chanteuse

skiing   le ski; **to go** — faire du ski

skyscraper   le gratte-ciel

slang   l'argot *m*

slap   gifler *v*

sleep   le sommeil *n;* dormir *v;* — **outdoors** dormir à la belle étoile

slim down   maigrir

slip: to make a — **of the tongue**   faire un lapsus

slowly   lentement

slums   les taudis *m*

small   petit

smile   le sourire *n;* sourire *v*

snake   le serpent

snob   le, la snob

snow   neiger *v;* la neige *n*

so   si, tellement; — **much** tant, tellement

social climber l'arriviste *m, f*
socialism le socialisme
socialist socialiste; le, la socialiste *n*
softly doucement
son le fils
soon bientôt; **as — as** dès que, aussitôt que
sorry: to be — regretter; **very —** désolé *adj*
soundtrack la piste sonore
south le sud
souvenir le souvenir
spanking la fessée
speak parler; **— loudly** parler fort; **— nonsense** dire des bêtises; **— softly** parler bas; **— well, badly of someone** dire du bien, du mal de quelqu'un
spectator le spectateur
speech le discours; **to give, make a —** faire un discours
spend dépenser *(money);* passer *(time)* à + *verbe*
spoiled gâté
spy l'espion *m;* espionner *v*
stage la scène
stagger tituber
star la vedette *(movie)*
status quo le statu quo
stay le séjour *n;* rester *v;* **— home** rester à la maison
steal voler
stern sévère
stereo la stéréo
stereotype le stéréotype *n;* stéréotyper *v*
stimulating stimulant
sting piquer
stomach l'estomac *m*
stop arrêter, cesser (de + *inf*)
store le magasin; **department —** le grand magasin
strange étrange, bizarre
strict strict
strike la grève; **to go on —** faire la grève
stroll flâner
student l'étudiant *m;* **bad —** mauvais étudiant, le cancre; **off-campus —** l'externe *m, f;* **on-campus —** l'interne *m, f*
style le style
subjective subjectif, subjective
subscribe to s'abonner à
subtitle le sous-titre *n;* sous-titrer *v*

suburbs la banlieue
subway le métro
sugar le sucre
suitcase la valise; **to pack the —** faire la valise
sunbathe prendre un bain de soleil
supporter le partisan, la partisane
surprised surpris, étonné
suspect le suspect *n;* se douter de *v*
suspicious louche
sweet doux, douce

T

table la table
take prendre; **— a course** suivre un cours; **— an exam** passer un examen
talk parler; **— nonsense** dire des bêtises
tanned bronzé
tape la bande *n*
taste le goût *n;* **to have good, bad —** avoir bon, mauvais goût
teach enseigner
teacher le professeur; l'instituteur *m,* l'institutrice *f (elementary school)*
technique la technique
telecast l'emission *f*
tell dire (à + *n* + de + *inf*); **— a story** raconter une histoire
terrorist le terroriste
testimony le témoignage
thank remercier; **— for** remercier de
thanks merci
that ce, cet, cette, *adj;* cela *pron*
theft le vol
their leur, leurs
there y, là; **— is, are** il y a
therefore donc, aussi + *inverted verb*
thin mince
think penser, croire, réfléchir
thirsty avoir soif
this ce, cet, cette, *adj;* ceci *pron*
threaten menacer
time l'heure, le temps, la fois; **at the same —** à la fois, en même temps; **from — to — de** temps en temps; **what — is it?** quelle heure est-il?
timid timide
tip le pourboire

tired fatigué

title le titre

today aujourd'hui

together ensemble

tomorrow demain

tonight ce soir

too much trop (de)

totally totalement, tout à fait

tour l'excursion *f;* **guided —** l'excursion accompagnée

toward vers, envers

trade le métier

traditional traditionnel, traditionnelle; traditionaliste

traffic la circulation

tragedy la tragédie

tranquil tranquille

travel le voyage *n;* voyager *v*

travel agent l'agent de voyages *m*

travel bureau l'agence de voyages *f*

traveler's check le chèque de voyage

tree l'arbre *m*

trial le procès

trip le voyage; **to take a —** faire un voyage

true vrai, véritable

truly vraiment

trunk la malle; **to pack the —** faire la malle

trust se fier à *v*

truth la vérité

try essayer (de + *inf*) *v*

tune la mélodie

turn on allumer

turn around se retourner

turtle la tortue

twin le jumeau, la jumelle

typewriter la machine à écrire

U

unbearable insupportable

under sous

understand comprendre

unemployed en chômage; **— person** le chômeur, la chômeuse

unemployment le chômage

unfair injuste

ungrateful ingrat

unhealthy malsain

union le syndicat

unjustly injustement

unknown inconnu *adj;* à l'insu de *prep*

unpleasant désagréable

upbringing l'éducation

use employer, utiliser

V

vegetable le légume

verdict le verdict

very très

victim la victime

viewer le téléspectateur, la téléspectatrice

visit visiter *(a place);* rendre visite à *(a person)*

vote voter *v;* le vote *n*

vulgar vulgaire

W

wait attendre; **— for** attendre; **— in line** faire la queue

waiter le garçon

walk la promenade *n;* marcher *v;* **to take a —** se promener, faire une promenade

want vouloir

war la guerre

warm chaud; **it is —** il fait chaud *(weather)*

warmly chaleureusement

waste gaspiller *v*

watch regarder *v;* la montre *n*

wealthy riche, aisé

weather report la météo(rologie)

week la semaine

weigh peser

welcome accueillir, souhaiter la bienvenue à quelqu'un

well bien

well-behaved sage

well-bred bien élevé

well-to-do aisé

western le western

what! comment!

when quand, lorsque

whereas tandis que

wherever où que (+ *subj*)

whistle siffler *v*

whoever qui que (+ *subj*)

wholly totalement, tout à fait

why   pourquoi
wife   la femme
wildly   frénétiquement
win   gagner
wish   vouloir, désirer
with   avec, de, à
witness   le témoin
woods   le bois
word   le mot, la parole *(spoken)*
work   *n* le travail, l'ouvrage *m* (of fiction
   etc.); **in the — of** chez; travailler *v*
worker   l'ouvrier *m*, l'ouvrière *f*
world   le monde

worst   le pire, le plus mauvais
write   écrire
writer   l'écrivain
writings   les écrits *m*
wrong: to be —   avoir tort

Y

year   l'an *m*, l'année *f*
yesterday   hier
young   jeune
youngest   le cadet, la cadette *n*
youth   la jeunesse

Index